주몽에서 태조대왕까지

서강학술총서
002

주몽에서 태조대왕까지

고구려의 국가 형성과 성장에 대한 〈모델 3〉

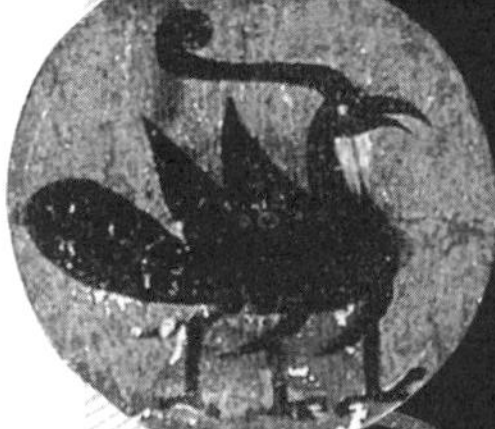

이종욱 지음

서강대학교출판부

서강학술총서 002

주몽에서 태조대왕까지

—고구려의 국가 형성과 성장에 대한 〈모델 3〉

초판발행 | 2008년 10월 30일
초판2쇄 | 2009년 8월 30일
지 은 이 | 이종욱
발 행 인 | 이종욱
편 집 인 | 우찬제
발 행 처 | 서강대학교 출판부
등록번호 | 1978년 9월 28일 제313-2002-170호

주　소 | 서울특별시 마포구 신수동 1번지
전　화 | (02) 705-8212
팩　스 | (02) 705-8612

ISBN 978-89-7273-141-2　94910
ISBN 978-89-7273-139-9 (세트)

값 16,000원

* 잘못된 책은 구입하신 곳에서 바꿔드립니다.

* '서강학술총서'는 SK SUPEX 기금의 후원으로 제작됩니다.

역사는 진실을 탐구하고 진리를 밝히는 학문일까? 학자로서 그러한 소신을 갖는 것은 당연한 일일 것이다. 그러나 실제 역사가들이 만들어낸 작품은 세상에 모습을 드러내는 순간 새롭게 탄생할 운명에 처하는 것이 사실이다. 이 책에서 필자는 고구려의 주몽에서 태조대왕까지의 역사를 통하여 누구에게나 주어진 자료를 가지고 관학파들과 서로 다른 해석을 하고 있음을 보여주고자 한다. 현재의 독자들은 중고등학교에서 배운 역사 지식으로 무장되어 필자가 만들어낸 새로운 해석을 받아들이기 어려울지 모른다. 그러나 훗날에 새로운 자료들이 축적되고 나면 필자가 그려낸 역사가 오히려 방향을 잘 택했다는 사실이 밝혀지리라 본다. 그때를 위하여 이 책을 펴낸다.

필자는 1982년 「고구려 초기의 지방통치제도」(『역사학보』 94 · 95합집, pp. 77~79)에서 역사 발전의 대세를 상기하며 종래의 연구들이 가지는 문제점을 찾아내어 가설을 설정할 경우 어떤 한 주제에 대한 해명이 보다 쉽고 합리적으로 이루어질 수 있다는 말을 했다. 그런데 한국의 역사가들에게 이 말은 거부반응부터 불러오는 것을 알았다.

위의 가설은 이 책에서 이야기하는 모델로 대체할 수 있다고 본다. 한국 고대사, 즉 이 책에서 다루는 고구려 주몽에서 태조대왕까지의 역사에 대해서 적어도 세 가지 모델을 찾을 수 있다. 〈모델 1〉로는 1145년 편찬된 『삼국사기』를 비롯하여 고려시대나 조선시대에 편찬된 사서를 들 수 있다. 〈모델 2〉는 지난 60여 년 동안 관학파들이 중심이 된 현대 한국사학이 만들어온 모델이다. 최근에는 중국과 일본의 역사 왜곡에 맞서기 위해 고구려연구재단, 동북아역사재단을 설치하여 국민의 세금을 투입하여 〈모델 2〉를 지원하고 있는 중이다.

〈모델 3〉은 1974년 이래 필자가 만들어온 모델이다. 필자가 만들어온 〈모델 3〉은 단순히 고구려에 한정된 것이 아니라 백제와 신라의 경우에도 그대로 해당한다. 이 세 가지 모델들은 다른 것이다. 특히 필자가 만들어낸 모델은 다른 두 가지 모델과 다른 것이고, 특히 〈모델 2〉와는 대화를 나누기가 어려울 정도로 그 패러다임이 다른 것이다.

지금까지 이 세 가지 모델 중 어느 것이 역사를 제대로 그려낸 것인지를 판정하는 기준이 나타나지 않았다. 따라서 역사학계의 학문 권력을 장악한 연구자들이 만들어낸 〈모델 2〉가 타당한 것으로 받아들여져 온 것이 사실이다. 그런데 최근 이루어진 고고학적 연구 성과는 〈모델 2〉가 아니라 〈모델 3〉이 역사를 제법 그럴듯하게 그려낸 것이라는 사실을 드러내주고 있다. 〈모델 2〉로는 백제의 풍납토성이나 신라의 나정 유적과 같은 고고학적 연구 성과를 설명할 수 없기 때문이다.

지난 30여 년 동안 필자는 쉬지 않고 연구를 해오며 현대 한국사학이 만들어낸 모델을 넘고, 다시 12세기 김부식이 만들어낸 모델을 넘어 한국 고대의 역사를 생생하게 재구성하려는 노력을 해왔다. 이 책에서도 주몽에서 태조대왕에 이르는 기간 동안 고구려의 국가 형성과 성장에 대한 하나의 가설 또는 모델을 세우는 작업을 하려는 것이다. 이 책은 한국 역사학계의 주장들과 다른 내용을 담고 있다. 앞으로의 고고학적 연구 성과들은 이 책에서 재구성한 모델이 고구려의 역사를 제대로 그려낸 것이라는 사실을 밝혀줄 것으로 기대한다.

이 책을 서강학술총서로 선정하여준 여러분께 진심으로 감사드린다.

2008년 5월 12일

자곡동에서 이종욱 씀

차례

머리말

고구려는 한 점 의심 없이 한국의 역사다. 고구려 역사를 중국사라고 하는 것은 거짓말이다. 중국은 국가가 생긴 이래 국가적인 팽창을 멈춘 일이 없는 나라다. 그 과정에 중국이 정복한 나라는 중국의 지방행정구역으로 편제하여 조세를 거두고 군대를 징발하는 체제로 만들었다. 고구려에 대해서는 그런 일을 할 수 없었다. 중국과 고구려 사이에 책봉과 조공관계가 전개된 것은 사실이지만, 그것은 중국이 고구려를 정복할 수 없었기에 고구려의 독립을 인정해주지 않을 수 없던 방법일 뿐이다. 중국의 동북공정에 의한 고구려사 왜곡을 지나치게 과장할 일은 아니다. 그것은 정치적 행위이기에 정치적으로 풀어야 할 문제라 하겠다. 따라서 우리는 당당하게 고구려의 역사를 한국사로 다루어야 한다. 다만 고구려의 역사를 왜곡할 것이 아니라 그럴듯하게 재구성해야 한다.

지난 60여 년 동안 관학파들이 중심이 된 한국사학은 일제 식민사학이 만든 고구려 역사의 틀을 부둥켜안고 있으며 태조대왕 이전의 역사를 은폐·왜곡해온 것이 사실이다. 최근 이루어진 폭발적 연구 업적에도 불구하고 고구려를 보는 관점에 문제가 있는 것이 사실이다. 한 가지 예를 들면 고구려의 국가 형성 · 성장을 보는 관점이 있다. 그것은 고구려 건국신화에 나오는 사실과 사건 그리고 시간을 어떻게 해석하는가 하는 문제와 관련된 것이다.

신화에 나오는 사실과 사건 그리고 시간을 역사적인 것으로 전환하지 않을 수 없다. 그 과정에 고구려의 건국 시기는 기원전 37년이 아니라 기원전 3세기 후반까지 올라간다고 보는 것이 필자의 생각이다. 그러한 사정은 백제의 경우 건국 시기가 기원전 18년이 아니라 기원전 2세기까지 거슬러 올라간다는 사실이 풍납토성의 발굴 · 조사로 밝혀진 바 있다. 고구려의 국가 형성과 발전에 대한 해명에 있어서도 그와 같은 새로운 역사 해석이 필요한 것이다.

1. 문제제기

이 책에서는 주로 주몽에서 태조대왕에 이르는 기간의 역사를 다룰 것이다. 이 기간의 역사에 대하여 한국사학은 어떻게 보아왔을까? 이와 관련시켜 현재 사용되고 있는 교과서의 내용을 들 수 있다. 온 국민의 역사 지식을 제공하고 있는 고등학교 『국사』[1](2008) 교과서의 내용을 보자.

> 삼국사기의 기록에 따르면 고구려는 부여에서 남쪽으로 내려온 주몽이 건국하였다(기원전 37년). [중략] 고구려는 건국 초기부터 주변의 소국들을 정복하고 평야 지대로 진출하고자 하였다. 그리하여 압록강 가의 국내성(집안)으로 옮겨 5부족 연맹을 토대로 발전하였다(p. 37). 삼국 중에서 가장 먼저 국가 체제를 정비한

1 이 책은 제7차 교육과정으로 2002년부터 사용된 국정교과서 고등학교 『국사』(2008)를 가리킨다.

> 것은 고구려였다. 졸본성에서 국내성으로 도읍을 옮긴 고구려는 1세기 후반 태조대왕 때에 이르러 정복 활동을 활발히 전개하였다. 이러한 정복 활동 과정에서 커진 군사력과 경제력을 토대로 왕권이 안정되어 왕위가 독점적으로 세습되었고, 통합된 여러 집단은 5부 체제로 발전하였다(p. 47).

이것이 국가가 주도하여 한국인들에게 주입시키고 있는 고구려의 국가 형성과 발전에 대한 역사 지식이라 하겠다.

그런데 『국사』에 나오는 위의 이야기에는 본질적인 문제가 있다.

첫째, 건국 연대를 기원전 37년으로 보는 문제다. 『삼국사기』에 나오는 고구려 건국 연대인 기원전 37년은 신화 속의 연대일 뿐이다. 우리는 이것을 실제의 역사적 연대로 전환해야 한다. 『국사』는 신화의 연대를 역사의 연대로 전환하는 데 실패한 것이다. 이는 한국사학이 고구려의 국가 형성에 대해 옳게 이해하지 못한 것을 보여준다.

둘째, 고구려가 건국 초부터 주변 소국들을 정복하고 국내성으로 옮겨 5부족 연맹을 토대로 발전하였는가 하는 문제가 있다. 『삼국사기』에 따르면 주몽은 이미 송양왕이 다스리던 비류국(비류나)을 부용하고 그 이듬해에 항복을 받고 송양왕을 다물도주로 삼아 일종의 제후적인 존재로 만들었던 사실이 나오고 있다. 이는 고구려가 처음부터 5부족 연맹을 형성한 일이 없음을 의미한다.

셋째, 태조대왕의 정복 활동으로 통합된 여러 집단이 5부 체제를 형성했나 하는 문제다. 이 책에서 보려는 것과 같이 고구려는 5부 체제를 형성한 일이 없다. 다만 고구려가 정복한 소국(那)들을 정복한 후에는 나부(那部)로 편제하였던 것을 알 수 있을 뿐이다. 고구려의 나부는 5개만 있었던 것도 아니고 나부들이 소국 정복을 수행한 고구려와 동등한 위치에 있었던 것도 아니다. 나부들은 고구려의 피정복국으로 정복당한 후에는 고구려와 비교할 수 없이 격이 떨어져 지방행정구역으로 된 것이다. 그리고 그 지배세력들은 일종의 봉건 제후 정도의 정치적 지위를 가졌던 것을 생각할 수 있다. 이 책에서 『국사』에 나오는 5부 체제에 대한 이야기 또한 관학파들이 잘못 구상해낸 허구의 이야기가 교과서에 들어가 국민의 역사 지식으로 제공되고 있다는 사실을 이야기할 것이다.

필자는 이 책에서 지난 60여 년 동안 한국사학이 잘못 본 역사를 바로 잡는 작업을 할 것이다.

2. 세 가지 모델 중 어느 것이 그럴듯한가?

고구려 초기 국가 형성 · 발전에 대한 세 가지 모델을 찾을 수 있다.

〈모델 1〉은 『삼국사기』와 『삼국유사』 또는 『삼국사절요』 등의 사서에 나오는 이야기다. 이 같은 〈모델 1〉은 고려는 물론이고 조선시대까지 이어진 것으로 주몽이 기원전 37년에 고구려를 세웠다는 것이다. 이 모델은 『삼국사기』 편찬 시 전해지고 있던 고구려의 건국 신화와 역사 기록들을 토대로 만들어진 것이다. 따라서 이 모델은 건국신화 속의 시간과 사건 그리고 사실들을 역사화하는 작업을 하지 않았다는 특성이 있다.

〈모델 2〉는 1922년 일본 와세다대학의 쓰다 소키치가 『삼국사기』 「고구려본기」에 대한 사료 비판[2]을 한 이후 비로소 만들어진 것으로, 해방 후 현대 한국사학을 이끌어온 관학파 연구자들을 중심으로 이어진 것이다. 그 구체적인 이야기가 앞에 제시한 『국사』의 이야기라 하겠다. 이것은 한국의 관학파 연구자들이 기원전 37년에 국가를 세운 주몽에서 태조

2 津田左右吉, "三國史記高句麗紀の批判," 『滿鮮地理歷史研究報告』 9, 1922.

대왕 이전까지의 역사를 은폐 · 축소하며 만들어낸 역사다. 〈모델 2〉는 고구려의 건국 시기도 제대로 생각할 수 없었으며, 태조대왕 이전의 정복 사업도 인정하지 않고 있으며, 심지어 주몽이 세운 고구려 소국을 고구려 소국이 정복한 소국(나부)들과 동격으로 놓아 5부 체제를 주장하고 있는 중이다. 이 책에서 보려는 것과 같이 관학파들이 만든 〈모델 2〉는 그 출발부터 문제가 있는 것이라 하겠다.

〈모델 3〉은 필자가 구상한 것이다. 이 책은 〈모델 3〉을 만드는 작업의 한 부분이라 하겠다. 이 책에서는 기원전 3세기 후반 예맥이라는 소국연맹체가 존재하고 있던 지역에서 고구려 소국이 새롭게 세워졌음을 밝힐 것이다. 고구려는 소국 건국 후 곧 비류국과 같은 예맥 지역의 소국들을 정복해나갔다. 또한 고구려가 정복한 소국(那)들은 봉건제적 지방행정구역인 나부로 편제한 것임을 밝힐 것이다.

〈모델 2〉와 〈모델 3〉은 서로 대화를 나누기 어려울 정도로 평행선을 달리는 다른 이야기를 만들어내고 있는 중이다. 두 모델 중 어느 것이 고구려의 초기 국가 형성과 발전을 그럴듯하게 구상한 것인지 밝혀야 할 문제다. 앞으로 고고학적인 연구 성과 등이 축적되면 어느 모델이 역사적 사실을 제대로 이야기하고 있는지 밝혀지게 될 줄 안다. 이를 위하여 필자는 이 책을 써서 〈모델 3〉이 〈모델 2〉보다 역사를 옳게 이야기하고 있음을 드러내고자 한다.

3. 〈모델 3〉을 위한 전제

〈모델 2〉를 만든 역사하기가 갖고 있는 문제를 벗어나지 않고는 〈모델 3〉을 만들 수 없다. 〈모델 2〉가 안고 있는 문제 몇 가지를 먼저 제시함으로써 〈모델 3〉을 펼치는 바탕으로 삼겠다.

1) 건국신화의 시간을 보는 관점

건국신화에 나오는 시간은 신화화된 시간이다. 『삼국유사』에 나오는 단군신화 속의 고조선 건국 연대인 기원전 2333년을 그대로 믿는 것은 신화의 속성을 모르기 때문이다. 그 식으로 이야기하자면 단군이 1500년을 다스렸고, 1908년을 살았다고 하는 연대도 그대로 따라야 할 것이다. 그러나 지금 누구도 단군의 통치 기간과 생존 연대를 그대로 믿는 사람은 없다. 신화에 나오는 국가 형성 시기도 역사적인 연대로 전환하는 작업이 필요한 것이다.

고구려 건국신화의 경우도 그러한 사정은 마찬가지다. 『삼국사기』에 나오는 고구려 건국 연대인 기원전 37년도 신화 속의 시간이라는 사실을 인정하여야 한다. 우리가 기원전 37년이라는 신화 속의 연대를 역사적 연대로 전환하지 않고는 고구려의 국가 형성과 성장에 대한 해명을 옳게 할 수 없다. 현대 한국사학의 중심에 서왔던 관학파 연구자들은 건국신화 속의 시간을 역사적인 시간으로 전환하는 작업을 생각하지 않았다. 그 결과 고구려의 국가 형성 시기에 대해서도 신화 속의 시간인 기원전 37년에 얽매이고 있는 것을 볼 수 있다.

물론 건국신화 속의 시간을 역사적 시간으로 전환하는 기준을 찾기가 쉽지 않다. 그런데 최근 이루어진 백제 왕성 풍납토성에 대한 발굴·조사 결과 연대측정치가 찾아졌다. 그러한 연대측정치에 따르면 백제의 건국 시기는 신화에 나오는 기원전 18년이 아니라 기원전 2세기 또는 그보다 앞섰을 수 있음이 밝혀졌다. 고구려 건국신화에 나오는 기원전 37년도 그대로 따를 수는 없는 일이다.

일단 기원전 37년은 신화 속의 시간이라는 사실을 인정하면 〈모델 2〉

를 떠나 〈모델 3〉의 세상으로 갈 수 있는 준비가 되었다고 하겠다.

2) 『삼국지』 고구려조를 보는 관점

『삼국지』는 중국 진(晋) 나라의 진수가 280년대에 편찬한 사서다. 『삼국사기』는 1145년 김부식 등이 왕명으로 편찬한 사서다. 두 사서의 편찬 시기를 중시한 것은 일제 식민사학자들이었고 그러한 발상을 따른 것은 한국의 후식민사학자들이다. 그 결과 두 사서의 겹치는 시기에 대한 해명의 자료로 어떤 것이 중요할까 하는 문제에 있어 현대 한국사학을 이끌어온 관학파들과 그 추종자들은 『삼국사기』가 아닌 『삼국지』를 택했다. 그런데 『삼국지』와 『삼국사기』를 비교하여 『삼국지』의 사료적 가치를 인정하고 『삼국사기』의 사료적 가치를 부정할 수는 없는 일이다. 두 사서는 편찬 목적과 근거한 사료들이 달랐기 때문이다.

서로 겹치는 시기 고구려의 역사에 대한 〈모델 2〉는 『삼국사기』가 아니라 『삼국지』를 근거로 만들어진 것이다. 일제가 만든 식민사학의 역사하기 방법이 한국의 관학파들을 통하여 지금까지 이어지며 〈모델 2〉를 만들어낸 것이다. 『삼국지』는 고구려와 중국(위 · 오 · 촉 삼국 중 주로 위나라)과의 관계를 밝히기 위한 것이다. 물론 그 앞부분에는 고구려에 대한 민속지적인 관찰 기록이 있다. 이같이 고구려의 풍습 · 제도 · 산물 등 민속적 내용과 중국과의 관계를 주로 다룬 『삼국지』의 기록을 갖고 역사하기를 하면 고구려의 역사는 왜곡될 수밖에 없다. 그 안에는 국가 형성과 성장, 왕위 계승, 정치적 사건 등 정치사에 대한 내용이 없다. 그 결과 〈모델 2〉는 고구려의 역사를 엉뚱한 방향으로 몰아가고 있는 중이다.

〈모델 3〉은 『삼국사기』와 『삼국지』의 사료적 가치를 모두 인정한다. 다만 고구려의 국가 형성과 성장에 대한 역사하기는 『삼국사기』로 할 수밖에 없다고 본다. 『삼국지』 고구려조는 고구려의 국가 형성과 성장에 대한 사료가 될 수 없다. 오히려 외국의 관찰자가 기록으로 남긴 『삼국지』의 자료는 『삼국사기』가 전하지 않는 고구려의 풍습 · 제도 · 산물 등 또 다른 면에 대한 소중한 자료로 이용할 수 있다. 이는 〈모델 3〉이 보다 폭넓은 역사를 재구성하는 것을 뜻한다.

고구려의 국가 형성과 성장에 대해 『삼국지』를 근본 자료로 하는 〈모델 2〉와 『삼국사기』를 근본 자료로 하는 〈모델 3〉은 전혀 다른 역사를 만들고 있는 것은 당연한 일이라 하겠다. 두 모델 중 어느 것이 더 그럴듯하게 고구려의 국가 형성과 성장에 대해 그려내고 있는지에 대한 판단은 독자들의 몫이다.

3) 인류학 이론 도입의 문제

고구려의 국가 형성과 성장에 대해 다루는 과정에 인류학 또는 고고학에서 이야기해온 사회적 · 정치적 발전 과정 또는 발전 단계에 대한 이론에 눈을 돌리는 것은 당연한 일이라 하겠다. 자세히 다루지 않겠지만 인류학 · 고고학에서는 band society, tribal society, chiefdom, state 단계를 이야기해왔다. 한국고대사 연구에서는 그 중 chiefdom과 state의 발전 단계에 주목한 연구들이 있었다. 그 중 한국의 초기 국가 형성 · 발전 과정에 대한 연구에서 chiefdom 단계를 어디에 적용하는가 하는 문제가 있다.

그 중 삼한의 소국들이나 주몽이 세웠다고 하는 소국 등을 chiefdom 단계로 보는 주장이 〈모델 2〉에서 이야기되고 있는 것을 볼 수 있다.[3] 그러나 필자는 삼한의 소국들이나 주몽이 세웠다고 하는 소국은 chiefdom이 아니라 state 단계로 본다. 한국사에서 chiefdom 단계를 찾자면 혁거

3 박경철, 「고구려의 국가형성」, 『고구려의 정치와 사회』, 2007, p. 65.

세가 6촌을 통합하여 사로국을 세우기 전, 사로 지역에 있던 6촌들이 각기 독립된 정치체로 있던 단계를 chiefdom 단계라고 본다. 가락국 형성 이전 가락 9촌도 chiefdom 단계에 있었던 것이다. 고구려의 경우 나(那)들은 이미 state 단계로 발전한 정치체라고 본다. 나(那)를 구성한 곡(谷)이 독립된 정치체로 있던 단계를 chiefdom이라고 본다.

그리스의 도시국가들을 chiefdom 단계로 보는 인류학자나 고고학자 또는 역사학자는 없다. 그런데 한번 잘못 적용된 인류학 이론을 고집하여 삼한의 소국들이나 주몽이 세운 고구려 소국을 chiefdom으로 볼 수는 없다. chiefdom은 아직 국가 형성의 문지방을 넘지 못한 정치체이기 때문이다.

〈모델 3〉에서는 사로국 · 가락국은 물론이고 주몽이 세운 고구려 소국, 온조가 세웠던 십제 모두를 state로 본다. 다만 이러한 소국들은 초기 국가로서 소국이라 하여 그 이후 정복 활동을 통하여 영역과 인구가 늘어나고, 정치 조직이 누층적으로 편제된 국가와 구별하고 있는 것이다.

4) 피정복국에 대한 지배 방식을 보는 관점

당연한 일이지만 〈모델 2〉에서도 고구려 초기 국가 형성 · 발전 단계를 설정해왔다. 그 중에는 5나연맹(5부족 연맹)에서 5나부체제로 발전했다는 것도 있다. 5나부체제는 〈모델 2〉가 만들어낸 하나의 창작물이라 하겠다. 이 같은 부체제설은 『삼국지』에 나오는 연노부(소노부) · 절노부 · 순노부 · 관노부 · 계루부의 5부에 대한 기록에서 출발한 것이다. 〈모델 2〉는 이 같은 5개 부를 『삼국사기』에 나오는 나(那)로 대체하고, 5개의 나(那)들이 연맹을 형성했다가 1세기 후반 태조대왕 대에 5부 체제로 전환했다고 한다.

그런데 주몽이 세웠던 소국 고구려가 송양왕이 다스리던 비류나(또는 비류국)를 정복한 후 고구려는 비류나를 비류나부로 편제하여 지배했다. 당시 송양왕을 다물도주 또는 다물후로 삼았다. 송양은 왕의 지위를 상실하고 일종의 제후가 된 것이다. 이는 고구려가 나(那)들을 정복하고 일종의 제후국으로 편제하여 지배하는 봉건제적인 통치 방식을 취한 것을 보여준다.

고구려는 예맥 지역의 또 다른 나(那)들을 정복했다. 고구려에 정복된 후 독립 소국들이었던 나(那)들은 독립을 잃고 제후국적인 나부로 편제되었다. 이 단계를 5부 체제라고 본 것이 관학파 연구자였다. 주몽이 세운 고구려와 고구려가 정복한 나(那, 소국)들이 5부 체제를 편성했다는 것이다. 그러나 고구려 소국에 정복된 나부들은 이미 고구려 왕국의 지방행정 구역으로 편제된 것이 사실이다. 다만 고구려 나(那)들을 정복한 고구려로서는 그러한 지역에 지방관을 파견하여 중앙집권적으로 통치할 힘이 없었다. 따라서 종래 예맥 지역에 있던 나(那)의 지배세력을 나부의 세력으로 인정하여 제후적인 존재로 만들어 지배하는 일종의 봉건제적인 체제를 유지했다. 그렇다고 하여 당시 고구려를 봉건제 국가라고 하기는 어려운 면이 있다. 그것은 예맥 지역 밖에 있던 소국들을 정복하였을 때 나부와 같이 봉건제적인 편제를 한 것이라고 단정하기 어렵기 때문이다.

5부 체제의 5부 중에는 고구려가 한 부로 들어 있는 것이다. 이는 정복국 고구려와 피정복국들이 나부의 지배 · 피지배 관계를 옳게 다루지 않은 것이다. 고구려의 경우 5부 체제를 주장하기보다 차라리 피정복국의 지배세력을 제후적인 존재로 인정하는 봉건제적인 통치 체제를 갖추었다고 해야 할 것이다. 부체제와 봉건제는 전혀 다른 통치 체제를 의미한다.

고구려는 원래 계루부였다고 한다. 이 경우 졸본이 계루부가 되는 셈이다. 그런데 고구려는 유리왕 22년(기원후 3년) 원래 살던 졸본을 떠나 국내로 천도하였다. 이때 고구려는 계루부 한 부와 관계를 단절하고 왕국 전체의 중심으로서 국내를 택한 것이다. 유리왕 22년 이후 고구려 왕실을 계루부와 연결시켜 5부 체제를 만들 수는 없는 일이다.

5부 체제설은 사료를 잘못 택했고 그에 대한 사료 비판을 포기했기에 나온 주장이다. 5부 체제는 『삼국지』 고구려조에 나오는 5족과 5부에 대한 기록을 중심으로 만들어낸 것이다. 그러나 『삼국지』의 기록은 고구려의 정치 상황을 제대로 전한 것이 아니다. 이에 대한 사료 비판이 필요하다. 예맥 지역에는 5개의 나(那)만 있었던 것도 아니고 5개의 나부만 있었던 것도 아니다. 따라서 『삼국지』에 나오는 5족 · 5부에 대한 기록을 근거로 만들어진 5부 체제설은 역사를 엉뚱한 방향으로 끌어가고 있고 그러한 이야기를 『국사』에 수록하여 국민의 역사 지식을 왜곡시키고 있는 것을 뜻한다.

『삼국사기』와 『삼국지』의 두 사서에 나오는 기록 중 시기가 겹치는 부분의 사료가 전혀 다른 역사를 보여준다. 따라서 둘 중 하나를 선택하는 방법을 택한 것이 일제 식민사학자들이었다. 그것을 따른 것은 한국의 후식민사학자들이다. 그와 달리 필자는 두 사서를 서로 다른 이야기를 하는 자료로 이용하고 있는 것이다. 따라서 〈모델 2〉와 〈모델 3〉은 고구려의 정치 발전 단계에 대해서도 전혀 다른 이야기를 하고 있는 것이다. 후일 어느 모델이 고구려의 역사를 그럴듯하게 그려냈는지 판정받게 되기를 바란다.

4. 다루려는 내용

필자는 일찍부터 고구려 관련 글들을 써왔다. 필자가 쓴 고구려 관계 최초의 논문은 「고구려초기의 좌 · 우보와 국상」(『전해종박사화갑기념사학논총』, 1979)이다. 1980년에는 광주에서 민주화운동이 진행되는 동안 학생들의 출입이 금지된 학교에 출근하여 들려오는 소문만 확대하는 상황에서 마음 다잡고 두 편의 논문을 썼다. 언론 통제로 광주에서 무슨 일이 벌어지는지도 알 수 없는 상황에서 내가 할 수 있는 것이라고는 논문을 쓰는 일밖에 없었다. 그때 쓴 논문의 하나는 「고구려 초기의 지방통치제도」(『역사학보』 94·95합집, 1982)이고, 다른 하나는 「고구려 초기의 중앙정부조직」(『동방학지』 33, 1982)이다. 이 책과는 무관하지만 그 후 광개토왕비를 통해 본 두 편의 논문을 발표했다. 또한 『한국의 초기국가』(1999)와 『한국 초기국가발전론』(1999)을 펴내며 고구려의 국가 형성·발전에 대한 이야기를 다루었다. 그런가 하면 『한국사의 1막 1장 건국신화』에서는 고구려 건국신화를 본격적으로 다룬 바 있다. 이 같은 연구 결과를 바탕으로 『고구려의 역사』(2005)를 출간했다.

완벽한 역사를 재구성한다는 생각은 역사에 대한 오만이다. 필자는 원래 한 권의 책을 생각하고 목차를 나누어 논문들을 발표해왔다. 그런데 논문이 나오는 순간 이미 수정·보충해야 할 문제들을 찾아내곤 했다. 여기서 그동안 발표한 논문들을 자유롭게 수정·보충하여 원래 뜻했던 한 권의 책으로 묶는다.

이 책에서는 주몽에서 태조대왕까지의 역사를 다룰 것이다. 서장에서는 고구려 건국신화를 역사적 이야기로 전환하는 작업을 먼저 할 것이다. 제1장에서는 고구려의 초기 국가 형성과 발전 과정을 몇 단계로 시대 구분하여 정리할 것이다. 제2장에서는 이 시기 고구려의 지배체제를 왕위계승과 지배세력 그리고 신분제로 나누어보겠다. 제3장에서는 이 시기 고구려의 정치 조직에 대하여 좌보·우보·국상 체제에 대하여 알아보고, 중앙정부 조직과 지방통치 조직을 나누어 다룰 것이다. 제4장에서는 이 시기 고구려의 대외관계에 대하여 다루겠다. 다만 어떤 부분에서는 〈모델

2〉와 〈모델 3〉의 차이를 드러내기 위하여 미천왕 대까지의 역사를 다룬 것임을 미리 밝혀둔다.

필자는 20세기 일제 식민사학의 틀 속에서 한국 후식민사학이 만들어낸 〈모델 2〉를 넘어서 필자가 새롭게 구상해낸 〈모델 3〉을 이 책을 통하여 세상에 내놓는다. 〈모델 2〉인지, 〈모델 3〉인지는 이후 고구려의 역사를 다루는 한국 학계 또는 세계 학계가 판단할 문제다. 백제의 경우를 볼 수 있다. 풍납토성이 백제 왕성임이 밝혀지며 한국 후식민사학이 만들어낸 〈모델 2〉는 그 허구성이 드러났다. 그와 달리 필자가 구상해낸 〈모델 3〉은 풍납토성(백제왕성)을 잘 설명할 수 있는 모델임이 밝혀졌다. 고구려의 경우도 〈모델 2〉보다 〈모델 3〉이 과거의 역사에 가까운 이야기를 하고 있음이 밝혀질 것으로 믿는다. 시간이 지나면 그 답이 나올 것이라고 본다.

서장

고구려 국가 형성 해명의 열쇠, 건국신화*

* 원래 고구려 건국신화에 대한 글을 『한국사의 1막 1장 건국신화』(2004, pp. 136~160)에 수록한 것인데 수정 · 보충하여 싣는다.

신화는 역사다. 한국의 건국신화들도 역사다. 다만 건국신화는 역사적 사실들이 신화화된 것이기에 그 내용을 그대로 역사 읽기에 끌어들일 수는 없다. 여기서 신화의 특성을 주목할 필요가 있다.

첫째, 신화는 구전을 통하여 발전하고 성장한다는 사실을 들 수 있다. 구전 과정에 후대인의 필요에 따라 내용과 양식이 조정되거나 삭제되기도 한다. 둘째, 신화는 자연과 인간, 신과 인간에 대한 구별을 하지 않는다. 신화는 과거에 있었던 사실이나 사건들이 구전하는 과정에 후대인의 직관이 확대되고 상상력이 유발되어 만들어진 산물이다. 따라서 신화를 과학적 기준에 의하여 해석하고 진위를 판단할 수는 없는 일이다. 셋째, 신화는 시간적인 변화를 인정하지 않는다. 신화의 시간을 역사적인 시간으로 전환하는 작업을 거쳐야 역사 연구의 자료로 이용할 수 있다.

위와 같은 신화의 일반적 속성을 이해한 후 고구려의 건국신화를 볼 필요가 있다. 고구려의 건국신화는 『삼국사기』, 『삼국유사』와 같은 한국의 사서는 물론이고 『양서』, 『위서』, 『주서』, 『수서』 등 중국의 여러 사서에도 나온다. 그런가 하면 414년에 세워진 『광개토왕비』에도 고구려 건국신화가 나온다. 또한 『모두루묘지』에도 추모(鄒牟, 주몽)의 출신을 밝힌 건국신화 이야기가 들어 있다. 그런데 여러 기록에 나오는 고구려 건국신화들이 동일한 내용을 전하는 것은 아니다. 신화의 내용들이 변하는 것을 알 수 있다.

여기서 고구려가 망한 후 만들어진 『삼국사기』 등 사서의 건국신화는 물론이고 고구려가 존속하고 있을 때라고 하더라도 외국에서 만들어진 사서가 전하는 고구려 건국신화를 사료 비판하지 않을 수 없다. 이어 왕자(王者) 집단을 중심으로 한 고구려 지배세력들이 공인한 건국신화가 어떤 것인지 밝히겠다. 주몽신화에 나오는 사실 · 사건을 통하여 고구려 국가 형성에 대한 여러 문제를 생각해보겠다. 나아가 고구려 건국신화가 만들어진 시기도 생각해보겠다.

1. 『광개토왕비』, 『위서』, 『삼국사기』의 건국신화

우선 고구려 건국신화 중 세 가지만 제시하겠다. 『광개토왕비』, 『위서』 그리고 『삼국사기』에 나오는 건국신화가 그것이다. 『위서』와 『삼국사기』에 나오는 건국신화는 그 분량이 많지만 논의를 위하여 제시한다. 건국신화를 통하여 그 너머 고구려 국가 형성에 대한 문제들을 생각해보겠다.

먼저 414년에 세워진 『광개토왕비』에 나오는 건국신화를 보자.

> 옛날 시조 추모왕이 나라를 세웠는데 북부여로부터 출자하였다. [추모왕은] 천제의 아들이고 어머니는 하백의 딸이며, 알을 깨고 세상에 나왔다. 나면서부터 성스러움을 지녔으며 [중략] 명을 받들어 수레를 타고 순행하여 남하하였는데 도중에 부여의 엄리대수가 있었다. 왕이 나루에 이르러 말하기를 "내가 바로 황

천(皇天)의 아들이며 어머니가 하백의 딸인 추모왕이다. 나를 위하여 띠를 잇고 거북이들을 떠오르게 하라"고 하였다. 소리에 응하여 곧 띠를 잇고 거북이가 떠올랐다. 그 후에 강을 건너게 되었다. 비류곡의 홀본서성 산상에 도읍을 세웠다. 세상의 왕위를 즐기지 않게 되니 이에 황룡을 아래로 보내어 맞이하였다. 왕은 홀본 동쪽 언덕에서 용의 머리를 타고 승천하였다. 세자에게 나랏일을 부탁하였는데 유류왕은 도로써 다스림을 일으켰다. 대주류왕이 왕업을 계승하고 17세손인 '국강상광개토경평안호태왕'에 이르렀다. (『광개토왕릉비』)

『위서』는 중국 북위(386~534)에 대한 정사로 북제의 위수가 551년 칙명을 받아 편찬하여 554년 완성한 책이다. 이제 『위서』에 나오는 고구려 건국신화를 보겠다.

고구려는 부여에서 갈라져 나왔는데 스스로 말하기를 [그들의] 선조는 주몽이라고 한다. 주몽의 어머니는 하백의 딸로서 부여 왕에게 잡혀 방에 갇혀 있던 중, 햇빛이 비치는 것을 몸을 돌려 피하였으나 햇빛이 다시 따라왔다. 얼마 후 잉태하여 알 하나를 낳았는데, 크기가 닷 되들이 만하였다. 부여 왕이 그 알을 개에게 주었으나 개가 먹지 않았고, 돼지에게 주었으나 돼지도 먹지 않았다. 길에다 버렸으나 소나 말들도 피해 다닌지라, 뒤에 들판에 버려두었더니 뭇 새가 깃털로 그 알을 감쌌다. 부여 왕은 그 알을 쪼개려 하였으나 깨뜨릴 수 없게 되자, 결국 그 어머니에게 돌려주고 말았다. 그 어머니가 다른 물건으로 이 알을 싸서 따뜻한 곳에 두었더니, 사내아이 하나가 껍질을 깨뜨리고 나왔다. 그가 성장하여 이름을 주몽이라 하였는데, 그 나라 속언에 주몽이란 활을 잘 쏜다는 뜻이다.

부여 사람들이 주몽은 사람의 몸에서 태어나지 않았으므로 딴 뜻을 품고 있을 것이라고 하여 그를 없애버리자고 청하였으나, 왕은 말을 듣지 않고 그에게 말을 기르도록 하였다. 주몽은 말마다 남모르게 시험하여 좋은 말과 나쁜 말이 있음을 알고, 준마는 먹이를 줄여 마르게 하고 굼뜬 말은 잘 길러 살찌게 하였다. 부여 왕이 살찐 말은 자기가 타고 마른 말은 주몽에게 주었다. 그 뒤 사냥할 때 주몽에게 활을 잘 쏜다고 하여 [한 마리를 잡는데] 화살 하나로 한정하였으나, 주몽이 비록 화살은 적었지만 잡은 짐승은 매우 많았다.

부여의 신하들이 또 그를 죽이려 모의를 꾸미자, 주몽의 어머니가 알아차리고 주몽에게 말하기를 "나라에서 너를 해치려 하니 너같이 재주와 경략을 가진 사람은 아무데고 멀리 떠나는 것이 옳을 것이다" 하였다.

주몽이 이에 오인 · 오위 등 두 사람과 함께 부여를 버리고 동남쪽으로 도망하였다. 중도에서 큰 강을 만났는데 건너려 하여도 다리는 없고 부여 사람들의 추격은 매우 급하였다. 주몽이 강에 고하기를 "나는 태양의 아들이요, 하백의 외손이다. 오늘 도망 길에 추격하는 군사가 바짝 좇아오니 어떻게 하면 건널 수 있겠는가?" 하였다. 이때에 고기와 자라가 함께 떠올라와 그를 위해 다리를 만들어 주었다. 주몽이 건넌 뒤 고기와 자라는 금방 흩어져버려 추격하던 기병들은 건너지 못하였다. 주몽은 마침내 보술수에 이르러 우연히 세 사람을 만났다. 한 사람은 삼베옷을 입었고, 한 사람은 검은 옷을 입었고, 한 사람은 마름 옷을 입고 있었다. [그들은] 주몽과 함께 흘승골성에 가 마침내 정착하고 살면서 나라 이름을 고구려라고 하고 인하여 성을 고(高) 씨라 하였다.

지난날 주몽이 부여에 있었을 때 부인이 잉태하였다. 주몽이 도망한 뒤에 한 아들을 낳았으니 이름을 처음에 여해(閭諧)라 하였다. 성장하여 주몽이 국왕이 되었음을 알고는 곧 그 어머니와 함께 도망하여 오니 이름을 여달(閭達)이라 하고 나라 일을 그에게 맡겼다. 주몽이 죽자 여달이 왕이 되었다. 여달이 죽자 아들 여율(如栗)이 왕이 되었고 여율이 죽자 아들 막래(莫來)가 왕이 되어 부여를 정벌하니, 부여는 크게 패하여 마침내 고구려에 통합 · 복속되었다. (『위서』 100, 열전 88, 고구려)

『위서』에 나오는 고구려 건국신화는 어떤 경로로 수록되었는지 알 수는 없다. 그러나 고구려에서 북위에 간 사신이거나, 북위에서 온 사신을 통하여 전해진 것일 수도 있고 또 다른 가능성도 있겠다. 어떤 경우일지라도 위에 제시한 건국신화는 고구려가 한창 강성할 때 고구려인들이 인정하던 신화일 수 있다.

다음은 고려 인종의 명을 받은 김부식 등이 1145년 편찬한 『삼국사기』에 나오는 고구려 건국신화가 있다. 그 내용이 짧은 것은 아니지만 필요하다고 생각하여 모두 제시하겠다.

시조 동명성왕의 성은 고 씨이고 이름은 주몽(朱蒙)이다(추모[鄒牟]라고도 하고, 중모[衆牟]라고도 한다). 이에 앞서 부여 왕 해부루가 늙었는데 아들이 없었으므로 산천에 제사지내어 [왕위를] 계승할 아들을 구했다. 그가 탔던 말이 곤연에 이르러 큰 돌을 마주보고 눈물을 흘렸다. 왕이 이상하게 여겨 사람을 시켜 그 돌을 굴리니 어린아이가 있었는데 금빛 개구리 모습이었다. 왕이 기뻐하며 말하기를 "이는 곧 하늘이 나에게 후사를 준 것이다" 하였다. 이에 거두어 길렀다. 이름을 금와라 하였고, 그가 자라자 태자로 삼았다. 후에 재상 아란불이 말하기를 "일전에 천제가 나에게 내려와 '장차 나의 자손에게 이곳에 나라를 세우도록 하겠으니 너는 피하여라. 동해 바닷가에 땅이 있는데 가섭원이라 한다. 땅이 기름져 오곡이 잘 자라니 가히 도읍을 정할만 하다'고 했습니다" 하였다. 아란불이 마침내 왕에게 권하여 도읍을 그곳으로 옮기고, 나라 이름을 동부여라 했다.

부여의 옛 도읍에는 어디서 왔는지를 알 수 없는 사람이 있었다. 자칭 천제의 아들 해모수라고 했으며 도읍에 온 것이다.

해부루가 죽자 금와가 왕위를 이었다. 그때 [금와가] 태백산 남쪽 우발수에서 한 여자를 만나 물으니 말하기를 "저는 하백(河伯)의 딸이고 이름을 유화(柳花)라고 합니다. 여러 동생들과 나와 놀고 있을 때, 한 남자가 나타나 자기는 천제의 아들 해모수라고 하면서 저를 유인하여 웅심산 아래 압록강 가에 있는 집으로 유인하여 정을 통하고는 곧 가서 돌아오지 않습니다. 부모는 제가 중매 없이 사람을 따라간 것을 책망하여 마침내 우발수로 귀양 보내 머물게 하였습니다" 하였다. 금와는 그녀를 이상하게 여겨 방 안에 가두었다. 햇빛이 비치자 몸을 이끌어 피했는데 햇빛이 또 따라와 그녀를 비췄다. 그로 인하여 아이를 배어 한 개의 알을 낳으니 크기가 닷 되 들이만 했다.

금와왕은 그것을 버려 개와 돼지에게 주었으나 모두 먹지 않았다. 또 그것을 길 가운데 버렸으나 말과 소가 그것을 피해갔다. 후에 들에 버렸지만 새들이 날개로 덮어주었다. 왕은 그것을 쪼개려 하였으나 쪼갤 수 없어서 마침내 그 어미에게 돌려주었다. 그 어미는 그것을 싸서 따뜻한 곳에 두었는데 한 남자아이가 껍질을 부수고 나왔다. 골격과 용모가 영특하고 기이했다. 나이 겨우 일곱 살에 기골이 준수하고 보통 사람과 달랐다. 활과 화살을 스스로 만들어 쏘았는데 백발백중이었다. 부여의 풍속에 활을 잘 쏘는 것을 주몽이라 하였기에 그것을 이름으로 삼았다.

금와에게는 일곱 아들이 있었는데 늘 주몽과 함께 놀았다. 그들의 재주가 모두 주몽을 따르지 못했다. 장자 대소가 왕에게 말하기를 "주몽은 사람의 소생이 아니기에 그 사람됨이 용맹스럽습니다. 만약 일찍 없애지 않으면 후환이 있을까 두렵습니다. 그를 없애주십시오" 하였다. 왕은 그 말을 듣지 않고 주몽에게 말을 기르도록 하였다. 주몽은 준마를 알아보고 먹이를 줄여 여위게 하고, 나쁜 말은 잘 먹여 살찌게 하였다. 왕은 살찐 말을 자기가 타고 여윈 말은 주몽에게 주었다. 후에 들에 사냥을 나갔는데 주몽은 활을 잘 쏘았으므로 그에게 준 화살이 적었으나 그가 잡은 짐승은 매우 많았다. 이에 왕의 아들들과 여러 신하들이 또 그를 죽일 것을 꾀했다.

주몽의 어미가 그 사실을 알고 몰래 알렸다. 이르기를 "국인들이 장차 너를 죽이려고 하니 너의 재능과 지략으로써 어디로 간들 안 되겠느냐? 이곳에 오래 머물러 욕을 당하기보다 차라리 멀리 가서 큰일을 하는 것이 낫지 않겠느냐?" 하였다. 주몽은 이에 오이 · 마리 · 협보 등 세 사람과 벗을 삼아 엄사수에 이르러 건너려 했는데 다리가 없었다. 추격병이 닥칠까 염려하여 물에게 일렀다. "나는 천제의 아들이요, 하백의 외손인데 오늘 도주하는데 뒤쫓는 자들이 거의 닥치게 되었으니 어찌해야 할 것인가?" 이에 물고기와 자라가 다리를 만들어 주몽을 건너게 하고는 물고기와 자라는 흩어졌다. 뒤쫓는 기병들은 건널 수 없었다.

주몽이 모둔곡에 이르러 세 사람을 만났는데 그 중 한 사람은 삼베옷을 입었고, 한 사람은 검은 옷을 입었고 한 사람은 마름 옷을 입고 있었다. 주몽이 물었다. "그대들은 어떤 사람이며 성은 무엇이고 이름은 무엇이냐?" 삼베옷을 입은 사람이 말했다. "이름은 재사입니다." 검은 옷을 입은 사람이 말했다. "이름은 무골입니다." 마름 옷을 입은 사람이 말했다. "이름은 묵거입니다." 그런데 성을 말하지 않으므로 주몽이 재사에게는 극 씨를, 무골에게는 중실 씨를, 묵거에게는 소실 씨를 주었다. 이에 여러 사람들에게 고하였다. "내가 지금 천명을 받아 나라를 세우려 하는데, 마침 세 어진 이를 만났으니 어찌 하늘이 주신 분이 아니겠느냐?" 마침내 그들의 재능을 알아 저마다 알맞은 일을 맡겼다.

그들과 함께 졸본천에 이르러 그 토양이 기름지고 산천이 험하고 견고함을 보고 마침내 그곳에 도읍을 정하려 했다. 미처 궁실을 지을 겨를이 없어서 다만 비류수 가에 임시 거처를 지어 살면서 국호를 고구려라고 하였다. 그 까닭에 고를 성씨로 삼았다(일설에는 주몽이 졸본부여에 이르니 왕이 아들이 없는데다가 주몽을 보자 보통 사람이 아닌 것을 알고 그의 딸을 그에게 시집보냈더니 왕이 세상을 떠나자 주몽이 왕위를 이었다고 한다).

그때 주몽의 나이 스물두 살이었는데 한 나라 효원제 건소 2년(기원전 37년)이요, 신라 시조 박혁거세 21년 갑신년이었다. 사방에서 이 소식을 듣고 와서 내부하는 자가 많았다. 그 땅이 말갈부락과 연접하여 있었기에 침략을 받아 해를 입을까 염려하여 마침내 이들을 물리치니 말갈은 두려워하여 복종하고 감히 침범하지 못했다.

왕은 비류수의 물속에 채소 잎이 물을 따라 떠내려옴을 보고 사람이 상류에 살고 있는 것을 알았다. 이에 사냥을 하면서 그곳에 찾아 갔는데 비류국이었다. 그 나라의 왕 송양이 나와 왕을 보고 말했다. "나는 바다 모퉁이에 치우쳐 살아서 아직 일찍이 군자를 만나볼 수 없었습니다. 오늘 우연히 서로 만나게 되었으니 어찌 다행한 일이 아니겠소. 그런데 나는 그대를 잘 알지 못하는데 그대는 어디서 왔소?" 왕이 답하였다. "나는 천제의 아들인데 졸본천에 와서 도읍을 정했소." 송양이 말했다. "우리는 여러 대에 걸쳐 왕이 되었는데 이곳은 땅이 좁아 두 임금을 받아들일 수 없소. 그대는 도읍을 정한지 얼마 되지 않으니 우리 부용(국)이 됨이 어떻겠소?" 왕은 그 말에 화를 내어 말로 다투다가 또 활을 쏘아 재주를 시험했다. 송양은 모두 대항할 수 없었다. (『삼국사기』 13, 「고구려본기」 1, 시조동명성왕 즉위조)

위에 제시한 세 가지 건국신화는 그 내용이 일치하는 것만은 아니다. 이를 비교하기 위하여 다음의 표를 보겠다.

위의 표를 보면 자료에 따라 고구려 건국신화에 나오는 내용이 같기도 하고 다르기도 한 것을 알 수 있다. 그 중 『삼국사기』의 건국신화는 다양한 내용을 전하고 있는 것이 사실이다. 그런데 그 중 동부여가 끼어든 것을 보면 『삼국사기』의 건국신화는 고구려가 망한 후에 만들어진 것이 아닐까 생각된다. 『광개토왕비』나 『위서』와 같이 고구려가 존속하고 있던 시기에 만들어진 기록에는 동부여가 없는 것으로 그러한 사정을 생각해 보았다. 따라서 고구려 건국신화를 고찰하는 데 있어 『삼국사기』의 건국신화는 사료적 가치를 검토할 필요가 있다.

[표 1] 세 사료의 건국신화 비교

구분	『광개토왕비』	『위서』	『삼국사기』
건국자 이름	추모왕	주몽	시조동명성왕 · 주몽 · 추모 · 중모
원래 출신지	북부여	부여	금와왕의 동부여
아버지	천제	햇빛	해모수
어머니	하백의 딸	하백의 딸	하백의 딸 유화
탄생의 형태	알	알	알
능력		말을 잘 기름, 활을 잘 쏨	말을 잘 기름, 활을 잘 쏨
갈등 세력			금와왕의 왕자들
이주 이유	순행	부여 신하가 죽이려 함	국인이 죽이려 함
이주 권유자		어머니	어머니
수행자		오인 · 오위	오이 · 마리 · 협보
도망할 때 건넌 강	엄리대수		엄사수
강 건넌 이유	추모의 말	주몽의 말	주몽의 말
강 건넌 방법	띠 잇고 거북이 떠올라 다리 만듦	자라와 거북이가 다리 만듦	물고기와 자라가 다리 만듦
중간 지난 곳		보술수	모둔곡
중간에서 만난 사람		삼베옷 · 검은 옷 · 마름옷 입은 3인	삼베옷(재사 · 극씨) · 검은 옷(무골 · 중실씨) · 마름옷(묵거 · 소실씨)
도착한 곳	비류곡		졸본천 · 비류수가
도읍	홀본서성 산상	흘승골성	
왕의 즉위 이유			졸본왕의 사위가 되어 즉위
나라 이름		고구려	고구려
성과 나이		고씨	고씨 · 22살
건국 시기			기원전 37년
건국 시 말갈과 관계			말갈을 물리침
왕의 죽음	황룡의 머리 타고 승천		
죽은 장소	홀본 동쪽 언덕		
건국자의 활동			비류국 송양왕 부용
후계자	유류왕－대주류왕	여해(여달)－여율－막래	
광개토왕과 관계	대주류왕의 17세손		19대 왕
부여와 관계		막래가 통합	

2. 고구려 건국신화의 성격

모든 건국신화는 특성이 있다. 그 중 고구려 건국신화에서도 특성을 찾을 수 있다. 우선 주몽(추모)에 대한 신성성 부여가 보인다. 주몽이 황천이나 천제의 아들이라거나 하백의 외손이라고 하여 그의 출생을 신비한 것으로 만들었다. 또한 햇빛을 비쳐 임신하였다는 이야기도 신성성 부여를 위한 것이라 하겠다.

그런가 하면 주몽의 능력을 대단한 것으로 만들기도 하였다. 주몽은 말을 잘 길렀고, 활을 잘 쏜 것으로 나오고 있다. 이는 주몽이 갖고 있는 능력을 보여주는 것으로 그가 나라를 세울 능력이 있었음을 말하는 것이라 하겠다. 부여로부터 도망할 때 강가에서 물고기와 거북이(자라)를 떠오르게 하여 다리를 만들었다고 한 것이 그 예다. 그런가 하면 주몽이 황룡을 타고 승천하였다는 이야기도 있다.

고구려인들은 『광개토왕비』의 신화를 그들의 건국신화로 인정하였다고 본다. 그것은 장수왕이 그의 아버지 광개토왕의 비석을 세우며 국가의 공식적인 신화를 수록하였다고 생각되기 때문이다. 그런데 『광개토왕비』의 신화는 축약된 것으로 실제로는 『위서』에 나오는 것과 같은 건국과 관련된 이야기들을 고구려인들이 받아들이고 있었던 것으로 볼 수 있다. 고구려인들이 인정한 건국신화가 『삼국사기』에도 전해지는 것은 사실이지만 부여 왕 해부루나 동부여 왕 금와 등의 존재가 끼어든 것은 고구려가 망한 후 신화가 확대된 것임을 뜻할 수 있다. 건국신화는 이와 같이 확대되고 때로는 축소되기도 하였다.

후대에 변경된 내용을 걷어내면 위에 제시한 건국신화는 허구의 이야기가 아니라 고구려 건국이라는 사실이 후대 사람들에 의하여 신화화되었던 것을 알 수 있다. 그렇게 신화화된 건국 이야기는 고구려인들의 직관이나 상상력이 동원되어 만들어진 것이다. 그리고 그 자체가 당시 고구려 사람들이 받아들였던 이야기다. 『광개토왕비』에 나오는 건국신화는 국가가 공인했던 신화였다고 볼 수밖에 없다.

여기서 『모두루묘지』(牟頭婁墓誌)를 주목하게 된다. 그 안에는 고구려의 시조 추모(주몽)가 하백의 손자이고 일월의 아들이라고 나오며 북부여에서 나왔다고 한다. 『모두루묘지』의 내용 자체가 건국신화를 수록한 것만은 아니었으나 모두루의 출생을 이야기하며 고구려 시조였던 추모에 대한 이야기를 담고 있다. 『모두루묘지』에 나오는 추모왕에 대한 이야기는 『광개토왕비』의 그것과 다르지 않다. 이는 5~6세기의 고구려에 공인된 건국신화가 있었다는 또 다른 증거라 하겠다.

그러면 누가 그러한 신화를 만들었을까? 단정할 수는 없으나 왕을 중심으로 한 지배세력들이었다고 여겨진다. 특히 왕실에서 고구려 건국신화를 확정하였던 것으로 생각된다. 고구려에도 시조묘가 있었다. 신대왕 3년(167) 가을 9월에 왕이 졸본으로 가서 시조의 사당에 제사를 지낸 일이 있다.[1] 그 후 고국천왕 2년(180), 동천왕 2년(228), 중천왕 13년(260), 고국원왕 2년(332), 안장왕 3년(521), 평원왕 2년(560), 영류왕 2년(619)에 왕들이 졸본에 가서 시조묘에 제사 지낸 기록이 나오고 있다. 기록에는 나오지 않고 있으나 다른 왕들도 시조묘에 제사를 지냈을 것으로 여겨진다.

이는 고구려가 일찍부터 시조묘를 설치하고 때맞추어 제사 지낸 것을 의미한다. 시조묘에는 다름 아닌 주몽이 모셔져 있었던 것이 틀림없다. 신라의 경우에도 새로운 왕이 즉위하면 시조묘에 제사 지낸 것을 볼 수 있다. 시조묘 제사는 새로운 왕의 즉위와 관련된 일련의 절차의 마지막 행사였다. 고구려에서 시조묘 제사를 행한 시기가 새로운 왕의 즉위 초였

1 『삼국사기』 16, 「고구려본기」 4, 신대왕 3년.

던 것으로 그러한 사정을 짐작할 수 있다.

고구려는 원래 졸본에서 시작하였다. 『광개토왕비』에 나오는 기록을 보면 북부여에서 이주한 추모가 홀본(졸본)서성 산상에 도읍한 것으로 되어 있어 그러한 사정을 알 수 있다. 그런데 유리왕 22년(기원후 3) 왕은 국내(國內)로 천도한 바 있다. 국내는 『광개토왕비』가 서 있는 곳으로 현재 중국의 집안(集安) 지역이다. 고구려는 장수왕 15년(427)에 다시 평양으로 천도하였다. 천도 후에도 고구려의 왕들은 졸본에 있는 시조묘에 대한 제사를 늘 지냈다고 여겨진다.

한편 고구려에는 주몽사(朱蒙祠)가 설치되어 있었던 것을 볼 수 있다. 645년 당태종이 고구려를 쳐들어와서 요동성을 공격한 바 있다. 그때 요동성 안에는 주몽사가 있었고 사당에는 쇠사슬로 만든 갑옷과 예리한 창이 있었는데, 설화화한 말이겠지만 전연(前燕) 시대에 하늘에서 내린 것이라 하였다. 한창 포위가 급해지자 성 안에서는 미녀를 꾸며 부녀신(婦女神)을 만들고는 무당이 말하기를 "주몽이 부녀신을 좋아하니 성은 반드시 온전할 것이다" 하였다.[2] 고구려인들은 주몽의 사당을 요동성에까지 만들어놓고 있었다. 이는 시조에 대한 제사를 위하여 주몽 사당을 전국에 나누어 설치한 것을 의미할 수 있다. 즉 시조묘의 분사가 이루어진 것을 볼 수 있다. 여하튼 7세기 나라가 망하기 전까지 주몽은 나라를 지키는 수호신으로서 받들어진 것을 확인하게 된다.

주몽이 고구려가 망하기 얼마 전까지 시조이자 나라의 수호신으로 받들어진 데에는 이유가 있다. 단지 시조묘 또는 주몽사를 설치하고 제사를 지냈기 때문만은 아닐 것이다. 물론 시조묘에 대한 제사가 중요한 것은 부인할 수 없다. 그러나 그와 같이 시조묘의 존재를 고구려 전 기간에 걸

2 『삼국사기』 21, 「고구려본기」 9, 보장왕 4년.

쳐 유지하기 위해서는 또 다른 장치가 필요하였던 것을 생각할 수 있다. 다름 아니라 건국신화였다. 주몽을 시조로 하는 건국신화가 일찍이 만들어졌기에 주몽을 모신 시조묘나 주몽사가 존재할 수 있었던 것이다. 고구려에서는 언제인지는 알 수 없으나 신대왕 3년(165)보다는 앞서 『광개토왕비』에 나오는 것과 같은 건국신화를 국가가 주도하여 확정하였던 것으로 여겨진다. 그것은 왕을 중심으로 움직이던 왕자(王者) 집단이 만들어낸 것이다.

하나의 국가는 왕을 세움으로 형성된다. 왕은 최고의 지배자로 왕실 세력을 보호할 수 있는 궁실에 거주하며 왕의 존재를 분명하게 구별할 수 있었다. 고구려의 왕들도 다른 나라와 마찬가지로 그들의 지위를 확보하는 장치를 만들었다. 하나는 시조묘이고 다른 하나는 건국신화였다. 그 둘은 실제는 하나의 목적으로 만들어진 것이다. 즉 두 가지 모두 왕의 정통성을 확보하기 위한 장치였다. 『광개토왕비』에 추모왕–유류왕–대주류왕이 나오고 대주류왕의 17세손이 광개토왕이라고 나온 것을 보면 고구려인들의 건국신화는 역대 왕의 정통성을 부여한 장치였던 것을 알 수 있다. 고구려가 망할 때까지 주몽의 사당이 전국에 설치된 것과 국가가 공인한 건국신화가 존재한 것은 그 때문이다. 그리고 그러한 건국신화는 당시 사람들이 허구의 이야기가 아닌 진실된 이야기로 받아들였던 것을 생각할 수 있다.

3. 후대에 변경된 『삼국사기』의 고구려 건국신화

신화는 시간이 지나며 변경되는 속성을 갖고 있다. 단군신화는 신화 변경의 좋은 예가 된다. 신화를 전하는 사람들의 직관(상상력)이 작동하여 또는 필요에 의하여 그 내용이 변경되는 것이 사실이다. 왕국이 존속할 동안에도 물론 건국신화는 변경이 된다. 그러나 건국신화가 아무렇게나 바뀔 수는 없는 일이다. 건국신화와 관련된 사람들이 살아 있어 그 내용을 마음대로 바꾸면 정치 · 사회적 위상에 변동이 생기는 집단이 생기게 되기 때문이다. 이에 왕국이 존속할 동안 건국신화는 왕자 집단의 필요에 따라 변하는 정도라 하겠다. 그러나 왕국이 망한 후에는 건국신화가 변하였다고 하여 정치 · 사회적 위상이 달라질 집단이 없어진다. 따라서 건국신화는 크게 바뀔 수 있는 것이다. 고구려의 건국신화도 마찬가지였다.

먼저 『광개토왕비』의 건국신화와 『삼국사기』의 그것을 비교해보자. 『광개토왕비』와 『삼국사기』의 건국신화는 그 내용이 크게 다르다는 사실을 알 수 있다. 우선 주몽(추모)의 부모에 대하여 『광개토왕비』에는 아버지는 천제이고 어머니는 하백의 딸로 나오고 있으나 『삼국사기』에는 아버지는 천제의 아들 해모수, 어머니는 하백의 딸 유화로 나오고 있다. 어머니가 하백의 딸이라는 사실은 같으나 아버지는 천제와 천제의 아들 해모수로 차이가 난다. 다른 하나는 『광개토왕비』에는 주몽이 북부여와 관련된 것으로 되어 있지만, 『삼국사기』에는 부여에서 옮긴 동부여에서 자란 것으로 나온다. 그리고 『광개토왕비』에는 누구인가의 명으로 순행하여 남하한 것으로 나오고 있으나, 『삼국사기』에는 동부여 금와왕의 아들들과 여러 신하들이 그를 죽이려 하여 도망한 것으로 나오고 있다.

『삼국사기』의 기록에는 『광개토왕비』에 나오지 않는 여러 사실들이 들어 있다. 『삼국사기』에는 금와왕이 유화가 낳은 알을 버린 일, 주몽의 어렸을 때 활동, 주몽의 능력, 주몽이 동부여를 떠난 이유, 졸본천에 이르러 도읍을 정하고 나라를 세운 일 등이 나오고 있다. 그런데 『광개토왕비』와 『삼국사기』의 가장 중요한 차이는 주몽이 어느 곳에 자리 잡고 있다가 이주하였는가 하는 문제다. 『광개토왕비』는 북부여로 나오고 있고, 『삼국사기』에는 동부여로 나오고 있다. 동부여가 언제 형성되었는지는 알 수 없다. 다만 북부여에서 갈라져 나온 세력들이 동부여를 세웠던 것을 생각하면 그 건국 시기는 후대일 수 있다. 단정하기 어려우나 동부여의 건국 시기가 고구려보다 후일 수도 있다. 이 경우 『삼국사기』의 고구려 건국신화는 고구려가 망한 후 원래 고구려인들이 인정하던 건국신화를 변경하여 만든 것일 수 있음을 생각하기 어렵지 않다. 그렇더라도 위에 제시한 두 건국신화는 기본적으로 추모(주몽)신화다. 둘 다 고구려의 건국신화다. 『삼국사기』의 고구려 건국신화는 『광개토왕비』의 그것보다 내용이 풍부해진 것을 볼 수 있다. 언제 그와 같은 내용으로 정리되었는지 단정할 수 없다. 물론 주몽이 알에서 태어났다든가 하는 이야기들은 고구려인들도 받아들이고 있던 내용으로 여겨진다. 고구려인들은 『광개토왕비』에 나오는 건국신화를 공식적인 건국신화로 알고 있었다고 생각된다. 그것이 기본적으로 왕국 전체가 인정하고 공인한 건국신화의 골격이었을 것이다. 다만 『광개토왕비』에는 건국신화의 줄거리를 기록하였기에 자세한 내용은 생략된 것이라 하겠다.

다음은 중국 사서인 『위서』와 『삼국사기』의 건국신화를 비교해보자. 『위서』에 나오는 고구려 건국신화는 『삼국사기』에 나오는 신화와 기본적으로 같은 면이 있다. 다만 태양의 아들, 흘승골성에서 고구려를 세웠다는 것 등의 차이가 있다. 그리고 유리에 해당하는 인물은 여해(여달), 대무신왕에 해당하는 인물은 여율이라고 나온다. 또한 여율의 아들 막래가 부여를 정벌한 것으로 나오고 있다. 『위서』에 나오는 주몽－여해(여달)－여율－막래로 이어지는 계보는 『삼국사기』에 나오는 시조 동명성왕－유리왕－대무신왕－모본왕－민중왕으로 이어지는 계보와 비교할 필요가 있다. 한 가지 『삼국사기』에는 부여를 주로 공격한 왕은 3대 대무신왕으로 나오는데 『위서』에는 4대 막래로 나오고 있어 계보 상에 무엇인가 문제가 있거나 두 사서의 역사 기록에 문제가 있음을 생각하게 만든다. 『위서』가 편찬된 시기는 554년으로 『광개토왕비』보다 140년 정도 늦다. 여기서 『광개토왕비』의 건국신화와 비교하여 보다 자세한 내용의 고구려 신화가 중국 측 사서인 『위서』에 나오고 있는 것을 볼 수 있다.

그러면 『삼국사기』의 사료적 가치가 없는 것일까? 그렇지는 않다. 『광개토왕비』나 『위서』에는 시조가 건국한 후의 사정을 전하는 것이 거의 없다. 그와 달리 『삼국사기』의 시조 동명성왕 즉위조에 나오는 건국신화 이외에 고구려의 역사를 기록하고 있기 때문이다. 그런데 『삼국사기』 「고구려본기」에 나오는 기록 중 설화적인 내용을 담고 있는 것들이 보인다. 송양을 다물도주로 삼은 것이 그 중 하나다.

> 2년 여름 6월 송양이 나라를 들어 와서 항복하였다. 왕은 그 땅을 다물도(多勿都)라 하고 송양을 봉하여 다물도주로 삼았다. 고구려 말에 옛 땅을 되찾음을 다물(多勿)이라 했으므로 그렇게 이름 한 것이다. (『삼국사기』 13, 「고구려본기 1」, 시조 동명성왕 2년)

위의 기록은 사실 앞에 제시한 고구려 건국신화의 연장이다. 건국신화에는 주몽이 송양왕이 다스리던 나라에 가서 송양과 재주를 겨룬 일이 나오고 있다. 그 결말이 시조 동명성왕 2년(기원전 36년) 조에 나오는 것이다.

한편 『삼국유사』 왕력 편에는 제1대 동명성왕 주몽이 단군의 아들이라고 기록하고 있다. 이는 『삼국사기』에도 없는 이야기다. 고구려의 시조 주몽의 계보를 단군과 연결시킨 것이 언제인지 알 수 없다. 그것이 고구려시대에 만들어진 것은 아니라 생각된다. 그것이 고구려 멸망 후였고 어쩌면 『삼국사기』 편찬 이후 『삼국유사』가 편찬되기 이전 사이에 만들어진 것으로 볼 수도 있다. 고려 시대에 이같이 주몽을 단군의 후손으로 만든 것은 의미가 있다. 고려인들이 우리의 역사를 만드는 과정에 단군과 주몽을 부자관계로 만들어 고조선과 고구려를 연관지으려한 것으로 볼 수 있기 때문이다. 이 경우 고려인들이 고구려와 고려를 연결시킨 것은 고려를 세울 때부터였을 가능성도 있다고 하겠다.

고구려 건국신화도 시간이 지나며 변경이 되었다. 특히 고구려가 망한 후 건국신화를 장악한 왕실이 사라졌기에 건국신화는 후대인들의 필요에 따라 변경된 것을 인정하게 된다.

4. 주몽 신화에 나타난 고구려의 국가 형성

위에 제시한 고구려 건국신화를 보면 고구려의 초기 국가 형성에 대한 여러 가지 내용들이 나오고 있다. 그 중에는 건국 세력, 건국 시기, 건국 장소, 소국 형성 요인, 이웃 소국 정복 등에 대한 이야기가 있다. 고구려의 국가 형성에 대한 구체적인 논의는 뒤에 할 것이다. 여기서는 건국신화에 나오는 이 같은 신화적 사실과 사건을 역사적 사실과 사건으로 전환하는 작업을 해보겠다.

고구려 건국 세력은 주몽 세력이다. 기록에 따라 주몽에 대한 내용이 달리 나온다. 『광개토왕비』에는 누군가의 명을 받고 순행하여 남하한 것으로 나오고 있다. 『위서』에는 그의 출생이 남다른 것으로 나오고 있고 그 때문에 이미 부여 왕에게 주몽을 없애라는 청이 있었던 것으로 나오고 있다. 후에 부여의 신하들 중 주몽을 죽이려 모의를 꾸미는 일이 있자, 주몽은 부여를 버리고 동남쪽으로 도망하여 마침내 흘승골성에 정착하여 나라를 세운 것으로 되어 있다. 『삼국사기』에는 동부여 왕의 아들과 신하들이 주몽을 죽이려 하여 도망한 것으로 나오고 있다.

주몽이 원래 살던 곳이 『광개토왕비』에는 북부여, 『위서』에는 부여, 『삼국사기』에는 동부여로 나오고 있다. 『삼국사기』의 기록은 고구려가 망한 후대에 바뀐 것이다. 따라서 『광개토왕비』의 기록에 따라 주몽은 북부여에서 도망해온 세력이라고 보기로 한다.

주몽은 북부여의 지배세력의 일원이었다. 그러한 주몽이 북부여를 떠나지 않을 수 없었다. 주몽이 북부여에서 도망한 이유는 『위서』의 기록 내용이 타당한 것이라 여겨진다. 즉 북부여에서 왕과 그를 둘러싼 신료집단과 갈등관계에 있던 주몽 세력이 정치적 싸움에서 밀려난 것이다. 그는 홀로 북부여를 떠난 것은 아니었다. 『위서』에는 두 명, 『삼국사기』에는 세 명을 거느렸던 것으로 되어 있다. 그런데 실제로는 그들만이 북부여를 도망한 것은 아니었을 것이다. 일정한 집단을 이루어 떠났을 것이다. 그리고 도망하는 도중 재사 · 무골 · 묵거라는 세 사람을 또 만나기도 했다. 그들도 세 사람만이 아니라 일정한 집단을 이루고 있었다고 생각된다.

한편 고구려 지배세력들은 주몽 세력만이 아니라 또 다른 이주민 세력도 있었다. 『삼국사기』 유리명왕 즉위조에는 주몽의 아들이라고 하는 유리와 그를 따랐던 옥지 · 구추 · 도조 등의 3인이 더 보인다. 그들도 네 사람만이 이주한 것은 아닐 것이다. 또 다른 세력들이 함께 이주했다고 여겨진다. 여하튼 주몽과 유리명왕의 이주를 중심으로 보면 적어도 두 차례 있었던 이주민 세력이 고구려 초기 지배세력을 형성했다고 생각할 수 있다.

다음은 신화 속의 국가 형성 시기에 대하여 알아보겠다. 『삼국사기』의 건국신화에는 주몽이 기원전 37년에 고구려를 세운 것으로 나오고 있다. 그러나 기원전 37년은 신화 속의 시간이다. 이를 역사적 시간으로 전환하는 작업이 필요하다. 단군이 그렇듯 주몽 또한 한 사람이 아니라 여러 명의 왕이었을 가능성이 있다. 물론 근거는 없다. 그러나 시조 즉위조의 이야기가 한 해에 벌어진 것일 수는 없다. 주몽이 나라를 세웠을 때 경계에 말갈이 있어 침략 받을까 염려하여 이를 쳐서 복종시킨 일이나, 비류국을 찾아간 일들은 오랜 기간에 걸친 일들이었다는 상상을 하게 된다.

누구도 고구려의 건국 연대를 있었던 대로 밝힐 수는 없다. 다만 이에 대한 견해가 없는 것은 아니다. 그 중 하나는 기원전 75년 이후 소노 집단을 중심으로 한 고구려 연맹체가 형성 되었고, 이어 계루 집단이 고구려 연맹체의 주도권을 장악했고, 1세기 중반 태조왕 때 나(那) 집단이 다섯으로 통합되었다는 견해이다.[3] 한편 북한의 연구자들은 고구려 건국 연대를 1979년에는 기원전 1세기 초라고 하였는데 1991년에는 기원전 277년으로 주장하고 있다.[4] 북한 연구자들의 논리를 다 이야기할 필요는 없다. 다만 『광개토왕비』의 기록을 통하여 광개토왕이 주몽의 17세손이라 나오나 실제 기록에는 12대만 나온다고 하며 5대가 빠졌다고 한 것은 문제다. 그들은 빠진 5명의 왕을 채워 넣어, 동명왕－유류왕－여율왕－대주류왕(막래)－애루왕－ ○○왕－유리명왕－대무신왕으로 이어지는 계보를 재구성하였다.

그러나 필자는 『광개토왕비』에 나오는 17세손을 광개토왕이 주몽의 17세손이 아니라 대주류왕(대무신왕)의 17세손으로 본다. 그리고 주몽에서 광개토왕까지가 12대라는 것도 문제라고 본다. 따라서 북한 연구자들의 계산은 처음부터 문제가 있는 것이 분명하다.

그러면 고구려의 건국 시기는 언제로 볼 수 있을까? 『삼국사기』「고구려본기」의 마지막에 나오는 (사)론에 고구려가 진한(秦漢) 이래 중국 동북 모퉁이에 있었다는 기록을 주목할 수 있다. 이를 통하여 어쩌면 진(秦)나라 때(기원전 249~207년)인 기원전 3세기 후반 언제인가 고구려가 국가를

---

3 노태돈, 『한국사』 5, 1996, pp. 2~3.
4 『조선전사』 3, 1991, pp. 24~27.

형성하였을 가능성은 있다. 앞으로 고고학적인 연구가 이루어지면 보다 믿을 수 있는 건국 연대가 찾아질 것으로 기대한다.

여기서 고구려를 건국한 세력이 이주민 집단이었다는 사실을 주목할 필요가 있다. 어느 시기에 어떤 이유로 발생한 이주민들에 의하여 고구려가 건국되었는가 생각할 수 있다.

주몽 집단이 고구려를 세웠던 장소에 대해 알아볼 수 있다. 『광개토왕비』에는 추모(주몽)가 비류곡의 홀본서성(忽本西城) 산상에 도읍을 정한 것으로 나오고 있다. 『위서』에는 흘승골성에 살게 되며 고구려를 칭하였다고 한다. 『삼국사기』「고구려본기」의 건국 신화에는 주몽이 졸본천에 이르러 도읍을 정하려 했으나 미처 궁실을 지을 겨를이 없어 비류수 가에 집을 짓고 살며 나라 이름을 고구려라고 하고 그로 인하여 고(高)를 성으로 삼았다고 한다.

이를 통하여 주몽(추모)이 나라를 세운 장소를 보면 비류곡, 졸본천, 비류수 가 등으로 나오는 것을 알 수 있다. 그 중 비류곡은 소국 형성이전 사회 · 정치 발전 단계로써 추장사회로서의 곡(谷)에 해당할 수 있다. 졸본천과 비류수의 관계는 어떤 것인지 단정하기 어려우나 졸본천이 비류수의 한 지류였을 가능성이 있다. 그리고 홀본은 졸본과 같은 곳이다.

그러면 졸본천(비류수), 졸본(홀본)은 어디였을까? 이에 대해서는 일반적으로 인정하는 답이 있다. 고구려의 건국지인 졸본을 현재 중국의 환인 지역으로 보고 있는 것이다. 환인현을 지나 압록강으로 들어가는 현재의 혼강은 고구려 형성 시 비류수라 불렸던 것이다.

졸본 지역에는 오녀산성이 있고 상고성자, 하고성자와 같은 유적지가 있다. 그곳 어디엔가 주몽 세력이 정착하여 소국을 세웠다. 한 가지 『광개토왕비』에 홀본서성 산상에 도읍을 했다고 하는 것을 볼 때, 도읍을 한 성이 오녀산성이라고 하면 홀본은 오녀산성의 동쪽 어디엔가 있었던 것이 된다. 홀본서성을 오녀산성으로 보지 않는다면 고구려의 첫 도읍지는 새롭게 찾을 필요가 있다.

주몽이 졸본(홀본) 지역에서 나라를 세운 배경이 있다. 두 가지 가능성을 생각할 수 있다. 하나는 주몽이 졸본(홀본) 지역에 이주하여 소국을 형성하였을 때 그 지역에는 적어도 추장사회 단계의 정치 발전이 이루어졌을 것이라는 사실이다. 그렇지 않고 아무런 정치적 성장이 이루어지지 않은 장소에 아무리 주몽 세력이라 하더라도 나라를 세울 수는 없었을 것이다. 그것은 추장사회 단계의 서라벌 6촌이 존재하였기에 혁거세 집단이 서라벌 소국을 세운 것으로 짐작하게 된다. 다른 하나는 주몽이 이주했을 때 이미 졸본(부여)에 왕이 있었고, 주몽이 그 자리를 계승하여 왕이 되어 고구려를 형성했을 수 있다는 것이다. 이 경우 주몽으로서는 이미 건국되어 있던 졸본부여의 통치체제를 이용할 수 있었던 것을 알 수 있다.

주몽 집단이 고구려를 세울 수 있었던 요인은 무엇일까? 주몽은 부여를 탈출하여 예맥 지역에 들어온 후 그 안의 어디인가에서 소국을 형성할 수 있었다. 고구려는 이주민들이 가지고 있던 각종 정보와 여러 가지 실력을 바탕으로 형성되었다. 우선 이주민들은 부여의 국가 체제에 대한 이해를 하고 있던 집단이었다. 주몽 자신이 비록 부여에서 도망한 것으로 되어 있지만 부여 왕의 측근에서 활동하던 세력이었다. 따라서 주몽 집단은 새로운 지역으로 이주하여 국가를 세울 만한 정보는 가지고 있었던 것이 틀림없다. 그리고 주몽이 기마를 하거나, 활을 잘 쏘았다는 사실로 보아 주몽 집단의 군사적 실력도 인정할 수 있다. 거기에 더하여 주몽이 거느리고 이주하였던 세력들은 각기 재능이 있었고 그에 따라 알맞은 일을 맡겼다는 사실도 주목할 일이다. 주몽이 거느렸던 집단은 다양한 능력을 가진 사람들로 구성되었던 것이 분명하다.

또 한 가지 주목할 사실은 졸본 지역에 이미 성장해 있던 정치세력과의 동맹을 생각할 수 있다. 주몽이 졸본부여 왕의 둘째 딸과 혼인하였고 그로 인하여 왕위에 오를 수 있었다거나 연타발의 딸 소서노와 결혼한 결과 그들이 가재를 기울여 나라를 세우는 일을 도왔다는 것을 볼 수 있다.[5]

그런가 하면 고구려의 국가 형성 시 중국 문명을 받아들일 준비가 되어 있었고 실제 그런 일이 벌어진 것을 생각할 수 있다. 이는 고구려의 정치적 성장에 큰 도움이 된 요인이라고 볼 수 있다.

건국신화에 나오는 고구려의 국가 형성과 성장에 대한 내용을 보면 초기 국가 고구려의 정치 발전 과정(단계)이 보인다.

첫째, 고구려 형성 이전 졸본 지역의 정치 발전 단계를 생각할 수 있다. 사로국 형성 이전 사로 6촌이 추장사회(chiefdom) 단계에 있었던 것과 같이 졸본 지역에 있던 곡(谷)들도 추장사회 단계에 있었을 가능성이 있다. 주몽은 이 같은 곡들을 통합하여 소국인 고구려를 세웠던 것일 수 있다.

둘째, 고구려 소국의 형성 단계가 있다. 주몽이 졸본에 이르러 처음으로 소국을 형성하였던 것이다. 이 경우에도 주몽 세력이 소국 형성 이전의 단계인 추장사회를 통합하여 한 단계 발전한 소국 단계로 발전한 것이라고 단정하기는 어렵다. 주몽이 졸본 지역으로 이주하였을 때 졸본부여의 왕이 있었던 것으로 그러한 사정을 짐작할 수 있다. 한 가지 분명히 할 사실은 주몽이 고구려를 세울 때 이미 예맥 지역에는 그 이전부터 소국연맹 단계에 들어서 있었다는 것이다. 고구려는 그러한 소국연맹의 이웃한 소국들과 관계를 가지게 되었다.

셋째, 이웃한 비류국과 대외 관계를 맺은 단계가 있다. 두 소국 사이의 관계는 대등 관계에서 부용 관계로 되었다. 송양왕이 주몽에게 부용한 것이다. 이때는 고구려나 비류국에 모두 왕이 있던 시기로 소국연맹 단계로

---

5 『삼국사기』 23, 「백제본기」 1, 시조 온조왕 즉위조의 협주.

볼 수 있다.

넷째, 시조 동명성왕 2년 조에 나오는 것과 같이 비류국이 고구려에 항복하여 온 단계가 있다. 당시 고구려는 단순히 비류국만 병합한 것이 아니라 말갈의 부락들도 복속하였다. 이때는 소국병합(소국정복) 단계였다. 당시 고구려의 주변에는 비류국만 있었던 것은 아니다. 고구려는 그와 같은 소국들을 정복해갔다.

고구려 건국신화에는 소국－소국연맹－소국병합 단계에 대한 이야기가 들어 있다. 그와 같은 정치 발전 단계를 거치는 데에는 시간이 필요하였다고 생각된다. 건국신화의 시간을 역사적 시간으로 전환할 필요가 있는 것이다.

5. 건국신화가 만들어진 시기

고구려의 건국신화는 국가 형성 시기부터 만들어진 것일 수는 없다. 『광개토왕비』를 세웠던 414년에 고구려인들은 건국신화를 가지고 있었던 것이 분명하다. 당시 고구려인들은 광개토왕이 고구려의 19대 왕이라고 인정하고 있었다. 추모왕－유류왕－대주류왕으로 이어지는 계보와 대주류왕의 17세손이 광개토왕이라는 것으로 그러한 사정을 알 수 있다. 이 같은 왕의 계보는 『삼국사기』, 『삼국유사』에 나오는 것과 같다고 하겠다.

고구려인들은 나라를 세운 처음부터 건국 사정을 신화화하지 않았을 것이다. 건국의 사정을 신화화할 수 있을 정도로 기억이 변경되었을 때 신화를 만들어내기 시작했을 것이다. 특히 왕권을 강화하고 왕위의 정통성을 확보하는 장치로 건국신화를 만들었다고 여겨진다.

그러면 국가가 공인한 고구려 건국신화는 언제 만들어졌을까?[6] 고구려의 건국신화는 시조묘가 만들어진 시기에는 이미 만들어졌다고 본다.[7] 고구려의 시조묘는 첫 도읍지였던 졸본에 있었다. 고구려의 역대 왕들은 유리왕 22년(기원후 3년) 국내성에 천도한 후에도 졸본에 있는 시조묘에 가서 제사를 지냈다고 헤아려진다. 물론 『삼국사기』에는 신대왕 3년(167)에 졸본에 가서 시조묘에 제사 지낸 것으로 나온다. 그러나 그 이전에 시조묘가 없었다면 국내[8] 천도 후 구태여 졸본까지 가서 시조묘에 제사 지냈을 까닭이 없었을 것이다. 따라서 졸본에는 일찍이 시조묘가 세워진 것을 생각할 수 있다. 마치 신라의 2대 왕으로 나오는 남해왕 대에 시조묘를 세웠던 것과 같다. 실제로 대무신왕 3년(20) 봄 3월에 세웠던 동명왕묘가 시조묘인지는 생각할 문제다. 그렇더라도 2대 유리왕, 3대 대무신왕 이후 시조묘에 대한 제사는 이어졌을 것이다.

앞에서 잠시 언급했지만 고구려의 건국 시기는 중국 진나라 때인 기원전 3세기 후반 언제였을 가능성이 있다. 그렇다면 국내 지역으로 천도한 유리왕 22년(기원후 3년) 경에는 고구려의 건국 사정이 신화화되기 시작한 것은 아닐까 짐작해본다. 그 후 건국신화는 고구려인들의 필요에서 그들의 상상력이 작동하여 점차 발전해나간 것임을 생각할 수 있다.

---

6 이에 대한 견해가 있다. 노태돈은 주몽설화를 북부여 출자설과 동부여 출자설로 나누어 보았다. 그는 동부여 출자설화는 6세기 중반 이후 부상하여 600년에 편찬된 『신집』이 그것을 공식화하였다고 하였다. 그런가 하면 4세기 후반 북부여 출자설화를 포함해 대무신왕 대까지 이르는 건국설화가 정립되었다고 하였다(「주몽설화와 계루부의 기원」, 『고구려사 연구』, 1999, p. 44, pp. 51~52). 필자는 『광개토왕비』에 나오는 고구려의 건국신화는 이미 이른 시기에 만들어졌고 고구려가 망할 때까지 그 구조적인 틀이 유지된 것으로 보고 있다. 그리고 『삼국사기』에 나오는 건국신화는 고구려가 망한 후 어떤 이유에서인지 만들어졌다고 본다.

7 김기흥은 적어도 고주몽의 신격을 모신 동명왕묘가 세워진 대무신왕 3년에는 주몽신화의 기본 구조는 일단 정리되었다고 보았다(「고구려 건국신화의 검토」, 『한국사연구』 113, 2001, p. 26).

8 국내성으로 이야기되고 있으나 실제 당시에는 국내성은 없었다. 다만 새로이 천도한 지역을 국내라고 부른 것일 뿐이다. 따라서 국내성이라는 용어의 사용을 받아들일 수 없다.

제1장

고구려의 초기 국가 형성과 성장

이 책에서 필자는 고구려의 초기 국가 형성과 성장에 대한 새로운 모델 하나를 제시할 것이다. 여기서 다루는 시기는 고구려의 주몽에서 태조대왕까지가 된다. 『삼국사기』나 『삼국사절요』를 비롯하여 고려 · 조선시대까지의 사서에 나오는 고구려 초기의 역사를 〈모델 1〉이라 한다면, 일제가 한국을 강점한 후 『삼국사기』 「고구려본기」의 앞부분 수백 년의 기록이 허구라고 한 식민사학의 주장을 부둥켜안고 있는 현대 한국 후식민사학이 만들어낸 역사를 〈모델 2〉라고 하겠다. 현재 사용되고 있는 국정교과서 고등학교 『국사』의 내용은 바로 〈모델 2〉의 주장을 따르고 있는 것이다. 필자는 지난 세기 이어진 〈모델 2〉와 다른 〈모델 3〉을 만들었다. 이 책은 〈모델 3〉을 밝히는 작업이라고 하겠다.

『삼국사기』나 『삼국유사』를 보면 주몽이 고구려를 세운 시기는 기원전 37년으로 나온다. 그러나 그것은 건국신화 상의 시간이다. 따라서 건국신화의 시간을 역사적 시간으로 전환하는 작업이 필요하다. 뒤에 보겠지만 고구려 건국 시기는 거의 2세기 정도 거슬러 올라간 기원전 3세기 후반이라 볼 수 있다. 이 경우 이 책에서 다루는 시기는 기원전 3세기 후반부터 태조대왕(53~146년)까지로 거의 400년 가까이 될 수 있다. 태조대왕의 뒤를 이어 왕위에 오르는 차대왕부터 668년에 고구려가 멸망하기까지는 520여 년이 지난다. 따라서 이 책에서 다루는 고구려의 역사는 고구려사 전체의 반은 채 안 되지만 3백 수십 년간의 이야기가 된다. 또한 이 책에서는 미천왕(300~331년)까지의 역사를 다루기도 했다. 이를 통하여 〈모델 2〉와 〈모델 3〉이 어떻게 다른지 좀 더 분명하게 비교할 수 있기 때문이다.

이 책에서 다루는 고구려의 역사는 크게 다섯 개의 시기로 나누어 각 시기별 고구려의 정치적 성장에 대하여 알아보고자 한다. 첫째, 졸본에 도읍한 고구려의 초기 국가 형성과 발전에 대하여 살펴보겠다. 기원전 3세기 후반에서 기원전 107년까지의 기간 동안 고구려가 거쳤던 몇 단계의 정치 발전 과정에 대하여 알아볼 것이다. 둘째, 기원전 107년 한나라의 현토군 설치와 기원전 75년 고구려가 현토군을 축출한 사실을 주목하겠다. 셋째, 기원전 75년에서 기원후 3년에 이르는 기간 동안 고구려 왕국의 정복 활동에 대하여 다루겠다. 넷째, 유리왕 22년(기원후 3년) 국내 천도 후부터 모본왕까지의 기간 동안 고구려 왕국의 성장에 대하여 보겠다. 다섯째, 태조대왕 대에 고구려가 정복 왕국으로 발전한 사실을 알아보겠다.

제1절 졸본 고구려의 초기 국가 형성과 발전

고구려의 경우 초기 국가 형성 · 발전에 대한 이해를 얻을 수 있는 자료가 많지는 않다. 그런데 『광개토왕비』나 『위서』 등에 나오는 건국신화는 고구려 초기 국가 형성 · 발전에 대한 중요한 정보를 제공하고 있다. 『삼국사기』와 『삼국유사』에도 고구려 건국신화는 나오지만 그 내용은 고구려 멸망 이후 언제인가 변경된 것이다. 따라서 여기서는 『광개토왕비』와 『위서』에 나오는 건국신화를 주목하겠다. 두 건국신화는 이미 서장에 제시한 바 있다.

먼저, 『광개토왕비』의 건국신화부터 보겠다. 『광개토왕비』의 비문 내용은 크게 세 부분으로 나뉜다. 그 중 첫 번째 부분은 고구려의 시조 추모왕에서 19대 광개토왕까지에 이르는 역사가 기록된 것이다. 이와 같이 이야기하면 무슨 말인가 할지 모른다. 그러나 『광개토왕비』의 첫 부분은 아버지가 황천이고 어머니가 하백의 딸이라 하는 추모왕의 뒤를 이어 유류왕(유리명왕), 대무신왕이 왕업을 이었고, 대무신왕의 17세손인 광개토왕이 왕위를 이었다는 사실을 밝히는 기록이다. 이는 고구려의 수많은 역사를 극히 간략하게 전하는 것이다. 이러한 역사를 통하여 광개토왕이 황천과 하백의 후손이라는 사실을 밝혀 왕의 정통성을 이야기하는 것이다.

그 중 시조 추모(주몽)왕에 대한 이야기는 고구려 건국담이기도 하다. 고구려인들의 경우 그들의 왕국 형성에 대한 이야기를 전하는 과정에 추모왕을 중심으로 한 건국담을 신화화한 것이다. 고구려인들이 처음부터 그들의 건국담을 신화화한 것은 아닐 것이다. 『광개토왕비』가 세워진 414년 이전에 건국신화가 만들어졌다. 그 건국신화는 왕자 집단을 중심으로 한 왕국이 공인한 이야기다.

『광개토왕비』에 나오는 건국신화에는 고구려 건국 세력인 추모가 세력 집단을 거느리고 북부여로부터 이주하였으며, 이주하는 도중에 엄리대수를 건넜고, 홀본서성 산상에 도읍을 하였고, 후에 승천한 것으로 나온다. 특히 『광개토왕비』의 앞부분은 추모왕의 신성함과 이후 왕들의 신성함을 밝힌 헌장이라고 하겠다. 왕들의 신성함은 왕위 계승의 정당성을 증명해

주는 것이다. 어찌되었든 건국신화를 통하여 고구려의 건국에 대한 중요한 사정을 알 수 있다. 다만 건국신화의 시간과 사건은 신화화된 것으로 그 안에서 역사적인 시간과 사건을 찾는 작업이 필요하다.

다음 『위서』에 나오는 건국신화를 보자. 북위라고 하는 중국 위나라(386~534년)의 역사인 『위서』 「열전」 고구려조에 고구려의 건국신화가 들어 있다. 『위서』는 『광개토왕비』 축조보다 140년 후인 554년에 편찬되었다. 『위서』를 편찬할 때는 고구려가 한창 발전하던 때였다. 특히 고구려의 왕은 북위로부터 책봉을 받는 등 긴밀한 외교 관계를 맺었다. 따라서 중국인들이 어떤 경로로건 고구려의 역사, 그 중에도 왕자 집단이 만들어낸 건국신화를 구하여 고구려조의 앞부분에 수록할 수 있었던 것이다.

『위서』에 나오는 고구려 건국신화는 고구려인들에 의하여 그 내용이 중국에 전해졌거나 중국인들이 채록해간 것으로 볼 수 있다. 그 내용 중 주몽의 출생과 관련된 내용, 하백의 딸에게 햇빛이 비친 후 잉태되어 알을 낳았고 그 알을 동물들이 보호했다는 내용은 부여의 건국신화와 비슷한 면이 있다. 그렇더라도 『위서』의 고구려 건국신화는 『광개토왕비』의 그것보다 자세하다.

『위서』의 건국신화에는 주몽이 활을 잘 쏘고 말을 잘 길렀다는 내용이 있고, 주몽이 부여에서 도망한 이유, 도망할 때 거느린 세력, 큰 강을 건너는 이야기, 보술수에서 만난 세 사람, 흘승골성에 정착하여 고구려를 세운 이야기, 그리고 주몽의 아들 여해(여달)의 왕위 계승, 뒤이어 여율과 막래의 왕위 계승에 대한 이야기들이 나온다. 그 내용은 간단하지만 그러한 신화 속의 이야기를 역사적 이야기로 전환하면 우리는 고구려 건국과 관련된 중요한 사실을 재구성해낼 수 있다.

이제 『광개토왕비』와 『위서』의 고구려 건국신화를 중심으로 고구려의 초기 국가 형성 · 발전에 대한 문제를 정리해보자. 고구려의 초기 국가는 신라 · 백제 · 가야와 같은 나라가 거쳤던 과정을 대체로 비슷하게 밟았다고 본다. 여기서 추장사회－소국－소국연맹－소국병합 단계를 거치며 고구려 초기 국가가 성장 · 발전하였다고 본다.

1. 추장사회 단계의 졸본

필자는 신라의 국가 형성 과정을 통하여 추장사회 · 소국 · 소국연맹 · 소국병합 단계의 정치적 발전 과정에 대한 가설을 세운 바 있다. 신라의 경우 그 건국신화에 혁거세가 등장할 때 서라벌6촌(사로6촌)이 이미 존재했고 각 촌에 촌장이 있었다는 사실이 나온다. 신라 건국신화에 따르면 기원전 69년 혁거세가 등장하였다고 한다. 혁거세는 13년 후인 기원전 57년에 6촌장들의 추대에 의하여 군주가 되었던 것을 알 수 있다.

고구려 건국신화에서는 신라 건국신화에 나오는 6촌장과 같은 존재를 찾을 수 없다. 그러나 고구려의 경우도 그러한 과정을 거쳤을 가능성이 있다. 여기서 두 가지 가능성을 생각할 수 있다. 하나는 주몽이 몇 개의 추장사회를 통합하여 소국을 형성하였을 가능성이다. 다른 하나는 주몽이 이미 소국이 형성되어 있는 지역으로 이주하여 왕위를 장악했을 가능성이다. 이 경우 주몽이 이주하기 전에 형성되었던 소국이 추장사회 단계를 넘어 한 단계 발전한 소국 단계로 되었던 것을 생각할 수 있다. 결국 어떤 경우라도 소국을 형성하기 이전에 추장사회에 해당하는 정치 발전 단계가 있었다는 사실을 부인하기 어렵다.

이에 졸본 지역의 추장사회에 대하여 생각해보겠다. 한 가지 분명한 사실은 아무리 주몽이라고 해도 일정한 정치적 기반이 갖추어지지 않은 곳으로 이주하여 국가를 세울 수는 없었을 것이라는 점이다. 소국을 형성하기 전에는 최소한 서라벌 소국 이전의 서라벌6촌이나 가락국 이전의 가락9촌과 같은 촌락사회(추장사회) 정도는 있었어야 했다. 주몽이 정착한 졸본(흘승골성) 지역에도 촌락사회가 형성되어 있었고, 주몽 세력은 그러한 촌락사회 몇 개를 통합하여 고구려라는 소국을 형성했을 가능성을 생각할 수 있는 것이다.

고구려의 경우에 소국 형성 이전 추장사회는 어떤 모습을 지녔을까? 뒤에 보겠지만 고구려의 소국들은 나(那)로 불리었다. 하나의 나(那)는 몇 개의 곡(谷)을 통합하여 이루어졌다고 생각한다. 여기서 사로6촌의 6촌이나 가락9촌의 9촌에 해당하는 존재로 고구려(또는 예맥) 지역의 곡(谷)을 주목할 수 있다. 아래의 기록을 보자.

> 주몽이 모둔곡(毛屯谷)에 이르러 세 사람을 만났는데 그 중 한 사람은 삼베옷을 입었고, 한 사람은 검은 옷을 입었고 한 사람은 마름 옷을 입고 있었다. 주몽이 물었다. "그대들은 어떤 사람이며 성은 무엇이고 이름은 무엇이냐?" 삼베옷을 입은 사람이 말했다. "이름은 재사입니다." 검은 옷을 입은 사람이 말했다. "이름은 무골입니다." 마름 옷을 입은 사람이 말했다. "이름은 묵거입니다." 그런데 성을 말하지 않으므로 주몽이 재사에게는 극 씨를, 무골에게는 중실 씨를, 묵거에게는 소실 씨를 주었다. 이에 여러 사람들에게 고하였다. "내가 지금 천명을 받아 나라를 세우려 하는데, 마침 이렇게 어진 세 분을 만났다. 어찌 하늘이 주신 분이 아니겠느냐?" 마침내 그들의 재능을 알아 저마다 알맞은 일을 맡겼다. 그들과 함께 졸본천에 이르러 그 토양이 기름지고 산천이 험하고 견고함을 보고 마침내 그곳에 도읍을 정하려 했다. 미처 궁실을 지을 겨를이 없어서 다만 비류수 가에 임시 거처를 지어 살면서 국호를 고구려라고 하였다. 그 까닭에 고를 성씨로 삼았다. (『삼국사기』 13, 「고구려본기」 1, 시조동명성왕 즉위조)

위의 건국신화에 나오는 모둔곡을 주목할 수 있다. 여기 나오는 곡(谷)은 일정한 영역을 가리킨다. 뒤에 보겠지만 을파소가 서압록곡 좌물촌 출신이라고 한 것과 관련시켜 곡의 의미를 생각할 수 있다. 고구려 지역에서는 몇 개의 촌(村)이 모여 곡이 되었고 몇 개의 곡이 모여 하나의 나(那)를 이루었던 것이다.

촌-곡-나로 이어지는 누층적인 지방 통치조직이 만들어졌던 것이다. 신라나 가락국에는 마을-촌-국의 지방 통치조직이 편성되어 있었다. 고구려의 경우 나(那)는 서라벌(사로국)이나 가락국과 같은 소국을 가리킨다. 곡은 서라벌6촌이나 가락9촌과 같은 촌을 가리킨다. 고구려의 촌은 서라벌6촌의 촌이 아니라 그러한 촌 아래 편성되어 있던 마을에 해당한다. 고구려의 촌-곡-나는 현재 한국의 지방 행정조직인 이-면-군과 같은 의미를 지닌 것이다.

신라나 가야의 경우 국(國)은 나라 또는 국가로서 인류학에서 말하는 국가(state)를 의미한다. 다만 후일 고구려 · 백제 · 신라와 같이 정복 활동을 통하여 토지와 인민을 확대한 왕국과 구별하기 위하여 이를 초기 국가로서 소국이라고 하자는 것이다. 이러한 초기 국가들은 이주민 세력들에 의하여 형성된 것을 볼 수 있다.

신라나 가야의 촌은 촌락사회(촌장사회 또는 추장사회)로 인류학에서 말하는 chiefdom에 해당한다. 서라벌이나 가락국의 촌은 촌장들에 의하여 다스려졌는데 각 촌에 살던 사람들은 하나의 씨족을 이루고 있었다. 촌장은 그러한 씨족의 우두머리였던 것이다. 후일 신라 왕국은 그러한 촌장들의 후손들에게 성을 내렸다. 알천양산촌(소국 형성 후 신라 왕경의 양부)의 촌장들의 후손들에게 이(李) 씨 성을 주었던 것은 그 예라 하겠다. 다른 촌(부)에 살던 씨족들에게도 하나씩의 성을 내렸다.

건국신화에 나오는 이야기를 가지고 고구려 소국 형성 이전 추장사회의 존재를 찾기 위한 명확한 증거를 대기는 어렵다. 다소 모호하지만 고구려 지역에도 추장사회가 존재하였을 가능성을 이야기해본 것이다. 고구려의 경우 나(那)는 소국에 해당하는 국가(state)이고, 곡은 추장사회(chiefdom)를 의미한다. 추장사회에 해당하는 곡(谷)은 서라벌6촌과 같이 하나의 씨족을 이루었을 가능성이 있다. 고구려의 나(那)를 추장사회 단계로 볼 수 없다.

모둔곡이 어느 곳인지 모르기에 많은 이야기를 할 수 없다. 그러나 모둔곡에서 만났다는 세 사람들이 추장사회의 촌장(추장)에 해당하는 존재들일 수 있다. 그들 중 재사에게는 극 씨, 무골에게는 중실 씨, 묵거에게는 소실 씨의 성을 준 것은 그들이 각기 하나씩의 씨족들일 수 있음을 보여준다. 물론 모둔곡에 세 개의 씨족이 있었다고 하면 그것은 서라벌6촌이나 가락9촌과 다른 것을 의미한다.

현재 추장사회로 보는 곡(谷)의 규모와 구조 등에 대한 정체를 명확하게 알 수는 없다. 다만 홀본 또는 졸본(현재의 환인) 지역과 그 주변 지역의 지형적인 구조를 통하여 조금은 생각할 수 있다. 졸본 지역은 고구려 시대 비류수(현재의 혼강)와 그 지류 그리고 지류의 지류들로 이루어진 것이 사실이다. 비류수 본류의 한 부분에 고구려라는 소국이 형성되었다. 그리고 그 지류에 곡이 있고, 지류의 지류에 마을들로 이루어진 촌이 있었다.

서라벌6촌의 경우 추장사회를 이루었던 각 촌은 직경이 10km 정도의 영역으로 이루어졌다. 그리고 각 촌은 다시 직경 2~4km 정도의 영역을 가진 마을들로 나뉘었다. 고구려의 경우 곡이 직경 10km, 촌이 직경 2~4km 정도였다고 단정할 수도 없다. 고구려가 자리 잡았던 졸본(환인) 지역은 사로국이나 가락국이 자리 잡았던 지역과 그 지형이 다르기 때문이다. 고구려 소국 지역에 있던 곡과 촌의 영역이 어느 정도였는지는 앞으로 밝혀야 할 문제다.

그렇더라도 소국형성 이전 곡(谷)은 그 지역에 형성되었던 최고의 정치체였다고 하겠다. 그와 같은 곡과 그 밑의 촌은 2단계 정치 조직을 형성한 사실을 보여준다. 서라벌6촌의 경우에 각 촌에는 시조가 있고 시간이 지나며 그러한 시조의 후손들이 각 촌의 씨족집단으로 자리 잡았다. 그리고 서라벌6촌 안의 마을들은 그러한 촌의 성원을 이룬 씨족들이 나뉜 종족(宗族, lineage)으로 되어 있었다. 졸본 지역의 추장사회도 그와 같이 곡에는 씨족이 있었고 촌에는 씨족이 나뉜 종족이 있었던 것으로 볼 수 있을지 모르겠다.

졸본 지역의 추장사회는 언제부터 언제까지 존속했을까? 이 문제도 명확한 답을 얻기는 어렵다. 사로6촌이 촌장사회로 있을 때 그 표지적 유적으로 지석묘가 축조되었다. 사로6촌 지역의 지석묘 축조 시기가 기원전 12세기에서 기원전 2세기경까지로 생각된다. 물론 사로6촌 지역의 지석묘 축조 시기는 더 올라갈 가능성이 있다. 따라서 서라벌6촌의 경우 추장사회 단계는 대체로 기원전 12세기(더 올라갈 수 있다)에서 기원전 2세기경까지라고 생각된다.

고구려가 형성되기 전 졸본을 비롯한 예맥 지역에도 지석묘는 축조되었다. 그러나 필자로서는 그 축조 시기를 잘 알지 못한다. 이에 고구려 소국 형성 이전 졸본 지역의 추장사회가 언제부터 언제까지 지속했는지를 말하기 어려운 상황이다. 그런데 고조선 소국 형성 이전 요동 지역에서도 추장사회의 표지적 유적으로 지석묘가 축조되었다. 요동 지역의 지석묘는 기원전 20세기에서 기원전 12세기경까지였다고 본다. 물론 지석묘의 축조 상한 연대는 더 올라갈 수 있다. 여기서 요동 지역의 추장사회는 늦어도 기원전 20세기(더 올라갈 수 있다)에서 기원전 12세기까지 정도로 생각해본다. 졸본 지역의 경우 추장사회 단계는 기원전 20세기에서 기원전 12세기 사이 언제쯤으로 볼 수도 있겠다. 그리고 그 하한은 고구려 소국이 형성되는 기원전 3세기 후반 이전으로 볼 수 있다.

여기서 고구려 형성 이전 졸본 지역의 추장사회 단계의 지배 구조에 대한 표를 그려보았다.

[표 2] 추장사회 단계 곡(谷)과 촌(村)의 지배 구조

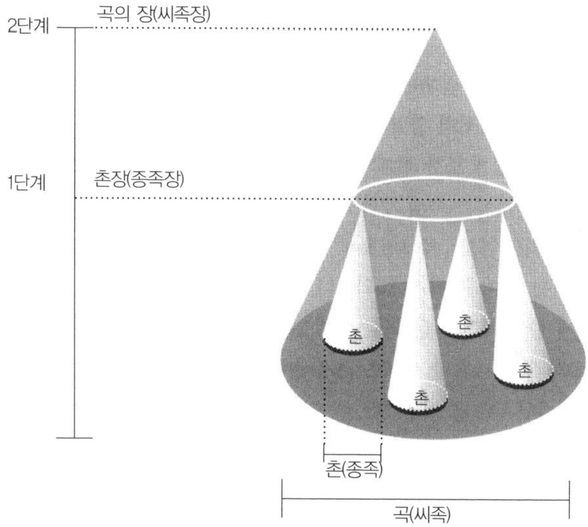

보기: ①곡: 직경 10km 내외 – 씨족의 영역
②촌: 직경 2~4km – 종족의 영역
* 곡과 촌의 규모는 앞으로 새롭게 정리할 문제다.

한 가지 분명히 할 사실이 있다. 즉 주몽이 졸본에 이주하였을 때 추장사회가 아니라 소국이 형성되었을 가능성이 그것이다. 비록 주몽이 졸본에 이주하기 이전에 소국이 형성되어 있었더라도 바로 그 소국이 형성되기 위해서는 추장사회(chiefdom) 정도의 정치 발전 단계에 이르러 있었어야 했다고 본다. 한국의 경우 추장사회를 경험한 사회에서 초기 국가로서 소국들이 형성되었다고 생각되기 때문이다.

2. 소국 단계의 고구려

한국사상 알려진 왕국들은 모두 소국을 형성한 후 발전하였다. 고조선은 조선이라는 소국이 발전한 것이고, 신라는 서라벌 소국(사로국), 백제는 십제 소국이 정복 활동을 벌여 발전한 왕국이었다. 고구려도 마찬가지로 주몽 세력이 세웠던 고구려 소국이 정복 활동을 벌여 토지와 인민을 확장하여 성장한 왕국이었다. 여기서는 고구려 소국의 형성과 그 정체에 대한 문제를 살펴보겠다.

한국의 초기 국가로서 소국이 가지는 특성이 있다. 서라벌 소국과 가락국 또는 십제와 같은 한반도 남부 지역, 소위 삼한 지역의 소국들을 통하여 그 구체적인 모습을 생각할 수 있다. 『삼국유사』에 의하면 삼한의 소국들은 영역이 방백리(方百里)이고 인구가 1만 명이었던 것으로 나오고 있다. 원래 기록에는 인구를 1만 호라 했으나, 그렇게 되면 그 수가 지나치게 많아 호를 인으로 바꾸는 것이 타당하다.

고구려가 소국을 형성했던 예맥 지역의 지리적 조건이 삼한 지역과 같은 것은 아니지만, 그곳에서도 그러한 소국들은 곡(谷)을 몇 개 합친 정도였으며, 그 규모는 삼한의 소국과 크게 다른 것은 아니었다고 여겨진다. 주몽이 시조로 된 고구려 소국과 이웃한 지역에 있던 송양왕이 다스리던 비류국은 전형적인 소국들이었다고 여겨진다.

1) 고구려 소국 형성 시기

주몽 집단이 고구려 소국을 세웠던 시기는 언제였을까? 이에 대한 해명은 고구려 초기 국가 형성과 성장 과정에 대한 해명에 결정적으로 중요한 의미를 지닌다. 고구려 소국의 형성 시기에 대한 해명 없이는 그 이후 전개되는 고구려의 정치적 성장에 대한 이해를 옳게 할 수 없기 때문이다.

『삼국사기』나 『삼국유사』에는 고구려 건국 시기를 기원전 37년으로 기록하고 있다. 문제는 이 연대를 그대로 믿을 수는 없다는 것이다. 실제로 『삼국사기』에는 백제의 국가 형성을 기원전 18년이라고 하는데 최근 발굴·조사된 백제 왕성 풍납토성의 축조 연대는 기원전 2세기로 올라가는 것을 통하여 기록의 연대를 그대로 믿을 수 없음이 밝혀졌다. 따라서 고구려의 건국 시기도 새롭게 찾을 필요가 있다.

여기서 『삼국사기』에 나오는 또 다른 기록을 주목할 필요가 있다. 신라가 고구려를 멸망시킨 후인 문무왕 10년(670년) 신라에서 안승을 고구려 왕으로 책봉하는 글에 고구려가 8백여 년이나 되려 한다는 기록이 있다.[1] 이를 따르면 고구려 건국 시기는 기원전 2세기 후반이 되는 셈이다. 그런가 하면 고구려의 건국 시기를 이야기하는 또 다른 기록이 있다. 『삼국사기』「고구려본기」 마지막에 나오는 사론에 고구려는 진한(秦漢) 이후로 중국의 모퉁이에 끼어 있다고 되어 있다.[2] 이 기록을 따르면 고구려는 진나라(기원전 247~207년)와 한나라(기원전 206년~기원후 24년) 때 나라를 세웠고, 나라가 망할 때는 900년이 되었다는 것을 알 수 있다. 이는 고구려가 기원전 3세기 후반에 세워진 것을 의미한다.

기록만으로 보면 고구려의 건국 시기를 세 가지 찾은 셈이 된다. 기원전 37년, 기원전 2세기 후반, 기원전 3세기 후반이 그것이다. 그 중 어느 것이 고구려 건국 시기인지는 갑자기 단정하기 어렵다. 한 가지 분명한 사실은 백제의 건국 시기가 기원전 2세기로 올라가는 상황에서 고구려의 건국 시기를 기원전 37년만으로 고집할 필요가 없다는 것이다. 앞으로 고구려 건국 초기의 도읍을 찾아 발굴·조사하여 그 연대를 밝힐 수 있다면

1 『삼국사기』 6, 「신라본기」 6, 문무왕 10년.

2 『삼국사기』 22, 「고구려본기」 10, 보장왕 27년.

고구려의 건국 시기는 보다 정확하게 알게 될 것이다.

한 가지 주목할 문제가 있다. 고구려의 건국은 주몽 집단의 이주에 의하여 이루어진 것이 사실이다. 따라서 주몽이 언제 어떤 이유로 이주하였는지 생각하면 고구려의 건국 시기도 어느 정도 짐작할 수 있다. 여기서 고조선 · 부여 지역의 정치적 변동을 주목하게 된다.

그 중 첫 번째 파동을 생각할 수 있다. 기원전 5세기경 고조선 소국이 요동 지역의 소국들을 병합하는 일이 벌어졌다고 보았다. 그 결과 고조선에 병합되었던 지역의 지배세력들 중 일부가 다른 지역으로 이주하여 새로운 소국을 세운 것으로 생각된다.

두 번째 파동이 있다. 기원전 4세기 말에서 3세기 초 언제인가 연나라의 장군 진개가 요동 고조선을 쳐들어와 2천여 리의 토지를 빼앗은 일이 있다. 그때 고조선은 요동 지역을 상실하고 왕국의 중심을 평양으로 옮기게 되었다. 그때 요동 지역에 있던 고조선 세력들이 모두 평양 지역으로 이주한 것이 아니라 부여나 예맥 지역 또는 한반도 남부 지역으로 이주하였다고 본다. 이때 있었던 이주민들의 파동은 부여 · 예맥 · 삼한 지역의 정치적 성장과 발전에 커다란 충격을 준 것임에 틀림없다.

세 번째 파동이 있다. 기원전 3세기 후반 중국의 진나라의 등장과 한나라와의 교체 시기에 중국 연 · 제 · 조의 이주민들이 부여와 예맥 지역 그리고 한반도 남부 지역으로도 이주하였다. 그들이 이주하여 정착한 지역에서 정치적 변동을 불러온 바 있다. 그 중 위만은 기원전 190년대 언제인가 고조선의 왕위를 장악하기도 했다. 위만조선의 등장은 고조선인들의 망명을 촉발하였고 그들 고조선계 망명 세력들은 삼한 지역으로 이주하여 또 다른 소국들을 세우기도 했다.

네 번째 이주민 파동이 있다. 기원전 108년 한 무제에 의하여 위만조선이 멸망되고 낙랑군을 설치한 것을 들 수 있다. 그때 위만조선인들이 이

곳저곳으로 이주하였던 사정을 알 수 있다.

위에 든 네 가지 이주민 파동 중 고구려를 세운 주몽의 이주는 언제 이루어진 것일까? 이 또한 단정할 수 없는 문제다. 위에 제시한 이주민 파동이 고구려 형성 세력인 주몽 집단의 이주와 관련되었다는 증거도 없기 때문이다. 그러나 그와 같은 이주민의 파동은 부여에 무엇인가 충격을 주었고 그러한 충격의 결과 주몽 세력이 북부여를 떠났을 가능성을 생각할 수는 있다고 본다.

여하튼 네 번째 파동의 이주민들과 고구려 형성은 무관한 것이 틀림없다. 그것은 기원전 107년에 설치된 현토군의 치소가 고구려현이었던 것으로 알 수 있다. 기원전 107년 현토군 설치 시 고구려가 이미 존재했기에 고구려현을 설치했던 것이기 때문이다.[3] 앞에서 본 것과 같이 고구려의 건국 시기에 대한 가능성 세 가지 중 기원전 2세기 후반이라면 그것은 현토군과 그 치소로서 고구려현의 설치와 관련하여 성립하기 어려운 면이 있다. 자연히 기원전 3세기 후반에 있었던 이주민의 파동을 생각하게 된다. 그런데 그때 있었던 이주민들은 주로 중국 연 · 제 · 조 지역으로부터 온 중국인들이다. 물론 그 중 위만 세력이 있어 고조선의 왕위를 빼앗기도 했다. 그런데 주몽 세력의 경우 중국인과는 무관하다.

북부여에서 이주한 주몽 세력은 그 이전 이주민 파동과 관련되어 결국 북부여를 떠난 것으로 볼 수 있다. 추측을 하자면 기원전 4세기 말에서 3세기 초에 있었던 연장 진개의 침입으로 고조선이 그 서쪽 2천여 리의 땅을 빼앗겼을 때 그 파동이 북부여에 미쳤고 일정한 시간이 지난 후 북부여에서 정치적 갈등이 생겨 주몽 세력이 남으로 이주한 것을 생각할 수 있다. 주몽이 언제 졸본 지역에 이주하여 소국을 세웠는지는 잘 알 수 없

---

3 이기백, 「고구려의 국가형성 문제」, 『한국고대의 국가와 사회』, 1985, p. 91.

다. 다만 주몽 세력이 이주하는 즉시 소국을 세웠는지 아니면 이주 후 일정한 기간을 거치며 그 세력을 키워 나라를 세웠는지 생각할 문제다.

보다 정확한 고구려 소국 형성 시기에 대한 해명은 고고학적인 연구를 기다릴 필요가 있다. 한 가지 정리하고 넘어갈 문제가 있다. 즉 주몽이 북부여에서 이주했을 때 졸본 지역에 졸본부여라는 소국이 형성되어 있었을 가능성이 있다는 것이다. 이 경우 졸본부여의 형성 시기는 고구려의 형성 시기보다 더 올라갈 수밖에 없다.

2) 고구려 소국 형성 시 예맥 지역의 정치적 상황

주몽을 중심으로 한 이주민 집단이 고구려를 세운 장소는 어떠한 상황이었을까? 『사기』 화식열전에는 진시황 대(기원전 247~210년)에 중국 상인들이 왕래하며 관계를 가졌던 오환 · 부여 · 예맥 · 조선 · 진번 등이 나온다. 『후한서』나 『삼국지』 고구려조에 따르면 고구려의 남쪽에 조선과 예맥이 있었고, 동쪽에 옥저가 있었고, 북쪽에 부여가 접해 있었던 것으로 나오고 있다.

여기서 한 가지 사실을 생각할 수 있다. 기원전 3세기 후반 주몽이 고구려를 세울 때의 상황이 『사기』에 나온다는 점이다. 주몽이 부여를 떠나 이주한 지역은 조선이나 진번이 아니라 예맥 지역이었다고 볼 수 있다. 그런데 『후한서』 「동이전」 예조에 기원전 128년 예군 남여가 우거왕을 배반하고 28만 구를 거느리고 요동에 내속(內屬)하자 무제가 그곳을 창해군으로 만들었는데 수년 후 폐지하였다는 기록을 주목할 수 있다.

기원전 128년 경 고구려의 정치적 상황이 어떤 것이었는지는 잘 알 수 없다. 그러나 28만 구를 거느린 예(예맥)가 성장하였다는 사실이 주목된다. 당시 예맥은 여러 소국들의 연맹체 정도의 정치 발전 단계에 이르러 있었다고 여겨진다. 고구려는 그러한 예맥이라는 소국연맹체의 한 소국으로 성장하였던 것이다. 기원전 107년 한 무제가 보낸 군대에 의하여 현토군이 설치될 때 그 태수가 머문 군의 치소가 고구려현으로 된 것을 볼 수 있다. 현토군 설치 시 고구려는 정치적으로 성장했던 것이 사실일 것이다. 그렇기에 현토군의 치소인 고구려현을 고구려 영역에 설치하였던 것이다.

예맥의 위치는 어디였을까? 『후한서』 예조에 나오는 창해군 설치 기사가 『삼국지』 예조에는 없다. 5세기 전반에 북조 송나라의 범엽이 『후한서』를 편찬하는 과정에 예맥과 예군 남여(南閭)의 존재를 혼동한 것으로 생각된다. 예군 남여는 원래 예맥이라는 소국연맹의 맹주국의 왕이었는데 그를 예(濊)의 군장과 혼동한 것일 수 있다. 기원전 128년 경 예맥은 동해안에 위치한 것이 아니라 압록강 중상류와 그 지류 지역으로 이루어진 공간에 위치하였던 것이다. 고구려는 그러한 예맥 지역 한곳에서 뒤늦게 하나의 소국을 형성하였다고 본다.

주몽은 졸본(흘승골성)에 자리 잡아 도읍을 정하고 고구려를 건국하였다. 졸본 지역은 잘 알려진 바와 같이 현재의 환인(桓仁) 지역이다. 그리고 졸본성은 오녀산성과 연관된다. 고구려가 국가를 형성하였을 때 비류수 상류 쪽에는 비류국이 있었다. 이는 고구려가 처음부터 커다란 왕국이 아니라 하나의 소국으로 시작한 것을 의미한다.

당연한 일이지만 고구려의 주변에는 이미 형성되어 있던 예맥의 소국들이 있었다. 송양왕이 다스렸다고 하는 비류국은 그 하나다. 물론 고구려의 국력이 우세하여 비류국을 부용으로 삼았다가 복속을 하게 되었다. 복속된 비류국 지역을 다스리기 위해 송양을 다물도주로 삼았다. 이는 고구려가 소국병합 단계로 발전했고, 과거 비류국은 고구려의 제후국 정도로 되었음을 보여준다.

앞에서 이야기한 것과 같이 비류국을 부용으로 하고 제후국으로 삼은 기간이 건국신화에 나오는 것과 같이 1~2년 사이일 수는 없다. 보다 긴 기간에 걸친 관계를 설화화하여 그와 같이 시간을 압축한 것이다. 고구려는 소국 형성 후 이웃한 소국들을 병합하여 나갔고 그로 인하여 고구려의 국력이 강해져 현토군이 설치될 때 치소로 되었던 것을 생각할 수 있다.

한편 건국신화에는 고구려의 영역이 말갈부락과 연접해 있었던 것으로 나오고 있다. 당시 말갈은 고구려 소국의 영역에서 그리 먼 곳에 있지 않았다. 고구려는 소국을 세울 때부터 말갈과 이웃에 공존하였다. 다만 고구려를 세운 주몽을 비롯한 이주민 세력은 지배세력이 되었고 말갈은 어떤 형태로든 고구려의 지배를 받았던 것이다.

3) 건국 장소와 건국 배경

위에서 본 바에 따르면 기원전 3세기 후반 언제인가 주몽 세력이 소국 고구려를 세웠다고 보아도 좋을 것이다. 그 무렵 고구려 소국이 형성된 졸본과 그 일대의 정치적 상황이 궁금하다. 이와 관련하여 두 가지 문제를 주목할 수 있다. 하나는 주몽이 고구려를 세우기 이전에 또 다른 국가로서 소국이 있었는가 하는 문제다. 다른 하나는 고구려가 설 때 예맥 지역, 즉 압록강 중류와 상류와 그 지류에 있던 지역은 정치적으로 어떤 상황에 있었는가 하는 문제다.

먼저 고구려 형성 이전 졸본 지역에 국가가 형성되어 있었는가 하는 문제를 보자.

> 일설에는 주몽이 졸본부여에 이르니 왕이 아들이 없는데다가 주몽을 보자 보통 사람이 아닌 것을 알고 그의 딸을 그에게 시집보냈더니 왕이 세상을 떠나자 주몽이 왕위를 이었다고 한다. (『삼국사기』 13, 「고구려본기」 1, 시조동명성왕 즉위조)

위의 기록은 고구려 건국신화에 나오는 내용이다. 이 기록에 따르면 주몽이 졸본에 이르렀을 때 이미 왕이 있었던 것으로 보인다. 여기서 주몽은 졸본부여 왕의 사위가 되어 왕위에 올랐던 것으로 주몽이 처음 국가를 세운 것이 아니라는 사실을 알 수 있다. 신라의 왕위가 혁거세의 후손, 탈해의 후손, 알지의 후손들이 차지했던 것과 비교된다. 다만 주몽은 졸본부여 왕의 지위를 차지한 후 왕실이 교체되지 않고, 왕위가 주몽의 후손들에게 이어진 것을 생각할 수 있다. 주몽과 그 후손들이 왕위를 계승한 후 다른 세력들은 왕위 계승을 할 수 없게 된 것이다.

다음 두 번째 문제로 고구려가 형성될 무렵 압록강 중류와 상류와 그 지류 지역을 포함한 예맥 지역의 정치적 상황이 어떤 것이었는지 보도록 하겠다. 이와 관련시켜 두 가지 기록을 주목할 수 있다.

첫째, 『사기』 화식열전에 연(燕)은 북으로 오환 · 부여와 접하고 동으로 예맥 · 조선 · 진번과 교역의 이익을 차지했다고 나온다. 이는 연이 예맥 · 조선 · 진번과 원거리 교역을 한 것을 보여준다. 그 중 조선은 고조선을 가리키며 위만조선 또는 그 이전의 조선을 가리킨다. 이 경우 위만조선이 망한 것이 기원전 108년이기에 그 이전에 예맥이 존재한 것을 알 수 있다. 예맥이 언제부터 존재했는지는 알 수 없으나, 고구려가 소국을 형성했다고 보는 기원전 3세기 후반에는 분명히 있었다고 하겠다.

둘째, 『후한서』 예조에는 기원전 128년 예군 남여가 우거를 배반하여 28만여 구를 이끌고 요동에 내속하였다고 나온다. 한 무제는 그 땅을 창해군으로 삼았는데 몇 년 후 폐지했다. 『후한서』에 후한 대(25~220년)의 역사를 기록한 것으로 예의 위치는 북으로 고구려 · 옥저와 접하고, 남으로 진한과 접하고 동으로 대해가 있고 서로 낙랑이 있다고 한다. 그런데 예군 남여가 있던 기원전 128년의 예의 위치는 어디였을까 하는 문제가 있다. 예의 위치가 고정불변하여 그때도 후한 대와 같은 곳에 있었다는 주장을 하기는 어렵다.

이 책에서는 기원전 3세기 후반의 예맥을 백두산에서 발원하는 압록강의 중류와 상류 지역에 위치했던 소국들의 연맹 정도로 봐두고자 한다. 당시 요동 지역에는 고조선이 있었고, 그 동쪽에 예맥이 있었다. 그리고 예맥의 북쪽에는 부여가 있었던 것이 된다.

그런가 하면 기원전 3세기의 예맥이 기원전 128년의 예와 어떤 관계에 있었는지도 궁금하다. 예맥이 예와 맥으로 나뉜 것인가? 아니면 예맥을 단순히 예라 한 것인가? 고구려와 예맥 또는 예와는 어떤 관계에 있을까 잘 알 수 없다. 다만 기원전 128년 예군 남여가 28만 명이나 되는 사람을 거느렸다는 것을 주목할 필요가 있다. 예군 남여가 다스린 나라는 하나의 소국은 아닐 것이다. 그 인구 수는 하나의 소국이 아니라 여러 소국의 인구를 합친 것이라 보아야 한다. 필자는 예군 남여는 예맥 지역 소국연맹의 맹주국의 왕 정도로 짐작해본다. 『사기』「화식열전」에 나오는 예맥은 바로 그러한 예맥이라는 소국연맹을 가리키는 것일 수 있다.

이 경우 고구려는 기원전 3세기 후반 예맥이 소국연맹을 형성해 있던 상황에서 한 소국으로 국가 형성을 한 것이 된다. 주몽이 고구려의 왕이 되어 국가를 세울 때 이웃에는 비류나(비류국)와 같은 또 다른 소국들이 있었다. 거듭 밝히지만, 예맥 소국연맹은 대체로 백두산을 발원지로 하는 압록강 중류 · 상류와 그 지류에 위치한 것으로 봐두고자 한다.

4) 고구려 건국 세력

고구려 건국 세력은 주몽만 이야기할 수는 없다. 건국신화에는 여러 세력들이 나온다. 여기서는 그와 같은 세력들에 대하여 알아보기로 한다.

① 주몽 세력

고구려 건국신화는 주몽신화라 하겠다. 주몽을 중심으로 한 세력들이 나라를 세웠던 사실을 이야기하고 있는 것이다. 주몽이 고구려를 떠날 때 거느렸다고 하는 오인 · 오위(『위서』)나 오이 · 마리 · 협보(『삼국사기』) 등을 볼 수 있다. 주몽이 이주할 때 이들만이 아니라 일단의 무리를 이루었다고 보인다. 또한 이주 중에 만났다고 하는 삼베옷, 검은 옷, 마름 옷을 입은 사람들이 있다. 그들은 어떤 존재인지는 생각할 문제이지만, 주몽은 이주 도중에 일단의 무리를 새로이 거느리고 새로운 정착지에 자리 잡은 것을 알 수 있다. 주몽은 일정한 세력 집단을 거느렸고 그들이 힘이 되어 국가를 세울 수 있었던 것이다.

『광개토왕비』에는 유류왕 · 대주류왕이 나오고 있다. 건국신화대로 하면 유류왕은 2대, 대주류왕은 3대가 된다. 그리고 대주류왕의 17세손이 '국강상광개토경평안호태왕'이다. 세(世)는 대주류왕을 1세로 한다. 따라서 대주류왕에서 광개토왕까지는 17명의 왕이 있었던 것이 된다. 여기에 1대 주몽, 2대 유류(유리)를 더하면 광개토왕은 열아홉 번째 왕이 된다. 이는 『삼국사기』나 『삼국유사』에 나오는 왕의 대수와 같은 것이다.

『삼국사기』 건국신화에 나오는 시조 동명성왕(주몽) 즉위조의 이야기는 즉위년에 국한된 것일 수 없다. 오랜 기간에 걸친 이야기가 즉위년 한 해의 사건으로 된 것이다. 여기서 고구려의 왕자 집단이 공인한 건국신화가 일찍이 만들어졌다는 앞에서의 생각을 상기할 필요가 있다. 구체적으로 언제인지는 알 수 없으나, 왕자(王者) 집단이 건국신화를 만들 때 왕위 계승 계보도 『광개토왕비』에 나오는 것과 같이 정리한 것을 알 수 있다. 그러나 단군이 지배했다는 1,500년은 그 수를 그대로 믿을 수도 없다. 또한 그 기간 동안 한 명의 왕이 아니라 여러 명의 왕이 있었는데 그것을 단군 한 사람이 지배한 것으로 만든 사실을 생각할 필요가 있다. 『삼국사기』에 주몽으로 나오는 존재도 실제는 여러 명의 왕을 한 사람으로 만든 것일 수 있다.

② 신화 속의 주몽의 왕비 세력

주몽 세력이 졸본 지역으로 이주하였을 때 주몽은 어떤 세력과 동맹관계를 가졌을까? 신라의 예를 보자. 신라를 세웠던 혁거세는 알영을 부인으로 맞이하였다. 사로6촌의 각 촌들이 추장사회(chiefdom) 단계의 독립된 정치체를 이루고 있던 상황에 이주민 세력인 혁거세 집단이 등장하여 6촌을 통합하여 소국을 형성하였다. 그때 혁거세 집단은 알영 집단과 세력 동맹을 맺어 6촌장들 위에 군림하였던 것이다. 고구려를 세운 주몽에게도 알영과 같은 집단이 있었던 것을 생각할 수 있다. 주몽도 졸본으로 이주하여 그곳에 원래부터 세력을 갖고 있던 세력과 혼인을 했을 가능성을 생각할 수 있다.

백제의 건국신화에 그러한 사정이 나오고 있다. 다음 기록들을 보자.

> 백제 시조는 온조왕이다. 그의 아버지는 추모인데 혹은 주몽이라고도 한다. 주몽이 북부여로부터 난을 피하여 졸본부여에 이르렀다. 부여 왕에게는 아들이 없고 다만 세 딸이 있었는데, 주몽을 보자 보통 사람이 아닌 것을 알고 둘째 딸을 그에게 시집보냈다. 얼마 후에 부여 왕이 세상을 떠나자 주몽이 왕위를 이었고 두 아들을 낳았다. 큰아들은 비류(沸流)라 했고, 작은 아들은 온조라 하였다(혹은 주몽이 졸본에 이르러 월군녀[越郡女]에게 장가들어 두 아들을 낳았다고도 한다). (『삼국사기』 23, 「백제본기」 1, 온조왕 즉위조)

> 일설에는 시조는 비류왕이다. 그의 아버지는 우태이니 북부여 왕 해부루의 서손이고, 어머니는 소서노로서 졸본인 연타발의 딸이었다. [소서노가] 처음 우태

에게 시집가서 아들을 낳으니 큰아들은 비류라고 하였고 작은 아들은 온조였다. 우태가 죽고 졸본에서 홀로 살았다. 후에 주몽이 부여에서 용납되지 못하여 전한 건소 2년 봄 2월에 남으로 도망하여 졸본에 이르러 도읍을 정하고 국호를 고구려라고 하고, 소서노에게 장가들어 왕비로 삼았다. 그가 나라를 세우고 왕업을 여는데 자못 내조가 있었으므로, 주몽이 그녀를 총애함이 자별하였고, 또 비류 등을 마치 친아들과 같이 대우하였다. 주몽이 부여에서 낳은 예 씨의 아들 유류가 오자 그를 태자로 세우고, 왕위를 잇게 하기에 이르렀다. 이에 비류가 아우 온조에게 말하기를 "처음 대왕이 부여에서 난을 피하여 여기로 도망하여 오자, 우리 어머니가 가재를 기울여 방업을 이루는 것을 도와 그 근로가 많았다. 대왕이 세상을 떠나자, 나라는 유류의 것이 되었으니 우리는 한갓 여기에 있어 혹과 같을 뿐이다. 차라리 어머니를 모시고 남쪽으로 가서 땅을 택하여 별립국도(別立國都)하는 것만 못하다"고 하였다. 마침내 아우와 함께 당류를 거느리고 패수와 대수의 두 강을 건너 미추홀에 이르러 살았다. (『삼국사기』 23, 「백제본기」 1, 온조왕 즉위조의 협주)

위의 기록을 보면 졸본 지역으로 이주한 주몽의 부인으로 세 경우가 나온다. 졸본부여 왕의 둘째 딸, 월군녀, 소서노가 그들이다. 이들 주몽의 부인이 된 사람들은 고구려 건국에 힘을 보탠 것을 볼 수 있다. 그 중 졸본부여 왕은 주몽과 둘째 딸을 혼인시키고 왕위까지 물려준 것으로 나오고 있다. 앞에 제시한 『삼국사기』의 건국신화에도 또 하나의 이야기로 졸본부여 왕이 그 딸을 주몽에게 시집보냈고 왕이 죽자 주몽이 왕위를 이었던 것으로 나오고 있다. 월군녀는 누구인지는 확실치 않지만 중국의 요동군과 같은 군에서 온 사람이었을 가능성이 있다. 그가 중국인이었다고 단정하기는 어려우나 중국문명을 익혔던 여자일 수 있다. 월군녀가 가졌던 중국문명에 대한 정보는 고구려의 국가 형성에 기여한 것으로 생각할 수 있다. 다음 소서노는 주몽이 졸본 지역으로 왔을 때 가재를 기울여 나라를 세우는 일을 도왔던 것으로 나오고 있다.

주몽의 부인이 되었다고 하는 사람들을 보면 고구려가 국가를 형성할 때 몇 가지 상황을 생각할 수 있다. 첫째, 졸본부여라는 나라가 이미 서 있었다는 사실이다. 둘째, 중국의 군으로부터 온 월군녀와 같은 사람들이 있었다는 것이다. 셋째, 고구려의 국가 형성에 경제적인 도움을 줄 수 있던 소서노 같은 세력이 있었던 것을 생각할 수 있다.

여기서 주몽의 부인이 그 중 누구였는지를 찾는 작업은 의미가 없다. 고구려 건국신화에 나오는 시조 동명성왕 즉위조의 기록을 보면 그 안에 나오는 사건들이 1년 동안에 벌어진 일이 아니라, 긴 기간 동안에 벌어진 일일 수 있다는 사실을 생각하게 된다. 그리고 그 기간 동안 한 명의 왕이 아니라 몇 명의 왕이 있었을 가능성이 있다. 고조선의 건국신화인 단군신화에 나오는 단군도 1,908년을 살았고 1,500년을 통치했다고 하는데 그 또한 여러 명의 왕을 한 명의 왕으로 조정한 것이라 생각된다. 이와 같이 생각하고 보면 주몽의 부인이 누구였는가를 찾는 일은 쉽지 않다.

주몽의 부인으로 나오는 사람들의 존재를 통하여 고구려가 초기 국가를 형성할 때 졸본 지역의 여러 가지 상황을 짐작해볼 수 있다. 첫째, 소국이 형성된 상황에서 주몽이 이주하여 왕위에 오르고 새로운 나라를 세운 것을 생각해볼 수 있다. 신라의 경우 혁거세 집단이 서라벌6촌을 통합하여 서라벌(사로국)이라는 소국을 세운 후 탈해 세력과 알지 세력이 경주 지역으로 이주하여 왕위를 장악한 것을 볼 수 있다. 그때 혁거세, 탈해 그리고 알지 세력들은 혼인을 통해 세력 동맹을 맺고 시간이 지나면서 세 세력이 왕을 배출하였던 것이다. 고구려에서도 원래 있던 졸본부여의 왕을 배출한 세력과 새로운 이주민 집단인 주몽 세력이 혼인을 통한 세력 동맹을 맺었을 가능성이 있다. 그렇더라도 그들 두 세력이 세력 동맹을 맺었는지 아니면 주몽 세력이 졸본부여 왕의 세력을 제압했는지 생각할 문제다.

둘째, 주몽이 고구려 소국의 왕이 될 때 중국 군현으로부터 건너온 중국 계통 인물들이 있었던 것을 주목할 필요가 있다. 주몽의 부인으로 나오는 월군녀가 월군(越郡)하기 전 원래 살던 군의 정체가 어떤 것인지 잘 알 수 없다. 이는 주몽이 고구려를 세운 시기가 언제였는지를 알아야 풀릴 수 있는 문제다. 그것이 한사군 설치 이전이면 요동군에서 온 것일 수 있다. 현토군이 사라진 후라면 요동군 또는 낙랑군에서 온 여자일 수 있다. 어떤 경우든 중국문명을 익힌 여자를 왕비로 삼았다는 사실은 의미가 있다. 고구려 초기부터 이미 중국과 관계를 가졌던 것을 생각할 수 있다.

셋째, 소서노를 보면 주몽이 새로이 이주한 지역에서 자리 잡고 나라를 세울 때 이미 그 지역에서 세력을 갖고 있던 연타발 세력의 도움을 받았던 것을 볼 수 있다. 이 경우 졸본 지역에 국가가 형성되었다는 증거는 없다. 그러나 소서노의 아버지로 나오는 연타발과 같은 세력이 주몽 세력에게 경제적인 힘을 포함한 여러 가지 도움을 주었던 것을 생각할 수 있다. 사실 주몽 세력이 졸본 지역에 이주하여 독자적인 힘만으로 나라를 세우는 데에는 한계가 있었을 것이다.

③ 일곱 모난 돌 위, 소나무 밑에 감춘 부러진 칼의 의미

고구려 건국 세력은 북부여에서 이주한 세력이었다. 그런데 그러한 이주민 세력들은 한 번에 온 것이 아니었다. 여러 차례의 이주민 파동이 있었다고 생각되지만 크게 두 차례의 이주민 파동을 주목할 수 있다. 2대 유리왕(기원전 19년~기원후 18년)의 등장에 대한 이야기는 2차 이주민 파동을 설화화한 것이라 볼 수 있다. 다음의 기록을 보자.

> 유리명왕이 왕위에 올랐다. 이름은 유리(類利), 혹은 유류(孺留)라고도 한다.

주몽의 원자(元子)이며 어머니는 예 씨다. 처음에 주몽이 부여에 있을 때 예 씨의 딸에게 장가들어 아이를 배게 했는데, 주몽이 떠나간 후에 낳게 되니 그가 바로 유리다.

유리가 어릴 때 놀러 나가 저자거리에서 새를 쏘았는데 잘못하여 물 긷는 부인의 질그릇을 깨뜨렸다. 부인이 꾸짖었다. "이 아이는 아비가 없기 때문에 성질이 거칠기가 이와 같구나!" 유리는 부끄러워 집으로 돌아와 어머니에게 물었다. "내 아버지는 어떤 사람이며 어디에 계십니까?" 그의 어미가 말했다. "네 아버지는 보통 사람이 아니었는데, 이 나라에서 용납되지 못해 남쪽으로 도망하여 가 나라를 세우고 왕이 되셨다. 떠날 때 나를 보고 '그대가 만일 사내를 낳거든 그 아이에게 내 유물을 일곱 모난 돌 위, 소나무 밑에 감추어두었으니 만일 이것을 찾아낼 수 있는 자라면 곧 내 아들이다'고 말하셨다." 유리는 이 말을 듣고 산골짜기로 가서 그것을 찾았으나 찾아내지 못하고 지쳐서 돌아왔다. 어느 날 아침 마루 위에 있었는데 기둥과 주춧돌 사이에서 무슨 소리가 나는 것 같기에 가서 살펴보니 주춧돌이 일곱 모로 되어 있었다. 곧 기둥 밑을 찾아서 부러진 칼 한 토막을 얻었다. 마침내 그것을 가지고 옥지·구추·도조 등 세 사람과 함께 졸본천에 이르러 부왕을 뵙고 부러진 칼을 바쳤다. 왕은 자기가 가지고 있던 토막 난 칼을 내어 맞추어보니, 이어져서 한 자루의 칼이 되었다. 왕은 기뻐하여 그를 세워 태자로 삼았는데, 이때에 이르러 왕위를 이었다. (『삼국사기』 13, 「고구려본기」 1, 유리명왕 즉위조)

위의 기록은 유리가 아버지 주몽을 찾는 과정을 그리고 있다. 우리는 일찍이 일곱 모난 돌 위, 소나무 아래에 숨은 물건을 찾던 유리왕에 대한 설화를 들은 경험이 있다. 유리가 부러진 칼을 찾는 과정은 역사적으로 어떤 의미를 지닌 것일까? 고구려의 왕을 배출한 지배세력은 적어도 2차에 걸쳐 이주한 것을 생각할 수 있다. 그 과정에 주몽과 유리의 관계가 어떤 것이었는지 궁금하다. 그들이 『삼국사기』에 나오는 것과 같이 부자간이었을까? 단정하기 어려운 문제다. 유리와 주몽은 부자간이 아닐 수도 있다. 다만 고구려인들은 일찍이 1차 이주 집단인 주몽 세력과 2차 이주 집단인 유리 세력을 부자관계로 정리한 것일 가능성이 있다.

여기서 부러진 칼을 찾는 과정은 하나의 상징이라고 여겨진다. 실제로 부러진 칼 하나 찾는 일로 유리가 주몽의 아들임을 인정받았다는 이야기를 그대로 믿을 수 있을까? 오히려 유리 집단이 가졌던 여러 가지 실력을 그와 같이 표현한 것은 아닐까? 신라의 경우 혁거세 집단, 탈해 집단, 알지 집단이 왕을 배출하는 세력 집단이 되었다. 고구려의 경우도 단정하기는 이르나 주몽 집단과 유리 집단이 왕위를 계승한 집단이었을 가능성이 있다. 다만 유리 집단은 일찍이 고구려의 왕을 배출하는 세력으로 되어 주몽의 아들로 설화화된 것을 생각할 수 있다.

유리 집단의 후손들이 그 후 왕위를 계승하여 갔을까? 아니면 주몽 집단이 왕위를 다시 계승하게 되었을까? 앞으로 검토할 문제다.

④ 고구려를 세운 이주민 집단

고구려 건국신화에는 건국 세력들에 대한 기록이 나온다. 그 중 주몽이 이주민 집단이라는 사실을 부인할 수는 없다. 주몽은 한 개인으로 이주한 것이 아니라 일정한 무리를 이루어 이주하였고, 이주하는 과정에 또 다른 세력들을 거느리게 되었다. 그들 또한 개인이 아니라 일정한 집단이었을 것이다.

그러한 이주민 집단은 나름대로 국가를 세울 정보와 여러 가지 실력을 갖추고 있었던 것이 분명하다. 주몽이 말을 잘 길렀고 활을 잘 쏘았다는 것도 그 예다. 말을 타면 활동 공간이 10배는 확대된다고 한다. 기마를 한 것은 국가 형성과 관련시켜 의미가 있다. 그리고 활을 잘 쏘았다는 것은 군사적 실력을 갖추었음을 의미한다.

주몽이 나라를 세웠다는 소식에 사방에서 내부하는 사람들이 많았다고 한다. 고구려 건국 세력은 한 번의 이주로 끝난 것이 아니었다. 유리의 이주가 그 증거다. 유리가 실제로 주몽의 아들이었다고 단정하기는 이르다. 주몽과 유리의 원래 거주지는 같을지 몰라도 이주 시기와 이주 동기가 달랐던 것으로 여겨진다.

여하튼 고구려 건국은 이주민들에 의하여 이루어진 것만은 부인할 수 없다.

5) 고구려 소국 형성 요인

어떤 소국이든 한 가지 이유만으로 국가를 형성한 것은 아니었다. 여러 요인들 중 주요 요인을 생각해보자. 첫째, 주몽이 북부여에서 지배세력으로 있었다는 사실을 들 수 있다. 주몽 세력이 비록 북부여 지배세력들 사이의 정치적 싸움에서 밀려난 세력이라고 하더라도 그들은 이미 국가 단계의 정치 조직 속에서 나라를 움직이던 많은 정보를 알고 있던 집단이다. 그러한 국가에 대한 정보는 새로운 지역에서 나라를 세울 기반이 되었던 것이다.

둘째, 졸본 지역에는 국가는 형성되어 있지 않았지만 국가를 형성할 기반이 마련되어 있었던 것을 들 수 있다. 고구려 소국은 예맥이라는 소국연맹이 형성된 곳의 한쪽에서 나라를 세웠다. 그때 졸본 지역의 상황은 앞에서 본 것과 같이 두 가지 가능성이 있다. 하나는 그곳이 아직 국가가 형성되지 않았던 곳으로 추장사회 단계의 정치적 발전 단계에 있었을 가능성이다. 다른 하나는 졸본 지역에 이미 졸본부여라는 소국이 형성되었고 그 지배세력과 동맹관계를 맺은 주몽 세력이 왕위를 장악하였을 가능성이다. 그리고 이웃한 지역에 비류국이 있었던 것으로 보아 예맥 지역에는 이미 국가가 들어서 있었던 것을 알 수 있다.

셋째, 주몽 집단이 가지고 있던 여러 실력을 주목하게 된다. 주몽은 북부여에 있을 때 말을 잘 길렀고 활을 잘 쏘았던 것으로 나온다. 부여의 속어에 활 잘 쏘는 것을 주몽이라 했다는 것으로 그러한 사정을 알 수 있다. 부여 왕의 일곱 아들이 모두 주몽에 미치지 못했다고 한다. 주몽은 기마와 궁술과 같은 무술을 잘 익힌 세력이었다. 그것은 군사적 실력이 되었다. 그밖에 농경과 같은 경제적인 능력도 갖추었던 집단이었다고 짐작이 간다.

넷째, 주몽 세력은 북부여의 선진 문물을 익힌 세력이었다. 그러한 선진 문물과 그 사용에 대한 정보를 가지고 이주했던 주몽 집단은 졸본 지역의 추장사회를 통합하여 소국을 형성하였거나 이미 세워진 나라의 왕위를 장악하여 고구려를 세웠을 가능성이 있다.

6) 소국 고구려의 국가로서의 특징

소국 고구려의 영역이 얼마나 되었는지 알 수 없다. 다만 삼한 지역 소국들이 방백리(方百里), 인구 1만 명 정도였던 것으로 보아 소국 고구려도 그 정도의 규모였다고 여겨진다. 고구려의 이웃에는 또 다른 소국인 비류국(비류나)이 있었다. 그밖에 예맥 지역에는 여러 소국들이 있었다. 주나 · 조나 · 관나 · 환나 등의 나(那)들이 그것이다. 그러한 나(那)들은 대체로 소국에 해당하였을 것이다. 규모에 있어 다소간의 차이는 있었을지 모르나 그러한 나(那)들은 삼한의 소국들과 비슷한 정치체들이었을 것이다. 필자는 예맥 지역의 소국들을 나(那)라고 불렀다고 생각해본다.

방백리(方百里) 정도의 영역으로 이루어진 나라도 국가였다. 그것을 국가로 보지 않는 주장들도 있으나 그러한 소국들은 이미 국가로서의 특성을 갖추고 있었다.

첫째, 고구려 소국에는 왕이 있었다. 주몽과 그 후손들로 이루어진 왕자 집단에서 왕위를 장악했던 것이다. 국가는 군주(왕)를 세움으로써 형성된다. 그러한 면에서 소국 고구려는 분명한 국가다. 그리고 한국사상 같은 예를 찾을 수 있다. 서라벌6촌을 통합하여 혁거세가 군주가 되며 서라벌 소국이 형성되었고, 가락9촌을 통합하여 수로왕이 왕위에 오르며 가락국이 형성된 것이 그 예다. 서라벌이나 가락국과 마찬가지로 고구려 소국도 모두 국가다. 주몽을 시조로 하는 고구려 왕실을 보호하는 시설로써 왕궁을 일찍부터 만들었다. 그러한 왕궁에 살던 왕자(王者) 집단은 고구려 최고의 정치 · 사회 세력이 되었던 것이다.

둘째, 고구려의 3단계 통치 조직을 들 수 있다. 사로6촌의 경우 추장사회 단계에서는 촌과 그 안의 지역 구분으로써 마을의 2단계 조직이 편성되어 있었다. 그러던 것이 사로6촌을 통합한 소국의 정치 조직이 2단계 조직 위에 누층적으로 편성됨으로써 3단계 통치 조직이 만들어졌다. 고구려 소국의 경우도 1단계의 촌, 2단계의 곡(谷) 그리고 3단계의 고구려 소국의 3단계 조직이 편성되었다. 이 같은 3단계 통치조직의 편성은 고구려가 국가 단계에 들어선 것을 말해준다. 다만 국가 형성 이후 고구려는 정복 활동을 벌여 다른 국가들을 병합하여 4단계 또는 5단계 통치 조직을 편성해나갔다. 그런 면에서 3단계 통치 조직을 갖춘 고구려 소국은 초기 국가 단계에 있었다고 하겠다.

셋째, 고구려의 대외관계를 통하여 주몽이 세웠던 고구려가 국가라는 사실을 알 수 있다. 고구려 건국신화에 따르면 주몽이 소국 고구려를 세웠을 때 비류수 상류 쪽에 송양왕이 다스리던 비류국이 있었다. 고구려의 주몽은 비류국을 부용한 시기가 있었다. 고구려와 비류국 두 나라는 독립국이었던 것이다.

국가가 형성되었다는 기준을 무엇으로 보는가 하는 문제가 있다. 소국 고구려는 하나의 국가였다. 다만 정복 활동을 통하여 토지와 인민을 늘렸던 고구려와 비교하여 규모가 크지 않았던 초기 국가로서 소국이었다. 고구려가 이웃한 소국들과 연맹관계를 맺고 이웃한 소국들을 병합해 나가는 단계까지를 초기 국가 단계로 보고자 한다. 그러한 초기 국가 단계는 3~4단계의 통치 조직을 가졌던 때였다. 그러한 국가에 도시가 형성되었어야 한다든지 하는 기준을 요구할 수는 없다. 만일 그와 같은 기준을 적용한다면 고구려는 물론이고 백제 · 신라의 건국은 몇 세기 후로 볼 수밖에 없다. 그리고 가야의 소국들은 영원히 국가를 형성하지 못한 것으로 볼 수도 있게 된다.

3. 소국연맹 단계의 고구려

소국연맹은 독립 소국들이 하나의 연맹체를 형성한 것을 의미한다. 마한 · 진한 · 변한을 그 예로 들 수 있다. 다만 그러한 삼한은 중국 측 사서인 『삼국지』와 『후한서』에 나오는 것이다. 특히 삼한 중 진한은 낙랑군과의 원거리 교역을 위한 연맹체를 형성하였을 가능성이 있다. 이 경우 진한(辰韓)이라는 용어는 소위 진한인들이 사용하기 시작한 것이 아니라 중국인들이 하나의 교역권을 나타내기 위하여 사용한 용어일 수 있다. 그러한 사정은 변한도 마찬가지다. 변한의 경우 우리측 기록에는 가야라는 용어를 사용한 것을 볼 수 있다. 변한은 중국인들이 사용하던 용어이고 가야는 과거 한국인들이 사용한 것일 수 있다. 여하튼 삼한의 각 소국에는 왕이 있었는데, 일정 지역의 소국들이 필요에 의하여 연맹을 맺고 연맹의 소국 중 맹주국을 두게 된 것이다.

고구려도 소국연맹과 무관하지 않다. 원래 고구려라는 소국이 형성된

곳은 예맥이라는 소국연맹이 존재한 곳이었다. 그런데 고구려가 중심이 되어 또 다른 소국을 부용한 사건이 보인다. 『삼국사기』「고구려본기」 시조 동명성왕 즉위조에 나오는 건국신화의 마지막 부분에 비류국을 부용한 사실이 나온다. 주몽은 왕이 된 후 비류수에 채소 잎이 떠내려오는 것을 보고 상류에 사람이 사는 것을 알았다. 주몽은 사냥을 하며 비류국을 찾아갔다. 그곳의 왕인 송양이 주몽에게 자기는 대대로 그곳에서 왕 노릇을 했는데 땅이 좁아 두 임금을 받들 수 없으니 자기의 부용(附庸)이 되라고 했다. 주몽이 화를 내어 말로 싸우다가 활을 쏘아 재주를 겨뤘다. 송양은 주몽에게 대적할 수 없었다고 한다.

『삼국사기』에 따르면 송양이 주몽에게 부용한 시기는 기원전 37년으로 나온다. 그러나 그것은 신화 속의 시간으로 역사적인 시간을 찾을 필요가 있다. 앞에서 고구려 소국의 형성 시기를 기원전 3세기 후반으로 보았다. 자연 송양왕이 주몽에게 부용했다는 시기도 거슬러 올라가는 것이 분명하다. 그 시기는 기원전 3세기 후반 이후 기원전 107년 현토군이 설치되기 이전 언제인가였다고 볼 수 있다. 고구려 소국은 기원전 107년 이전에 이미 비류국을 병합했다고 생각되기 때문이다.

여기서 주몽과 송양왕 사이에 부용 관계가 전개된 것을 알 수 있다. 그런데 그것이 꼭 주몽과 송양 사이에 전개된 관계만은 아닐 수 있다. 주몽의 뒤를 이었던 왕과 송양 사이 또는 송양왕의 후손과의 사이에 부용 관계가 전개되었을 수도 있지 않나 한다. 그것은 주몽이라는 한 왕에 대한 기록이 사실은 여러 명의 왕이 재위한 시기의 역사일 수 있기 때문이다.

그러면 부용은 무엇을 의미할까? 주몽과 송양이 활을 쏘아 재주를 겨루었다는 것을 주목하게 된다. 부용은 단순히 대등한 두 독립국간의 관계가 아니었음을 알 수 있다. 고구려의 주몽이 활쏘기에서 승리한 것은 송양이 주몽에게 힘이 밀렸던 것을 보여준다. 이때의 부용 관계는 단순히 독립국간의 관계가 아니라 세력의 우열에 의한 두 나라 사이의 관계였음을 뜻한다. 힘이 약한 나라는 힘이 강한 나라에 대하여 사대의 예 또는 그 이상의 의무를 지게 되었을 것이다. 그렇더라도 분명한 사실은 부용 관계에 있던 나라들에 각기 왕이 있었다는 것이다.

고구려는 예맥이라는 소국연맹이 형성된 지역에서 소국을 형성했다고 생각되기에 고구려가 처음에는 예맥연맹의 한 소국이 되었을 수도 있다. 그러한 고구려가 독자적으로 이웃한 소국을 부용한 것이다. 이때 부용 관계는 단순히 원거리 교역을 위한 소국연맹을 형성한 것은 아니다.

한편 주몽이 고구려를 세우기 전 졸본부여라는 소국이 있었다면 그 소국은 예맥이라는 소국연맹체의 한 소국이었을 가능성이 있다. 그리고 주몽 세력이 왕권을 장악한 후 고구려 소국도 예맥의 한 소국으로 되었을 가능성을 생각할 수 있다.

예맥 소국연맹 안에서 고구려 소국이 또 다른 소국을 부용한 사실을 표로 그려 보면 다음과 같다.

[표 3] 고구려의 소국연맹 지배 구조

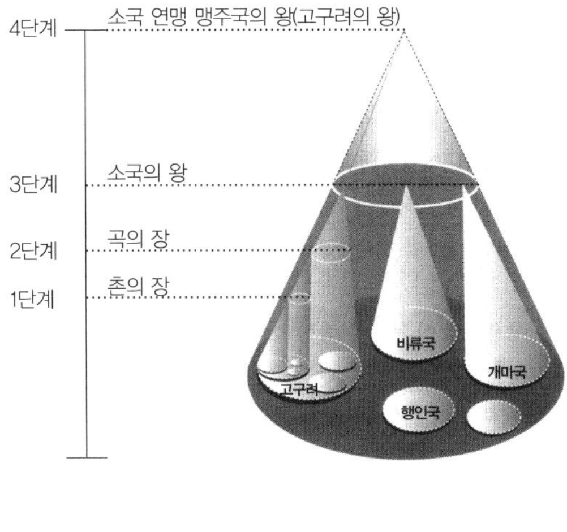

4. 고구려의 소국 정복 전개(기원전 2세기 전반~기원전 107년)

소국 고구려는 비류국과 부용 관계에만 머물지 않았다. 『삼국사기』에는 시조 동명성왕 2년(기원전 36년) 여름 송양왕이 항복해 오자 그 땅을 다물도(多勿都)라 하고 송양을 다물도주(多勿都主)로 삼았다고 나온다. 고구려 말에 옛 땅을 되찾는 것을 다물(多勿)이라 했으므로 그렇게 이름한 것이라 나온다.[4]

송양왕이 고구려에 항복하여 다물도주가 된 것은 그가 왕의 지위를 잃은 것을 의미한다. 그 이후 비류국은 고구려의 피정복국이 되었고, 고구려 왕국으로 통합된 것을 의미한다. 다만 송양을 다물도주로 삼았다는 사실로 보아 고구려는 송양을 원래 그가 지배하던 소국의 제후로 봉한 것을 알 수 있다. 그것은 고구려 소국이 이웃한 비류국을 정복했다고 하더라도 직접 지배할 만한 힘이 없었기 때문일 것이다. 고구려 자체에서 지방관들을 파견하여 피정복국을 중앙집권적으로 지배할 힘이 없었다고 하겠다.

고구려가 비류국을 병합한 시기는 언제였을까? 동명성왕 2년으로 나오는 기원전 36년은 신화 속의 연대다. 따라서 역사적인 연대를 찾는 작업이 필요하다. 이와 관련시켜 현토군의 설치를 주목할 필요가 있다. 기원전 107년에 설치되었던 현토군의 군치는 고구려현이었다. 이는 기원전 108년 낙랑군을 설치할 때 군치를 조선현으로 했던 사실과 같은 의미를 지닌 것일 수 있다. 조선(고조선)을 멸망시키고 설치된 낙랑군의 치소가 조선현이었다는 것은 현토군의 치소인 고구려현을 다시 보게 만든다. 고구려는 현토군이 설치되기 이전에 이미 정복 사업을 벌여 커다란 왕국으로 성장했던 것을 생각하게 만든다. 그 때문에 고구려 왕국의 중심지에 고구

4 『삼국사기』 13, 「고구려본기」 1, 시조 동명성왕 2년.

려현이 설치되었던 것이 아닐까?

고구려는 시조왕(동명성왕) 2년(기원전 36년)에 송양왕의 항복을 받았고, 시조왕 6년(기원전 32년) 왕이 오이와 부분노에게 명하여 태백산 동남쪽의 행인국을 쳐서 그 땅을 성읍으로 삼은 바 있다.[5] 시조왕 10년(기원전 28년)에는 왕이 부위염에게 명하여 북옥저를 쳐서 멸망시키고 그 땅을 성읍으로 삼은 일이 있다.[6] 행인국이나 북옥저를 멸망시키고 성읍으로 삼은 것은 기원전 107년 현토군이 설치되기 이전이었다고 생각된다. 그 중 행인국은 예맥 지역의 소국일 수도 있으나 북옥저는 예맥을 벗어난 지역에 있던 정치체였다. 그런데 기원전 107년 이전에 고구려가 북옥저를 정복했는지는 앞으로 검토할 문제다. 북옥저는 기원전 75년 현토군과 그 치소를 예맥 지역 밖으로 축출한 후일 가능성도 생각할 수 있기 때문이다.

소국 고구려가 비류국 · 행인국 · 북옥저를 정복한 정확한 시기는 알 수 없다. 다만 기원전 2세기 언제부터 소국 정복을 벌인 고구려는 기원전 107년 이전에 이미 북옥저를 정복한 것은 생각할 수 있다.

현토군 설치 이전 고구려는 정복한 지역을 어떤 방식으로 지배했는지 알 수 있다. 비류국의 지배자였던 송양왕을 다물도주로 삼았던 것을 보면 피정복국에 대한 제후국적 편제가 이루어졌던 것을 볼 수 있다. 그런데 행인국이나 북옥저는 성읍으로 삼았다고 하는데 그것이 제후국적 존재는 아니었을 가능성이 있다. 그와 같이 성읍으로 삼은 지역에는 지방관을 파견하여 통치하였을 수 있다. 그렇더라도 종래부터 세력을 장악하고 있던 일정 세력들의 존재를 인정해주고 그들과 고구려 정부에서 파견한 세력들이 해당 지역을 통치해나갔던 것으로 짐작이 간다.

---

5 『삼국사기』 13, 「고구려본기」 1, 시조 동명성왕 6년.
6 『삼국사기』 13, 「고구려본기」 1, 시조 동명성왕 10년.

이 시기 고구려를 봉건제적인 국가라고 할 수는 없을까 생각해보았다. 예맥 지역의 소국들인 나를 정복한 고구려는 피정복국의 지배세력들을 제후와 같은 존재로 만들었다. 이러한 사실만을 보면 고구려가 예맥의 소국을 정복하고 봉건제를 택했다고 할 수 있다. 그러나 예맥 밖의 국가를 정복하였을 때 성읍으로 삼았던 것을 보면 그 지역에 대해서는 봉건제가 아니라 보다 중앙집권적인 성격이 강한 지배 방식을 택했을 가능성이 있다. 이에 당시 피정복국에 대하여 봉건제를 실시했다고 하기도 어려운 실정이다.

제2절
한의 현토군 설치와 고구려의 현토군 축출
(기원전 107년~기원전 75년)

중국은 팽창을 멈춘 적이 없는 나라다. 기원전 108년 조선(고조선)을 멸망시키고 낙랑군을 설치했던 한(漢)나라는 그 이듬해에 고구려 세력을 제압하고 그 자리에 고구려현을 설치하였다. 현토군은 단단대령 서쪽 지역에 위치했고 종래 예맥 지역으로 되어 있던 압록강 중 · 상류지역에 설치되었다고 보인다. 현토군의 설치는 고구려의 운명을 바꾸는 사건이었다. 이제 막 성장하기 시작한 고구려로서는 한나라의 침략을 저지할 수 없었다. 그러나 고구려는 그들이 직면한 어려운 운명을 이겨내고 오히려 현토군을 축출하고 나아가 정치적 성장을 할 수 있었다.

한나라의 변군으로 설치되었던 현토군의 통치 방식은 중국 내군의 그것과 달랐다. 한나라는 현토군 설치 후 태수와 현장 등의 관리를 파견하였다. 그러나 원래 그 지역의 지배세력의 존재를 거의 그대로 인정해주며 그러한 세력을 통하여 현토군 지역을 지배하는 방식을 취했다. 그 결과 현토군, 특히 고구려현에는 고구려 사람들이 그대로 남아 있었다. 그들 중에는 고구려의 왕과 지배세력들 그리고 백성들 모두가 그대로 있었다고 여겨진다. 그리고 현토군과 고구려현의 속료인 하급 관리들은 고구려인들로 채워졌던 것을 생각할 수 있다.

현토군과 고구려현의 고구려인들에 대한 통치는 강력한 것일 수 없었다. 현토군 설치 이전 예맥 지역의 소국들을 정복해 들어갔고 북옥저를 정복했던 고구려인들은 정치적 힘을 잃지 않고 있었다. 기원전 75년 그들 고구려인들이 중심이 되어 현토군을 몰아낸 것이다. 그 과정에 현토군의 치소인 고구려현은 예맥 지역 바깥 현재의 신빈 지역으로 옮겨가게 되었다. 후일 고구려의 성장으로 인하여 현토군과 그 치소인 고구려현은 현재의 무순 지방으로 다시 밀려났다.

기원전 75년 현토군과 그 치소 고구려현을 몰아낸 고구려인들은 예맥 지역의 강자로 자리 잡게 되었던 것으로 생각된다. 그 과정에 고구려인들은 그들의 왕국 고구려를 새로운 단계의 정치체로 발전시켜나갔다.

제3절
고구려 왕국의 정복 활동 전개(기원전 75년~기원후 3년)

현토군의 치소였던 고구려현을 신빈 지역으로 축출한 고구려는 이미 국력을 크게 신장시킨 상태였다. 그러한 국력을 바탕으로 고구려 왕국은 보다 활발하게 정복 활동을 전개했다.

고구려의 정복 활동 중에는 북옥저 정복도 있었다. 앞에서 시조왕 10년(기원전 28년)에 고구려가 북옥저를 멸망시키고 그 땅을 성읍으로 삼았다고 하는 사건이 언제 벌어진 것인지 단정하기 어렵다고 했다. 그것이 기원전 107년 현토군 설치 이전인지 아니면 기원전 75년 현토군이 축출된 이후인지는 앞으로 생각할 문제다.

현토군이 설치되어 있던 시기 고구려인들은 중국 세력과의 관계 속에서 정치적 · 사회적 · 군사적 성장을 하였던 것으로 여겨진다. 직수입한 것은 아니지만 중국의 발달된 정치제도를 이해하게 되었고, 발달된 무기체계도 도입할 수 있었다고 여겨진다. 그 결과 고구려인들은 그들의 정치적 실력을 쌓을 수 있었고 군사적 실력도 키워나간 것이 아닐까 짐작이 간다. 결국 고구려인들은 그러한 실력을 바탕으로 현토군과 그 치소인 고구려현을 축출하고 예맥 지역의 지배세력으로서의 지위를 되찾게 되었다고 생각된다.

이 시기 고구려가 이웃한 예맥 지역의 소국을 정복하였다는 기록은 찾기 어렵다. 여기서 말하는 시기는 『삼국사기』에 나오는 시조 동명성왕 대와 유리명왕 22년(기원후 3년) 이전에 해당하는 때를 가리킨다. 이 시기 고구려의 영역은 이미 예맥 지역을 장악했고, 북옥저 지역도 정복한 후였다. 이때 고구려의 영역은 생각 밖으로 넓어졌던 것을 생각할 필요가 있다. 그 결과 고구려의 대외관계의 폭도 크게 넓어진 것을 알 수 있다.

유리명왕 11년(기원전 9년) 선비를 쳐들어가 항복을 받고 속국으로 삼은 일이 있다. 그 이전에 선비는 험준한 지세를 믿고 고구려와 화친하지 않고, 이로우면 나와서 노략질을 하고 불리하면 들어가서 지켜 고구려의 걱정거리가 되었기에 선비를 공격한 것이다.[7] 선비는 부여의 동쪽, 현토군의 북쪽에 위치한 세력이었다. 당시 고구려가 선비를 모두 정복한 것은 아니라고 생각된다. 다만 고구려를 괴롭히던 경계 지역의 선비를 정복한 것이다.

그런가 하면 고구려는 부여와 관계도 갖게 되었다. 유리명왕 14년(기원전 6년) 부여 왕 대소가 사신을 보내 예물을 가지고 와서 서로 아들을 인질로 삼기를 청한 일이 있다. 그때 유리명왕은 부여가 강하여 태자 도절을 인질로 삼으려 했으나 도절이 두려워 가지 않았다. 이에 부여 왕 대소가 5만의 군사를 거느리고 고구려를 쳐들어왔으나 눈이 내려 돌아간 일이 있다.[8]

이 무렵 고구려는 그 영토가 넓었기에 선비의 일부 지역을 정복하고, 부여와 국제 관계를 갖게 되었던 것이다.

제4절
국내 천도와 왕국의 성장

고구려는 졸본에 그 도읍을 계속 유지한 것은 아니었다. 왕국이 성장함에 따라 그에 걸맞는 곳에 도읍을 정하게 되었던 것이다.

『삼국사기』에는 유리명왕 22년(기원후 3년)에 도읍을 국내로 옮기고 위나암성을 쌓았던 것으로 나오고 있다.[9] 흔히 이때 국내성으로 천도했다고들 한다. 그러나 당시 고구려는 국내성을 축조한 것이 아니라 위나암성을 축조했다. 따라서 국내성이 아니라 국내(國內) 지역으로 천도했다고 보아

7 『삼국사기』 13, 「고구려본기」 1, 유리명왕 11년.
8 『삼국사기』 13, 「고구려본기」 1, 유리명왕 14년.
9 『삼국사기』 13, 「고구려본기」 1, 유리명왕 22년.

야 한다.

『삼국사기』의 기록 중 유리명왕 22년 이전의 기록은 그 연대를 그대로 믿기에는 문제가 있다. 그러나 기원후 3년이라는 국내 천도 후의 연대는 대체로 그대로 믿어도 좋다고 여겨진다. 국내 천도를 한 유리명왕 22년에서 모본왕 6년(53)까지의 기간 동안 고구려의 정치적 성장을 볼 수 있다.

먼저 국내 천도부터 보자. 고구려의 국내 천도는 중요한 사건이었다. 그와 관련된 이야기가 있다. 유리명왕 21년(기원후 2년) 3월 천지에 제사 지내는 의식에 쓸 돼지인 교시(郊豕)가 도망하였다. 희생을 맡아보던 설지로 하여금 뒤쫓게 했는데 국내의 위나암에 이르러 잡았다. 그것을 국내의 민가에 잡아두고 돌아온 설지가 왕에게 보고했다. 설지는 자기가 국내 위나암에 이르러 그곳 산수가 깊고 험함을 보았다고 하며 땅은 오곡을 심기에 적당하고 사슴과 물고기가 많이 생산된다고 했다. 왕이 그곳으로 도읍을 옮기면 백성들의 이익이 무궁할 것이며 또한 병란도 면할 수 있을 것이라 했다. 유리명왕은 그해 9월에 국내에 가서 지세를 살펴보고 돌아갔다.

이듬해 10월에 왕은 도읍을 국내로 옮기고 위나암성을 쌓았다. 이후 장수왕 15년(427) 평양 천도를 할 때까지 고구려의 국내 시대가 열린 것이다. 고구려의 첫 도읍지였던 졸본 지역보다 국내 지역은 중국이나 부여와 떨어진 지역이고 지리적 조건도 방어에 유리한 위치에 있는 것을 알 수 있다.

고구려가 국내로 천도한 후에도 졸본 지역은 중하게 여겨졌다. 그 지역에는 시조묘가 있었기에 그 후 역대의 고구려왕들은 왕위에 오른 후 2~3년 안에 졸본의 시조묘에 가서 제사를 지냈다. 유리명왕 대에는 태자가 졸본에 머문 것을 볼 수 있다.

유리명왕 27년(8) 졸본에 머물던 태자 해명에게 황룡국왕이 강궁(强弓)을 보냈던 사건이 있다. 해명이 힘이 세고 무용을 좋아한다는 말을 듣고 활을 보냈던 것인데 태자 해명은 활을 당겨 꺾어버렸다. 해명은 자기에게 힘이 있는 것이 아니라 활 자체가 강하지 않은 것이라고 했다. 황룡국왕이 부끄럽게 여겼다는 말을 듣고 유리명왕은 노하여 황룡국왕에게 해명의 목을 베어줄 것을 청했다. 해명을 황룡국에 보냈는데 그 왕은 해명을 죽이지 못하고 예의를 갖추어 돌려보냈다.

이듬해 3월에 유리명왕은 사람을 보내어 자기가 도읍을 옮긴 것은 백성들을 편안하게 하여 나라의 기업을 굳게 하려 함인데 해명이 자기를 따르지 않고 이웃 나라와 원한을 맺었으니 자식 된 도리가 어찌 이와 같으냐며 칼을 내려 자살케 했다. 해명은 이에 여진이라는 곳의 동쪽 언덕에 가서 창을 땅에 꽂아두고 말을 달려 거기에 찔려 죽었다. 태자의 예로서 동쪽 언덕에 장사 지내고 사당을 세우고 그 땅을 창원이라 했다.[10] 유리명왕의 태자 해명은 국내에 있었던 것이 아니라 졸본에 계속 머물던 것을 볼 수 있다. 유리명왕 3년 이후 졸본은 과거의 도읍으로서만이 아니라 현실적으로 고구려에서 중시된 것이 사실이다.

국내 천도를 한 고구려는 그곳에 위나암성을 축조하였다. 위나암성의 위치가 어디에 있었는지는 단정하기 어렵다. 다만 유리명왕이 졸본을 떠나 국내로 도읍을 옮겼을 때 국내성을 축조한 것은 아니었다.

고구려는 국내 천도 후 활발하게 정복 활동을 전개했다. 그 중에는 소국들에 대한 정복이 있었다. 고구려가 이미 예맥 지역의 소국들을 정복했다고 하지만 그 지역에는 아직도 독립 소국들이 있었고 또 새로운 소국들이 생겨나기도 했다. 유리명왕 27년(8) 강궁을 보내왔던 황룡국이 보인다. 그 후 황룡국의 운명은 어떻게 되었는지 알 수 없으나 그 역시 고구려에 정복된 것은 틀림없다고 여겨진다.

유리명왕 33년(13) 8월에는 왕이 오이 · 마리에게 명하여 2만의 군사를

10 『삼국사기』 13, 「고구려본기」 1, 유리명왕 27년, 28년.

거느리고 서쪽의 양맥국을 쳐서 멸망시키고 한나라의 고구려현을 습격하여 빼앗았다.[11] 대무신왕 5년(22) 4월에는 부여 왕 대소의 아우가 갈사수에 이르러 입국칭왕(立國稱王), 즉 나라를 세우고 왕을 칭한 일이 있다. 그의 이름은 알려지지 않고 있으나, 대소가 살해되자 나라가 망할 줄 알고 종자 1백여 명을 데리고 압록곡에 이르러 해두국왕이 사냥하는 것을 보고 그를 죽이고 그 백성을 빼앗았던 것이다. 그는 도읍을 정하고 갈사왕이 되었다.[12] 태조대왕 16년(68) 8월 갈사왕의 손자 도두가 나라를 들어 고구려에 항복해 와서 그를 우태로 삼은 일이 있다.[13]

대무신왕 9년(26) 10월 왕이 친히 개마국을 쳐서 그 왕을 죽이고 그 땅을 군·현으로 삼았다. 12월에는 구다국왕이 개마국이 망했다는 말을 듣고 화가 자기에게 미칠 것을 두려워하여 나라를 들어 항복했다. 이로써 고구려는 땅을 점점 넓게 확장해갔다고 한다.[14] 대무신왕 9년 이후 고구려는 개마고원 지역으로 정복 활동을 넓혀간 것을 생각할 수 있다.

사실 유리명왕 대의 고구려는 소국들을 정복하는데 그치지는 않았다. 고구려는 보다 큰 정치체들 예컨대 부여나 중국과 관계를 가졌던 것으로 그러한 사정을 알 수 있다. 이 시기 고구려와 부여의 관계를 보자.

유리명왕 28년(9) 8월 부여 왕 대소가 사신을 고구려에 보내 유리명왕을 책망했다. 그때 부여 왕은 고구려에 대하여 나라에 대소가 있고 사람에 장유(長幼)가 있는 법이니 소국으로 대국을 섬김은 예이고 어린이로서 어른을 섬김은 순(順)이라 하며 그러한 도리를 어기면 사직을 보존하기 어려울 것이라 했다. 유리명왕은 군신과 의논하여 그 말을 따르기로 했다.

---

11 『삼국사기』 1, 「고구려본기」 1, 유리명왕 33년.
12 『삼국사기』 2, 「고구려본기」 2, 대무신왕 5년.
13 『삼국사기』 3, 「고구려본기」 3, 태조대왕 16년.
14 『삼국사기』 2, 「고구려본기」 2, 대무신왕 9년.

당시 왕자 무휼은 왕이 부여 왕의 말을 따르려 한다는 말을 듣고 부여 사신에게 고구려의 선조는 신령의 자손인데 대왕의 참소로 말먹이꾼으로 삼아 욕을 보였기에 부여를 떠났던 것이라 했다. 그런데 대왕은 지난날의 잘못을 깨닫지 않고 군대가 많음을 믿고 고구려를 가볍게 여기니 사신은 돌아가서 여기 쌓아놓은 달걀을 헐지 않는다면 대왕을 섬기고 그렇지 않는다면 섬기지 않겠다고 했다. 결국 부여 왕은 한 노파의 말로 그 뜻을 알게 되었다.[15]

유리명왕 29년(10) 6월에는 모천 위에서 검은 개구리와 붉은 개구리가 떼를 지어 싸우다가 검은 개구리가 이기지 못하고 죽은 일이 있었다. 당시 이를 풀이하는 자가 검은 것은 북방의 색이니 부여가 망할 것이라 했다. 이 무렵 고구려의 국력이 점차 강해지는 것을 생각할 수 있다.[16]

유리명왕 32년(13) 11월 부여인들이 쳐들어오자 유리명왕은 왕자 무휼을 시켜 막도록 했다. 무휼은 군사가 적어 계책으로 그들을 막아내고 승리를 거두었다.[17]

대무신왕 대에는 부여와 전쟁이 벌어진 것을 볼 수 있다. 대무신왕 4년(21) 12월 왕이 부여를 치려고 비류수에 이르러 부정 씨를 만났고, 이물림에서는 괴유를 만났고, 마로라는 사람도 얻었다. 이듬해 2월에 왕은 군대를 부여의 남쪽에 보냈다. 이 전쟁에서 고구려는 부여 왕을 죽였으나 멸망시킬 수는 없었다. 이 전쟁으로 인하여 부여의 왕실 세력들이 고구려 지역으로 이주한 것을 볼 수 있다. 4월에 대소의 동생이 갈사수 가에 이르러 입국칭왕했고, 7월에는 부여 왕의 4촌 동생이 고구려에 와 의탁했다. 고구려에 패한 부여에 충격이 가해진 것을 알 수 있다.

---

15 『삼국사기』 1, 「고구려본기」 1, 유리명왕 28년.
16 『삼국사기』 1, 「고구려본기」 1, 유리명왕 29년.
17 『삼국사기』 1, 「고구려본기」 1, 유리명왕 32년.

유리명왕 31년(12)에는 한나라의 왕망이 고구려군을 징발해 흉노를 정벌하려 했는데 고구려군이 가지 않으려고 해서 강제로 보냈다. 그러자 고구려군은 모두 도망해서 요새 밖으로 나왔다. 그로 말미암아 법을 범하여 도둑이 되었다고 한다.[18] 고구려군이 도둑이 되었다고 한 것은 중국인들이고 실제는 한나라가 고구려군을 동원한데 대하여 반발한 것을 뜻한다고 여겨진다.

그때 요서 대윤 전담이 고구려군을 추격하다가 살해당했다. 한나라의 주군이 허물을 고구려에 돌렸다. 엄우라는 자가 왕망에게 말하기를 예맥인들이 법을 범했으나 마땅히 주군(요동 · 현토)에게 시켜 고구려를 위안하게 함이 좋다고 했다. 함부로 큰 죄를 입히면 도리어 고구려가 배반할 것이라 했다. 부여의 무리들도 화동할 자가 있을 것이니 흉노에게 이기지 못했는데 부여와 예맥이 다시 일어나면 이는 큰 걱정이라고 했다.

왕망은 그 말을 듣지 않고 엄우에게 명하여 고구려를 치게 했다. 엄우는 고구려 장군 연비를 유인하여 목을 베어 장안으로 보냈다. 왕망은 기뻐했으며 고구려왕을 개칭하여 하구려후라고 하고 천하에 포고하여 알리게 했다. 그 후 고구려는 한나라 변방을 침구함이 더 심해졌다고 한다.[19]

유리명왕 31년(기원후 12년)에 한나라는 고구려를 동원하여 흉노를 치려한 것을 볼 수 있다. 당시 한나라의 동북 지역에 있던 정치세력으로 고구려(예맥) · 부여 · 흉노를 들 수 있다. 한나라인들이 예맥이라 한 정치세력은 고구려를 가리킨다. 북부여에서 이주했던 주몽 세력이 세웠던 소국 고구려는 이미 예맥이라는 소국연맹체를 정복하였는데, 그러한 고구려를 한나라인들은 그대로 예맥이라 부른 것이다. 만일 『삼국사기』의 기록대

18 『삼국사기』 1, 「고구려본기」 1, 유리명왕 31년.
19 『삼국사기』 1, 「고구려본기」 1, 유리명왕 31년.

로 주몽이 기원전 37년에 나라를 세웠다고 하면 기원후 12년에 고구려가 그와 같이 커다란 나라로 발전할 수는 없었을 것이다. 고구려의 건국 시기는『삼국사기』의 기록보다 훨씬 앞선 것을 알 수 있다.

이후 고구려는 중국의 군현과 전쟁을 하는 것을 볼 수 있다. 대무신왕 11년(28) 7월에는 한나라 요동태수가 군사를 거느리고 고구려를 공격해 온 일이 있다. 한나라의 군대는 위나암성을 수십 일 동안 포위했으나 별 성과 없이 돌아간 바 있다.

고구려가 중국 군현 지역을 정복해 들어간 사실도 볼 수 있다. 대무신왕 15년(32) 4월에는 고구려의 왕자 호동이 옥저를 유람하다가 낙랑왕 최리를 만나 그의 딸과 혼인을 하였다. 호동은 고구려로 돌아간 후 최 씨의 딸에게 낙랑에 있는 북과 나팔을 부수도록 했다. 당시 최 씨의 딸이 부순 북과 나팔은 적병이 나타나면 절로 울었기에 부수도록 한 것이다. 호동은 왕에게 권하여 낙랑을 습격하였는데 최리는 그 딸을 죽이고 나와 항복한 것으로 나온다.[20]

옥저 지역에 있던 낙랑왕 최리는 어떤 존재였을까? 옥저 지역에는 임둔군이 설치되었으나 기원전 82년에 폐지되었다.『삼국지』 동옥저 조에는 한나라에서 단단대령 동쪽을 나누어 동부도위를 설치하고 불내성에 치소를 두어 별도로 영동 7현을 다스리게 했다고 한다. 그때 옥저 또한 모두 현이 되었다고 한다. 후한 건무 6년(30)에는 변군의 도위를 폐지하였는데 그때 동부도위도 폐지되었다. 그 후 현 안의 거수들은 모두 현후로 삼았는데 불내 · 화려 · 옥저 등의 현은 후국(侯國)으로 되었다고 한다.[21]

대무신왕 15년에 낙랑왕으로 나오고 있는 최리는 옥저현이 폐지된 후

20 『삼국사기』 2, 「고구려본기」 2, 대무신왕 15년.

21 『삼국지』 30, 「위서」 30, 「동이전」 30, 동옥저.

후국으로 되었을 때 현후로 되었던 사람일 수 있다. 그것을 낙랑왕으로 기록한 것이다. 대무신왕 대의 고구려는 동부도위 관할 하에 있던 옥저 지역을 정복한 것을 알 수 있다. 물론 32년에는 한나라가 옥저 지역을 포기한 상황이었다. 그렇더라도 고구려의 정복 사업은 계속된 것을 볼 수 있다. 대무신왕 20년(37) 왕이 낙랑을 습격하여 멸망시켰다고 한다.[22] 그때 고구려가 낙랑군을 모두 정복한 것은 아니라고 여겨진다.

여기서 대무신왕 27년(44) 9월에 한나라 광무제가 군사를 보내 바다를 건너 낙랑을 쳐서 그 땅을 빼앗고 군·현으로 삼으니 살수 이남이 한나라에 속하였다는 기록을 볼 수 있다.[23] 전한과 후한 사이에 존재했던 왕망의 신나라 때 낙랑군은 중국의 지원을 받지 못하는 상황에 직면했다. 기원후 44년에 이르러 비로소 후한 정부에서 낙랑군을 다시 장악하였던 것이다. 그때 낙랑군의 북쪽 경계는 살수로 되었다. 살수는 현재의 청천강으로 보아 좋을 것이다. 살수 이북을 대체로 고구려가 장악한 것으로 생각된다. 명확하게 고구려가 살수 이북을 장악한 시기는 태조대왕 4년(56)으로 나오고 있다.[24]

국내 천도에서 태조대왕의 즉위 전까지 시기는 고구려의 발전 시기라 할 수 있다. 그 시기 중국에는 전한이 무너지고 왕망의 신나라 그리고 후한으로 이어지는 정치적 변동이 있었다. 그 과정에 고구려는 중국의 동북 지역에서 부여와 더불어 하나의 커다란 정치세력으로 자리 잡았던 것을 알 수 있다. 고구려는 이 시기의 정치적 성장이 없었다면 태조대왕 이후의 정치적 발전도 생각할 수 없는 일이다.

---

22 『삼국사기』 2, 「고구려본기」 2, 대무신왕 20년.

23 『삼국사기』 2, 「고구려본기」 2, 대무신왕 27년.

24 『삼국사기』 3, 「고구려본기」 3, 태조대왕 4년.

제5절
정복 왕국으로의 성장(태조대왕, 53~146)

태조대왕은 〈모델 2〉에서도 중요한 왕으로 그려지고 있다. 그런데 그 이전의 역사를 제대로 그려내지 않고는 태조대왕의 정치적 위상을 옳게 그려낼 수 없다. 앞에서 본 고구려의 정치적 성장을 바탕으로 태조대왕에 대하여 알아보겠다.

일곱 살의 나이에 왕위에 오른 태조대왕은 국조왕(國祖王)으로도 나온다.[25] 왜 그를 국조왕이라 했는지는 알 수 없다. 다만 그는 유리왕의 직계인 대무신왕계가 아니라 유리왕의 또 다른 아들인 재사의 아들로 나온다. 태조대왕은 유리왕의 방계로서 왕위를 차지했고, 이후 태조대왕의 후손들이 왕위를 이었던 것을 생각할 수는 있다.

고구려는 태조대왕 대에도 영역을 넓힌 바 있다. 태조대왕 대에 고구려는 북으로 부여와 경계를 접했고, 남으로는 살수(현재의 청천강), 동으로는 창해(현재의 동해), 서로는 현토군과 요동군과 경계를 접했다.

고구려는 서쪽으로 중국 한나라와 관계를 가지며 영역을 확장해갔다. 태조대왕 3년(55) 2월에 요서에 10개의 성을 쌓고 한나라 군사를 방비하였다.[26] 여기서 말하는 요서는 요하의 서쪽을 가리키는 것은 아니라고 보아야 한다. 태조대왕 53년(105) 왕이 장수를 보내 한나라의 요동에 들여보내 여섯 개 현을 약탈했는데 요동태수 경기가 군사를 내어 맞섬으로 고구려군이 크게 패한 일이 있다.[27] 태조대왕 66년(118) 6월 왕이 예맥과 함께

---

25 『삼국사기』 3, 「고구려본기」 3, 태조대왕 즉위조.
26 『삼국사기』 3, 「고구려본기」 3, 태조대왕 3년.
27 『삼국사기』 3, 「고구려본기」 3, 태조대왕 53년.

한나라 현토군을 습격하여 화려성을 공격하였다. 그때 왕이 직접 공격에 나섰는지는 단언하기 어렵다. 한 가지 분명한 사실은 태조대왕 대의 고구려는 서쪽으로 한나라의 요동군 · 현토군과 경계를 접한 것을 알 수 있다.

당시 고구려의 동쪽은 어떠하였을까? 태조대왕 4년(56) 7월에는 동옥저를 쳐서 그 땅을 빼앗아 성읍으로 삼았다. 옥저 지역은 기원전 108년 임둔군이 설치되었던 지역으로 기원전 82년 임둔군이 폐지된 후에는 한나라의 동부도위가 관할한 지역으로 현들이 설치되어 있었다. 기원후 30년 동부도위를 폐지한 후에는 현들의 거수가 현후로 되었고 옥저 · 화려 · 불내 등은 모두 현국(縣國)으로 되었다. 56년 옥저가 고구려에 신속하였다. 고구려는 현국 안의 대인을 사자로 삼아 다스렸고 대가들로 하여 조부를 거두게 하였다. 이로써 1세기 중엽의 고구려는 나라의 경계를 넓혀 동쪽으로는 창해에 이르게 되었다.

한편 고구려의 남쪽은 살수에 이르렀다고 한다.[28] 대무신왕 27년(44) 9월 한나라 광무제가 군사를 보내 바다를 건너 낙랑을 치고 그 땅을 빼앗아 군 · 현으로 삼고 살수 이남의 땅을 한나라에 속하게 되었다고 한다.[29] 44년 이후 고구려와 낙랑군은 살수를 경계로 한 것을 알 수 있다. 여기서 말하는 살수는 청천강이었다.

그런가 하면 고구려는 북쪽으로 부여와 경계를 접하였다. 당시 고구려의 4방 경계는 현재 남한과 북한을 가르는 휴전선과는 다른 것이었다. 양국 사이의 경계 지역에는 일종의 완충지대가 만들어진 것이 아닌가 짐작한다.

고구려의 4방 경계가 넓어지게 되었다. 2세기에 들어서면 고구려는 서

---

28 『삼국사기』 3, 「고구려본기」 3, 태조대왕 4년.
29 『삼국사기』 2, 「고구려본기」 2, 대무신왕 27년.

쪽으로 중국 본국과 외교관계를 맺는 동시에 중국 군현과 충돌하는 것을 볼 수 있다. 태조대왕 53년(105) 정월, 왕은 장수를 한나라 요동군에 보내 여섯 개 현을 약탈했다. 요동태수 경기가 군사를 내어 전투가 벌어졌는데 고구려군이 패했다. 태조대왕 57년(109) 정월에는 사신을 한나라에 보내 안제의 원복 착용을 축하했다. 2년 후인 111년에는 사신을 한나라에 보내 방물을 바치고 현토에 구속(求屬), 즉 속하기를 구했다. 이는 고구려가 중국에 대한 공식적인 창구를 현토로 삼겠다는 것이다. 그 이전에는 고구려와 경계를 접한 요동군에 속하였는지는 생각할 문제다.

그런데 고구려가 중국의 군에 속하기를 구했다고 하더라도 고구려가 현토군과 같은 군에 정치적·군사적·경제적으로 예속한 것은 아니었다. 구속(求屬)관계는 다만 중국과의 공식적인 접촉 창구를 정한 것을 의미할 뿐이었다. 실제로 태조대왕 66년(118) 6월에 왕이 예맥과 함께 한나라 현토군을 습격하여 화려성을 친 것이 그 증거다.

태조대왕 69년(121) 봄에는 한나라 유주자사 풍환과 현토태수 요광, 요동태수 채풍 등이 군사를 거느리고 침입하여, 예맥을 쳐서 장수를 죽이고 병마와 재물을 빼어갔다.[30] 왕은 동생 수성에게 2천의 군사를 주어 풍환·요광 등에게 대항토록 했다. 수성은 사신을 보내 거짓으로 항복하고 몰래 군사 3천 명을 보내 현토·요동 2군을 쳐서 성을 불 지르고 2천여 명을 죽였다. 같은 해 4월에는 왕이 선비 군사 8천여 명과 함께 요대현으로 가서 공격하니 요동태수 채풍이 군사를 거느리고 신창으로 나와 싸우다가 전사했다. 이때 채풍과 함께 죽은 사람이 1백여 명이나 되었다고 한다.

태조대왕 대 고구려와 한나라의 전쟁은 국제전으로 된 것을 볼 수 있

---

30 여기서 말하는 예맥은 과거 소국연맹으로서 예맥의 영역이며, 태조대왕 대에는 고구려의 영역으로 된 지역이었다.

다. 121년 12월 고구려가 마한과 예맥의 1만여 명의 기병을 거느리고 나아가 현토성을 포위하자, 부여 왕이 아들 위구태를 보내 군사 2만 명을 거느리고 한나라 군사와 힘을 합해 막아 싸워 고구려군이 패했다. 122년에도 고구려가 마한 · 예맥과 함께 요동을 치자, 부여 왕이 군사를 보내 현토군을 구원하여 고구려군이 패하였다. 여기서 말하는 예맥은 압록강 중 · 상류 지역에 있던 나(那)를 정복하여 나부로 만든 지역이라 볼 수 있고, 마한이 구체적으로 어떤 세력인지는 알 수 없으나 기록상의 잘못이라 여겨진다.

태조대왕 94년(146) 8월에는 고구려가 장수를 보내 한나라 요동 서안평현을 습격하여 대방현령을 죽이고 낙랑태수의 처자를 잡아온 일이 있다. 이때 고구려는 압록강 하구를 장악한 것을 알 수 있다. 그 결과 낙랑군은 육로를 통해 요동군과 교통하기 어렵게 되었다. 2세기 후반 낙랑군의 활동이 위축된 것은 그 때문이다.

다음 주목할 사실은 고구려의 4방 경계 안에 대한 통치의 강화라고 하겠다. 고구려가 영역 안에 있던 소국들을 모두 정복하는 일을 벌인 것을 볼 수 있다. 태조대왕 16년(68) 8월에는 갈사왕의 손자 도두가 나라를 들어 항복해 와서 그를 우태로 삼았다.[31] 20년(72) 2월에는 관나부 패자 달고를 보내 조나를 치게 하고 그 왕을 사로잡았다.[32] 22년(74) 10월에는 왕이 환나부 패자 설유를 보내 주나를 치게 하고 그 왕자 을음을 사로잡아 고추가로 삼았다.[33]

고구려는 유리명왕 대에 국내 천도를 한 후에도 소국들을 정복하였다. 앞에서 압록강 중 · 상류와 그 지류에 위치한 예맥의 소국들은 하나의 연

31 『삼국사기』 3, 「고구려본기」 3, 태조대왕 16년.

32 『삼국사기』 3, 「고구려본기」 3, 태조대왕 20년.

33 『삼국사기』 3, 「고구려본기」 3, 태조대왕 22년.

맹체를 형성하였었다고 했다. 태조대왕 대에는 그들 나(那) 중에는 고구려에 정복되어 제후국 정도로 된 나(那)가 있는가 하면 독립을 유지한 나(那)들이 있었다. 태조대왕은 독립된 나(那)들을 정복하였던 것이다. 조나와 주나를 정복한 관나부와 환나부도 원래 독립소국으로서 관나와 환나였을 것이다. 언제인지는 알 수 없으나 관나와 환나도 고구려에 정복되어 관나부와 환나부의 나부(那部)로 되었던 것이다. 나(那)를 나부로 편제한 고구려는 그 안의 지배세력을 그대로 인정한 것을 알 수 있다. 주나의 왕자 을음을 고추가로 삼은 것이 그 예다. 고추가는 종묘를 세울 수 있었다. 이는 고구려가 정복한 나(那)를 나부로 편제하며 소국의 왕자 집단을 제후적인 존재로 편제하였던 것을 뜻한다.

나부에는 나름대로 통치조직을 갖추고 있었다. 중앙정부에서 사용하는 것과 같은 관명을 사용하였다. 그들 나부의 관직을 가졌던 세력들이 고구려 중앙 정계에 진출하는 일이 벌어진 것을 볼 수 있다. 1차적으로 태조대왕 80년(132) 7월 왕의 동생 수성이 왜산에 사냥하러 갔을 때 수행했던 관나부 우태 미유, 환나부 우태 어지류 그리고 비류나부 조의 양신 등을 주목할 수 있다. 그들은 수성에게 왕위를 빼앗을 것을 이야기하고 있다.

태조대왕 94년(146) 왕이 수성에게 왕위를 물려주고 별궁으로 퇴로하였다. 그때 태조대왕이라 칭했다. 그의 나이는 1백 살이었고 왕위에 94년을 재위한 후였다고 한다.

태조대왕 대에 나부 세력들의 중앙 정계 진출과 관련하여 그의 동생으로 나오는 차대왕과 신대왕 대의 인사등용 정책을 잠시 보자. 왕위에 오른 수성(차대왕)은 2월에 관나부 패자 미유를 좌보(실제는 우보)로 삼고, 7월에 환나부 어지류를 좌보로 삼고 대주부를 주었고, 비류나부 양신을 중외대부로 삼고 우태를 주었다. 이 이후로 나부(那部) 출신들이 중앙 정계에 진출하여 좌보 · 우보 · 중외대부와 같은 최고의 관직을 차지하는 일이 벌어지게 되었다. 이는 고구려 중앙정부에서 활동하는 사람들의 출신이 다양해진 것을 의미한다. 이러한 사실로 보아 고구려는 봉건제적인 정치체제를 유지한 면이 있었던 것을 알 수 있다.

146년 12월에 왕위에 오른 차대왕은 이듬해 3월에 우보 고복장을 베어 죽였다. 고복장은 태조대왕에게 수성의 모반을 알린 것 때문에 죽게 되었다. 7월에는 좌보 목도루가 병을 핑계하여 자리에서 물러났다. 차대왕 3년(148) 4월에는 사람을 시켜 태조대왕의 맏아들 막근을 죽였다. 이에 그 동생 막덕은 화가 자기에게 미칠 것을 두려워하여 스스로 목매어 죽었다. 『삼국사기』에 따르면 태조대왕이 죽은 것이 차대왕 20년(165) 3월이었다. 차대왕은 자신의 왕위를 빼앗을 수 있는 태조대왕의 아들들을 제거한 것을 볼 수 있다.

차대왕 20년(165) 10월 연나부 조의 명임답부가 백성들이 견디지 못함을 이유로 들어 왕을 죽였다. 명임답부는 연나부 출신으로 조정에서 활동한 인물일 것이다. 그의 지위는 그다지 높은 것은 아니었으나 쿠데타에 성공한 것이 사실이다.

차대왕의 뒤를 이어 왕위에 오른 백고(신대왕)는 전왕의 태자 추안을 죽이지 않고 오히려 양국군을 봉하고 구산뇌와 누두곡이라는 곳을 주었다. 그리고 명임답부는 국상으로 삼고 패자의 관위를 주어 내외의 병마사와 양맥부락을 다스리게 했다. 좌보와 우보를 고쳐 국상을 만들었던 것이다.

한 가지 분명히 할 사실이 있다. 태조대왕 이후 나부 세력들이 중앙 정계에 진출한 것은 사실이지만 그들은 고구려 왕족과는 격을 같이할 수 없는 신료 집단이었을 뿐이다. 이는 관학파들이 발명해낸 부체제설이 성립할 수 없음을 단적으로 보여주는 증거라고 하겠다.

제2장
왕제와 지배세력 그리고 신분제

주몽에서 태조대왕까지 이르는 기간 동안의 역사를 다루는 데 있어 왕제(王制)와 지배세력 그리고 신분제를 재구성하는 일은 쉽지 않다. 그것은 우리에게 주어진 자료에 문제가 있기 때문이다. 현존하는 사료의 양이 적은 것도 문제이지만 후대 역사가들에 의하여 많은 이야기가 은폐된 결과 주어진 자료만으로 역사를 재구성하면 그 자체가 왜곡된 것일 수 있기 때문이다. 이에 주어진 자료를 빙산의 일각 정도로 보고 그 아래에 있는 역사의 존재를 인정하며 문제를 풀어나가기로 한다.

제1절 고구려 초기의 왕제

국가는 군주, 즉 왕을 세움으로써 형성된다. 고구려도 마찬가지였다. 시조 고주몽을 왕으로 삼아 고구려가 탄생된 것이 그것이다. 『삼국사기』나 『삼국유사』에는 고구려가 망할 때까지 주몽의 후손들은 왕위를 이어나갔던 것으로 나온다. 신라나 백제와 같은 나라와 마찬가지로 고구려의 왕은 왕국 통치를 위한 왕정의 중심 인물이었다. 그런가 하면 지배세력의 구심점이기도 했다. 신라의 골품제와는 다르지만 기본적으로 고구려의 신분제도 왕을 축으로 편성되었다. 고구려에도 왕제를 유지하기 위한 여러 장치들이 마련되어 있었다. 한마디로 왕제에 대하여 다루는 것은 고구려의 역사를 이해하는데 중요한 의미를 지녔다고 하겠다.

1. 왕의 계보가 갖는 특성

『삼국사기』와 같은 사서에는 왕위 계승 관련 기록들이 있다. 고구려인들에게도 왕의 계보(genealogical charter)는 중요한 의미를 지녔던 것이 사실이다. 왕제에 대하여 알아보기 위하여 우선 왕의 계보가 갖는 의미를 생각해보지 않을 수 없다.

왕의 계보가 갖는 특성부터 보자. 이와 관련하여 북나이지리아에 살고 있는 티브인(Tiv)들의 계보 인식에 대한 연구를 참고할 수 있다.[1]

1 Laura Bohannan, "A Geneaological Charter", *Africa* 22~24, 1952, pp. 301~313.

첫째, 고구려인들에게 있어 왕들의 계보는 중요한 의미가 있는 것이다. 실제 티브인들은 계보를 파악하고 있다. 티브인들은 80만 명 정도의 인구가 있는데 그들 모두가 티브라고 하는 한 사람의 후손이라고 믿고 있다. 그들은 대체로 14~17대에 이르는 조상들을 알고 있다. 그런데 일반 티브인들은 나이가 들어가며 자기가 속한 최소 종족(minimal lineage)과 자기가 살고 있는 마을 안의 성원들의 종족(宗族) 상의 위치에 대하여 알게 된다. 일반인들은 그 이상의 종족이나 계보에 대하여 알려고 하지 않고 또 그것을 가르치지도 않는다. 그러나 일부 정치적으로 중요한 지위에 있는 자들은 다른 종족 사람들과의 관계로 인하여 보다 폭넓게 계보에 대한 이해를 하게 된다.

고구려의 경우에도 왕을 중심으로 한 종족이나 그 계보는 현실적으로, 역사적으로 중요한 의미를 지녔다고 하겠다. 『삼국사기』 등의 사서에 나오는 고구려 왕위 계승 자료가 종족이나 그 계보 전체를 보여주는 것은 아니다. 그러나 왕정을 장악했던 역대 왕들의 종족 계보 중 왕위를 계승한 세력의 계보가 기록에 남은 것은 분명하다. 그러한 왕의 계보가 갖는 의미를 생각할 필요가 있는 것이다.

둘째, 왕의 계보는 변경 · 조작될 수 있는 것이다. 실제 티브인들에게 있어 계보는 변경 · 조작될 수 있는 것이다. 티브 사회에는 계보에 대하여 잘 아는 전문가도 존재하고 있어 언제든지 문제가 있으면 그들에게 자문을 구할 수도 있다. 그런데 왕과 가까운 위치에 있는 자들일수록 그의 사회적 · 정치적 지위가 커진다. 따라서 계보에 대한 인식은 시간이 지남에 따라 일정한 사회적 · 정치적 목적을 가진 후손들에 의하여 변경될 수 있다. 그리고 계보에 이설(異說)이 생겨나면 실용적이고 공평하게 타협이 이루어져 정리된다.

고구려왕의 계보에도 변경과 조작이 있었다. 태조대왕의 재위 기간(53

~146)이나 차대왕(146~165)과 신대왕(165~179)이 태조대왕의 형제로 나오는 것이 그 예다. 무엇인가 변경과 조작이 있었음을 알 수 있다. 또한 고구려 건국 시기에 대한 변경이 있었던 것을 생각할 수 있다.

셋째, 티브인들은 현재 존재하고 있는 사건의 상황을 예로 들어 과거의 사건의 상황과 계보를 증명한다. 나이 많은 사람들이 계보에 대한 공통된 의견을 가질 수 없을 때 그 문제는 일단 보류하여 둔다. 그러한 문제가 되는 계보는 미궁으로 빠져들거나 실질적인 타협에 의하여 결정하게 된다. 이러한 과정은 특정 종족에게 강력한 영향력을 갖고 있는 사람이 없을 때 가능하다. 그와 달리 강력한 정치적 지도자가 있을 때 계보는 쉽사리 올바른 것으로 받아들여진다. 그러나 동일한 인물 자신도 때때로 계보에 대하여 변경하는 것을 볼 수 있다. 이것은 계보 인식 상 나타나는 하나의 특징이기도 하다.

고구려왕의 계보는 언제인가 위와 같은 여러 이유로 변경·조정된 후에는 모든 사람들이 인정하는 것으로 되었다. 특히 문자를 사용하게 된 후 변경·조정된 계보들은 사실로 인정하게 되었다.

넷째, 티브인들에게 3~4대 조(祖)를 정점으로 하는 후손들의 수는 30명 정도이고, 5~6대 조를 정점으로 하는 후손 집단은 450여 명 정도이고, 9~10대 조를 정점으로 하는 후손 집단의 수는 7,500명 정도가 된다고 한다.

다섯째, 종족 성원 수를 통해 알 수 있듯 계보에 대한 인식을 하는 사람들의 폭이 좁은 것은 아니다.

여섯째, 계보의 변경은 수많은 사람들에게 영향을 미칠 수 있는 것이다.

고구려왕의 종족 성원 수는 무한정 늘어날 수 없었다. 대체로 일정 종족의 규모를 유지하였던 것이다. 그리고 그러한 종족 안에서 왕위 계승을 해나간 것이다. 나머지 왕족들은 왕위 계승 집단에서 멀어졌고 사회적·정치적 지위도 낮아지게 되었다.

2. 고구려왕의 계보와 그 조정

일반 고구려인들의 경우 자기가 속한 최소 종족(minimal lineage)과 자기가 살고 있는 마을 안의 성원들과의 관계에 대하여 인식하는 정도였을 것이다. 그들은 그 이상에 대하여 가르치지도 않았고 배우지도 않았을 것이다. 그러나 지배세력들은 다른 종족(lineage)과의 혼인관계 또는 정치적 이유 등으로 보다 폭넓은 계보에 대해 인식하고 있었다. 특히 지배세력들은 자신들에게 피를 전해준 사람들을 의미하는 세계(世系)를 인식하였다. 세계는 부모 대, 증조 대의 4명, 고조 대의 8명 식으로 그 윗대의 수가 늘어났다. 그러한 세계의 조상들은 당사자에게 신분적인 지위를 물려주는 기준이 되었다. 물론 당사자에서 멀리 올라갈수록 세계의 인물들은 당사자에게 신분적인 지위를 물려줄 힘이 줄어들었다. 그렇더라도 그와 같은 고구려인들의 세계는 지배세력의 신분을 결정해주는 장치가 되었을 것이다.

그 중 왕과 관련된 세력들은 그들의 계보와 세계를 중요시하였다. 왕국에는 왕과 일족의 계보와 세계를 잘 알고 있던 전문가들이 존재했다. 다른 나라와 마찬가지로 한국의 초기 국가들이 국가를 형성한 증거로 군주(君主)를 세우는 것을 들 수 있다. 고구려도 군주를 세움으로써 국가를 형성하였다. 『광개토왕비』와 같은 금석문이나 『삼국사기』, 『삼국유사』와 같은 사서에는 고구려의 왕들에 대한 기록이 나오고 있다.

『삼국사기』에는 시조 동명성왕(이름은 주몽 또는 추모 · 중모)에 이어 고구려 역대 왕들에 대한 자료가 나오고 있다. 『삼국유사』 왕력 편에는 제1대 동명왕(이름은 주몽 또는 추몽)부터 28대 보장왕까지의 왕들에 대한 기록이 나온다. 여기서는 고구려의 시조왕으로부터 6대 태조대왕(8대 신대왕)까지 왕들의 계보를 크게 두 부분으로 나누어 그려보았다.

[표 4] 1대 시조왕에서 5대 모본왕까지의 계보

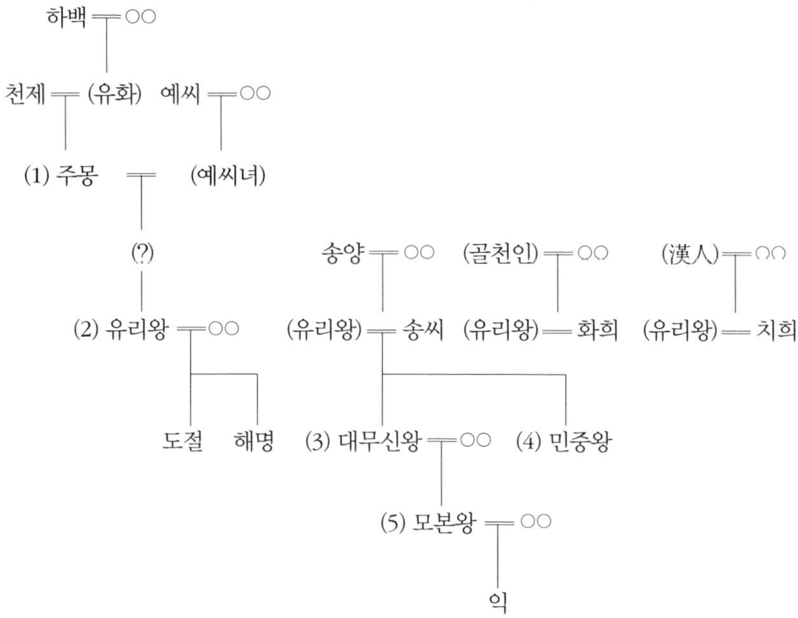

위의 표에 나오는 주몽(기원전 37년~기원전 19년)과 유리왕(기원전 19년~기원후 18년)은 부자간으로 나오고 있다. 그러나 고구려가 기원전 3세기에 세워졌다면 주몽은 기원전 3세기 후반의 인물이 된다. 그와 달리 유리왕 22년(기원후 3년) 이후의 기록은 역사적 연대와도 부합한다고 여겨진다. 이에 『삼국사기』 등의 기록에는 주몽 이후 몇 명의 왕이 생략된 것을 생각할 수 있다. 이 점은 〈모델 2〉와는 다른 역사 해석을 의미한다.

다음의 [표 5]는 [표 4]에 이어 그려야 한다. 유리왕의 손자로 나오는 태조대왕의 계보를 [표 4]에 넣어볼 필요가 있다는 것이다. 여기서는 표를 그리는 편의상 둘로 나누었을 뿐이다.

[표 5] 6대 태조대왕에서 9대 고국천왕까지의 계보

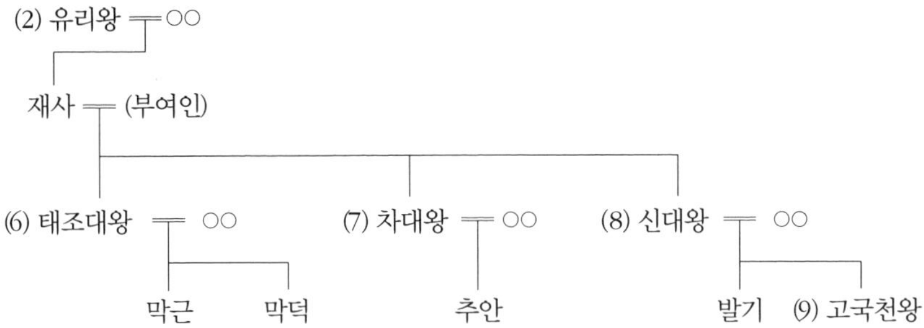

위의 표에 나오는 왕의 계보를 통하여 몇 가지 문제를 정리하겠다.

첫째, 위의 표에 나오는 계보는 시조 주몽과 그 후손들 중 왕위를 계승한 사람을 중심으로 되어 있다. 이는 당연한 일이다. 왕위 계승을 하지 못한 주몽의 후손들은 계보도에 들어갈 수 없었던 것이다. 한편 계보도 안에는 왕모·왕비들도 들어 있다. 그러나 고구려는 신라나 백제와 마찬가지로 부계 종족집단이 존재한 사회였다. 따라서 왕비나 왕모는 왕의 출생을 밝히는 의미가 있을 뿐이다. 결국 위의 계보에는 주몽의 후손들 중 왕위에 오른 사람들의 계보를 밝힌 것일 수밖에 없다. 주몽의 부계 후손들 모두가 계보에 나올 수는 없는 일이다. 결국 위의 계보에는 주몽을 시조로 하는 부계 종족집단의 계보도일 수는 없는 일이다.

둘째, 위의 계보에는 변경·조작이 있었던 것을 생각하기 어렵지 않다. 우선 고구려의 국가 형성 시기를 기원전 3세기 후반 중국 진나라가 존속할 때로 본다면 주몽의 재위 기간(기원전 37년~기원전 19년)은 실제 연대보다 2세기는 늦은 것으로 기록된 것을 생각할 수 있다. 지난 세기 현대 한국사학이 중시해온 소위 실증사학을 떠날 수 없는 연구자들은 『삼국사기』에 나오는 고구려 건국 시기인 기원전 37년이 잘못된 것이 아니라는 생각을 할지 모른다. 그러나 기원전 37년은 건국신화의 시간이다. 그렇기에 그 시간을 역사적 시간으로 전환하는 작업이 필요한 것이다.

실제로 고조선 · 부여 · 백제 · 신라 · 가야의 건국 연대도 건국신화에 나오는 것과 달리 역사적 시간을 찾는 작업이 필요하다. 이는 쉽지 않은 일이다. 그러나 다행스럽게도 풍납토성의 발굴 결과 얻게 된 자료를 통하여 연대 측정을 한 결과 십제의 건국 시기는 건국신화에 나오는 기원전 18년보다 훨씬 거슬러 올라가 기원전 2세기까지 가는 것을 알게 되었다. 고구려의 경우도 마찬가지라고 생각한다. 이 경우 주몽의 재위 연대가 기원전 3세기 후반까지 거슬러 올라갈 수 있다고 본 생각은 잘못일 수만은 없을 것이다.

여기서 『삼국사기』에 나오는 기록의 연대 중 어느 시기부터 역사적 연대와 대체로 부합하는지 생각할 필요가 있다. 필자는 유리왕 22년(기원후 3년) 국내 천도 후부터가 아닐까 짐작한 바 있다. 따라서 2대 유리왕(기원전 19년~기원후 18년)의 재위 연대 중 앞의 부분은 신화적인 연대일 수 있다는 생각을 해본다. 그것은 어떤 형태로든 역사적 시간으로 전환할 필요가 있는 것이다.

그러면 위의 계보에는 어떤 변경과 조작이 있었을까? 『위서』에는 주몽 · 여해(여달)－여율－막래로 이어지는 왕의 계보가 나온다. 이 계보는 『삼국사기』에 나오는 계보인 위의 표에 있는 (1) 주몽－(2) 유리왕－(3) 대무신왕－(4) 민중왕－(5) 모본왕으로 이어지는 계보와 비교된다. 그 중 『위서』에 나오는 부여를 정벌한 왕인 막래는 『삼국사기』에 나오는 대무신왕과 같은 인물일 수 있다고 보아진다. 이 경우 『위서』가 『삼국사기』보다 한 명 많은 왕을 기록한 것을 알 수 있다. 여기서 어느 사서의 기록이 정확한지 따지는 문제는 별 의미가 없다고 생각된다. 어차피 두 사서 모두 왕의 계보를 변경한 것이기 때문이다.

일단 주몽과 유리왕의 계보에 조정이 있었다는 생각을 하게 되면 국내 천도 이전 고구려왕들은 두 명이 아니라 여러 명이 있었던 것을 생각하게 된다. 그 수는 누구도 알 수 없다. 다만 기원전 3세기 후반 주몽 세력이 고구려를 건국했고 그의 후손들이 왕위를 이어왔다고 하면 기원전 3세기 후반에서 기원후 3년까지 2백여 년이 넘는 기간 동안 여러 명의 왕들이 재위했던 것은 부정할 수 없을 것이다. 그와 같은 여러 명의 왕들을 줄여 주몽과 유리왕으로 만든 것이 고구려의 건국신화다. 고조선의 건국신화인 단군신화에 단군이 1908년을 살았고 1500년을 다스렸다고 하는 것 또한 고구려의 건국신화와 같은 계보 조정을 보여주는 것이라 하겠다.

셋째, 그와 같은 계보 조정은 언제 누가 했을까 궁금하다. 계보 조정은 후대인 중 강력한 힘을 가진 자가 할 수 있는 일이다. 특히 왕을 중심으로 한 왕실 세력들은 그들이 필요해서 계보 조정을 했다고 여겨진다. 계보 조정 시기가 언제인지는 알 수 없으나 후대의 왕들 중 여러 명의 왕들을 주몽에서 유리왕 두 사람의 왕으로 조정한 것을 생각할 수 있다. 그러한 계보 조정을 통하여 후대의 왕들이 시조인 주몽과의 관계를 단축하게 되고 그러한 방법으로 시조가 주는 왕통의 정당성을 강한 것으로 만든 것은 아닐까 짐작해본다.

넷째, 그러한 왕의 계보 조정은 왕을 중심으로 살아 있는 사람들의 정치적 · 사회적 지위에 영향을 주었던 것이 틀림없다. 따라서 계보 조정은 쉽게 이루어질 수는 없는 일이었던 것이 분명하다. 그런데 한 가지 생각할 문제는 왕을 축으로 한 왕족들 중 왕으로부터 혈연적인 거리가 멀어질수록 정치적 · 사회적 힘을 상실했다는 사실이다. 따라서 고구려의 왕위 계승을 중심으로 한 계보에 조정이 일어났다고 하더라도 살아 있는 왕족들에게 영향이 미치지 않는 범위에서 벌어진 일이라 하겠다. 고구려 건국 후 수세기가 지난 후 계보 조정을 할 경우 앞선 시기의 왕들로부터 방계로 밀려난 왕족들은 이미 정치적 · 사회적으로 힘을 상실하였기에 문제될 것이 없었을 것이다.

3. 왕의 계보에 대한 기록들

한국사상 존재했던 고조선 · 부여 · 고구려 · 백제 · 신라 · 가야의 초기 국가 형성 과정에 초기의 왕들의 계보는 조정되었을 가능성이 크다. 실제로 앞에서 주몽과 유리왕 2대의 왕들이 사실은 두 명이 아니라 여러 명일 수 있음을 생각해보았다. 『고구려비기』에 고구려는 9백 년이 되기 전에 망할 것이라는 이야기도 그대로 지나칠 수 없다. 그에 따르더라도 고구려는 기원전 3세기 후반에 형성된 것으로 볼 수 있다. 이 같은 생각이 타당하다면 2백 수십 년 동안 왕의 계보에서 생략된 왕들의 활동은 두 명의 왕들의 것으로 조정되었던 것을 생각할 수 있다. 계보에 남은 주몽과 유리왕은 조정하기 어려운 왕들이었을 것이다. 우선 주몽은 고구려 건국의 시조였기에 생략할 수 없는 왕이었다. 유리왕은 국내 천도를 한 왕으로 고구려의 정치적 발전 과정에 하나의 획을 그은 왕으로 생략할 수 없었다고 여겨진다.

지금까지 이 책에서는 주몽이 기원전 3세기 후반 북부여에서 이주하여 고구려를 세운 것으로 보았다. 유리왕 또한 부여에서 온 것으로 나온다.[2] 그런데 유리왕이 주몽의 아들인지는 알 수 없다. 유리왕은 재위 연대가 주몽보다 한참 후였을 가능성이 있다. 그러면 유리왕은 언제 왕위에 올랐을까? 그 정확한 연대를 알 길이 없다. 다만 국내 천도를 하였다고 하는

2 『삼국사기』 13, 「고구려본기」 1, 유리명왕 즉위조.

기원후 3년에 유리왕이 재위하고 있었다면 주몽과 유리왕 사이에는 2백년이 넘는 시간적 간격이 있는 것을 생각할 수 있다.

유리왕의 즉위 연대에 대한 더 이상의 고찰은 멈추기로 한다. 다만 유리왕이 주몽의 아들이 아닐 수 있다는 사실을 생각하면, 주몽에 이어 또 다른 북부여계 이주민들이 고구려에 이주했고 어떤 이유에서인지 그들이 왕위를 이었을 가능성이 있다. 신라의 경우 혁거세 집단에 이어 탈해 집단 그리고 알지 집단이 왕위를 이었던 것으로 그러한 사정을 생각할 수 있다. 여기서 1차 이주 세력인 주몽 집단과 2차 이주 세력인 유리왕 세력의 존재를 상정하기 어렵지 않다. 다만 후일 고구려인들은 그들의 건국신화를 만들며 주몽과 유리왕을 부자간으로 조정한 것이라고 여겨진다.

한편 『삼국사기』와 『삼국유사』는 태조대왕까지 왕의 계보를 달리 전하고 있다. 『삼국사기』의 계보는 [표 4]와 [표 5]에 제시했다. 『삼국유사』의 계보는 아래와 같다.

[표 6] 『삼국유사』에 나오는 왕의 계보

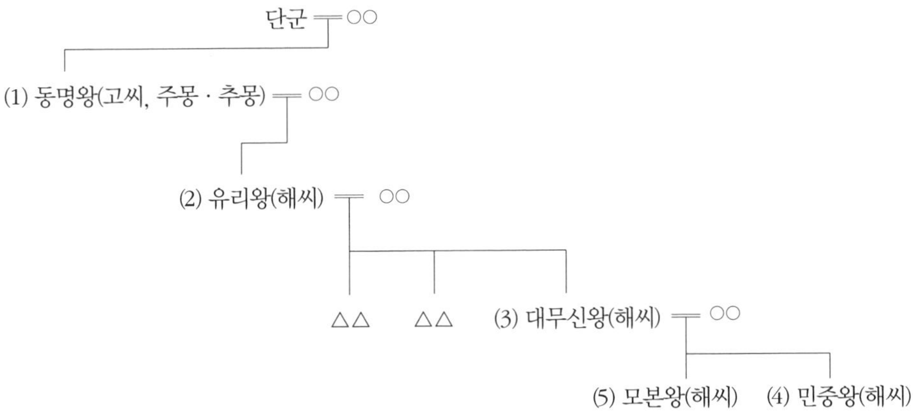

『삼국유사』에 나오는 왕의 계보에는 주몽의 아버지가 단군이라고 되어 있다. 1145년에 편찬된 『삼국사기』에는 주몽의 아버지가 단군이라는 기록은 없다. 그러한 사정은 『광개토왕비』도 마찬가지다. 단군을 주몽의 아버지로 생각한 것은 고려인들이었다. 고려가 고구려를 계승한 왕국이라는 주장을 한 고려인들로서 단군을 주몽의 시조로 보는 것은 그들이 생각하고 있던 역사의 원래 출발을 고조선에서 찾은 것을 의미한다. 그 자체는 사학사적인 면에서 고려인들이 가지고 있던 생각을 보여주는 것으로 의미가 있다. 그러나 고구려인들이 고조선의 시조인 단군을 그들의 시조인 주몽의 아버지로 생각한 일은 없다고 여겨진다.

고구려의 왕위 계승은 기본적으로 부계 종족(lineage) 안에서 이루어졌다. 그런데 『삼국사기』와 『삼국유사』는 4대 민중왕과 5대 모본왕의 계승에 대해 서로 달리 기록하고 있다. 『삼국사기』에는 3대 대무신왕의 아들 해우가 어려 대무신왕의 동생이 즉위한 것으로 나온다. 그가 4대 민중왕이었다. 민중왕이 죽자 대무신왕의 아들 해우가 왕위에 올랐고 후일 세상을 떠나자 모본왕으로 시호를 정한 것으로 되어 있다. 그와 달리 『삼국유사』에는 아무런 설명 없이 5대 모본왕이 4대 민중왕의 형으로 되어 있다. 『삼국유사』의 찬자는 고구려만이 아니라 신라왕의 계보를 조정한 것을 이미 본 바 있다.[3] 『삼국유사』에 나오는 왕의 계보는 신라는 물론이고 고구려의 그것도 『삼국사기』와 비교하여 문제가 있는 것이다.

여기서 『삼국유사』의 「왕력 편」에 3대 대무신왕, 4대 민중왕, 5대 모본왕을 해(解) 씨라고 한 것을 주목하게 된다. 그렇다면 해 씨로 이야기되는 또 다른 세력이 있었던 것일까? 『삼국사기』에는 그러한 내용이 없다. 여기서 『삼국유사』의 찬자가 어떤 이유에서인지 위의 세 명의 왕들을 해 씨로 기

3 이종욱, 『신라상대왕위계승연구』, 1980, pp. 44~101.

록한 것을 생각할 수 있다. 이 같은 해 씨 성은 원래 북부여에서 온 것으로 볼 수 있다. 다만 주몽에서 태조대왕까지에 이르는 왕의 계보에 여러 명의 왕들이 빠졌고, 그 과정에 주몽 이외의 또 다른 이주민 계통의 세력들이 왕위를 이었을 가능성이 없지 않다. 혹은 그러한 세력들이 있었기에 고 씨가 아니라 해 씨 성을 가졌던 것으로 기록한 것은 아닐까 궁금하다.

4. 태조대왕과 관련된 계보 조정

6대 태조대왕은 2대 유리왕의 손자로 나온다. 태조대왕은 유리왕의 아들 고추가 재사와 부여인 어머니 사이에서 출생하였다고 한다.[4] 5대 모본왕이 세상을 떠나자 태자가 불초하여 국인들이 궁(태조대왕)을 맞이하여 왕으로 삼았는데 궁은 나면서부터 눈을 떠 볼 수 있었고, 어려서 기골이 준수했다고 한다. 그런데 궁은 나이 일곱 살에 왕이 되었기에 태후가 수렴청정한 것으로 되어 있다.

유리왕의 아들 중에는 대무신왕의 형제들이 있었고 그들의 후손 중 한 사람이 태조대왕이었을 가능성이 있다. 다만 태조대왕이 유리왕의 손자였다고 단정할 수는 없다. 유리왕과 태조대왕 사이에 계보 조정이 있었을 수 있기 때문이다. 이 경우 재사가 꼭 유리왕의 아들일 필요도 없다. 그런가 하면 태조대왕이 재사의 아들일 필요도 없어진다.

한 가지 생각할 문제는 재사로 표현된 세력을 시조로 하는 종족이 있었는데, 일정한 정치적 지위를 유지하였고 모본왕의 죽음과 동시에 그들 종족이 왕위를 차지한 것은 사실일 것이다. 재사를 시조로 하는 종족이 언

4 『삼국사기』 15, 「고구려본기」 3, 태조대왕 즉위조.

제 만들어졌는지는 왕의 계보가 어떻게 조정되었는지 확인하기 전에는 알 수 없는 문제라고 하겠다.

한편 위의 [표 5]에 나오는 6대 태조대왕(53~146), 7대 차대왕(146~165), 8대 신대왕(165~179)의 세 왕이 형제였던 것으로 나온다. 그러나 그들의 재위 연대를 보면 세 사람이 형제일 수는 없다는 생각을 하게 된다. 태조대왕의 세 형제들이 왕위 계승권을 가진 종족의 성원으로 되었고 차대왕이나 신대왕은 태조대왕의 아들이 아니라 손자나 증손자 또는 더 아랫대의 후손일 수 있다. 그러한 계보가 조정되어 마치 세 사람이 형제였던 것으로 나오는 것이라 생각된다. 그런가 하면 태조대왕의 재위 연대를 보면 그도 한 명이 아니라 몇 명의 왕이 태조대왕 한 명으로 조정된 것일 수 있다. 후일 언제인가 건국신화를 만들어낸 고구려인들은 그와 같은 왕의 계보 조정도 당연한 것으로 생각했다고 볼 수 있다. 이 경우 광개토왕이 고구려 19대 왕으로 나오는 『광개토왕비』의 왕의 계보는 신대왕 이후 언제인가에 조정된 것일 수 있다.

제2절
고구려 초기의 지배세력과 신분제

국가가 탄생하면서 왕정을 이끌어나가던 지배세력과 왕을 축으로 한 신분제가 편제되었다. 고구려의 경우도 지배세력과 신분제가 편성되었던 것이 사실이다. 여기서 먼저 지배세력의 편성에 대하여 알아보고 이어 신분제에 대하여 정리하겠다.

1. 고구려 초기의 지배세력

고구려의 건국세력들이 초기 왕국의 지배세력으로 되었던 것을 생각하기 어렵지 않다. 그 중 가장 중요한 세력은 북부여에서 이주한 왕실 세력이라 하겠다. 주몽은 고구려를 세운 세력이었다. 그런가 하면 유리왕은 북부여에서 이주한 또 다른 세력이었다. 태조대왕의 어머니도 부여인이었다고 한다. 이들 북부여에서 이주한 세력들은 고구려의 왕실 세력이 되었고 최고의 지배세력이 되었다. 왕을 중심으로 한 왕족 세력들은 고구려 초기 최고의 지배세력이 되었다.

그들 왕실 세력 밑에는 주몽이나 유리왕이 이주할 때 함께 온 세력들이 있었다. 주몽의 경우 두 부류의 집단을 거느리고 고구려를 세웠다. 첫째, 원래 북부여로부터 거느리고 이주한 세력이 있다. 『위서』에 나오는 오인 · 오위나 『삼국사기』에 나오는 오이 · 마리 · 협보가 그들이다. 두 사서에 나오는 서로 다른 이름을 가진 사람들은 원래 같은 사람들이었을 것이다.

둘째, 주몽 세력은 그들 외에도 또 다른 사람들을 거느리고 집단을 이루어 이주했다고 여겨진다. 주몽 세력이 이주하는 도중에 거느리게 된 세력들이 있다. 『위서』에 나오는 것과 같이 보술수에 이르러 만난 사람으로 삼베옷, 검은 옷, 마름 옷을 입은 세 사람이 있다. 『삼국사기』에는 주몽이 모둔곡에 이르러 삼베옷(재사), 검은 옷(무골), 마름 옷(묵거)을 입은 세 사람을 만난 것으로 되어 있다. 주몽은 그들에게 각기 극 씨, 중실 씨, 소실 씨라는 성을 주고 재능에 맞추어 알맞은 일을 맡겼다고 한다. 이로 보면 주몽 집단은 단순한 세력 집단이 아니었던 것을 알 수 있다.

셋째, 주몽이 세운 고구려에는 또 다른 지배세력들이 있었다. 그 중 『삼국사기』 건국신화에 나오는 비류국의 송양왕 같은 세력이 있다. 고구려는 이웃한 소국의 세력들을 부용으로 삼고, 이어 정복한 것을 알 수 있다. 고구려는 당시 피병합국에 대한 중앙집권적 통치를 할 능력이 없었다. 따라서 비류국을 정복한 후 고구려는 그 왕이었던 송양을 다물도주로 삼아 일종의 제후로 만들었던 것을 볼 수 있다. 신라는 소국을 정복하여 편제한 군(현재의 군에 해당)과 그 밑의 행정촌(대체로 현재의 면에 해당)에까지 지방관을 파견한 바 있다. 그와 달리 고구려는 예맥 지역 피병합 소국의 지배자들을 제후적인 존재로 편제하여 봉건제적인 지방 통치를 행한 바 있다. 예맥 지역의 소국들은 원래 비류나 · 관나 · 환나 · 주나 · 조나 등의 나(那)를 칭했는데 고구려에 정복된 후에는 비류나부 · 관나부 · 환나부 등의 나부(那部)로 편제하였다. 그러한 나부에는 제후적인 존재들이 있었고, 중앙정부에서 파견된 부장들이 있었다. 그렇더라도 시간이 지나며 태조대왕 대에는 나부의 세력들이 중앙 정계에 진출한 것이 사실이다. 피정복 소국의 세력들에 대한 처우가 신라의 그것보다 느슨했던 것을 볼 수 있다. 이들 나부의 세력들은 고구려 지배세력의 또 한 축을 차지했다.

한편 고구려는 예맥 지역 밖의 나라를 정복하면 성읍 등으로 편제하고 지방관을 파견하였다. 따라서 그러한 지역은 봉건제적인 방식으로 지배했다고 볼 수 없다. 그 결과 그러한 지역으로부터는 중앙 정계에 진출하는 제후적인 존재는 없었다고 여겨진다.

2. 고구려 초기의 신분제

고구려의 신분제에 대한 이해는 쉽지 않다. 우선 신라의 골품 신분층에 대한 기록과 같은 자료가 없다. 따라서 고구려에 몇 개의 신분층이 있었는지조차 제대로 알 길이 없다. 또한 고구려가 예맥의 소국들을 정복하는 과정에 왕국의 신분제는 새롭게 편제되어나간 것은 분명하지만 그 구체적인 내용을 알기는 어렵다. 한마디로 현재로서는 고구려의 신분제를 분명하게 밝힐 수는 없다고 하겠다.

그렇더라도 고구려의 신분제를 해명하는 작업은 중요한 의미가 있다. 고구려 초기의 신분제를 해명하기 위하여 우선 시기를 나누어볼 수는 있다. 첫째, 소국 단계 고구려의 신분제를 생각할 수 있다. 최상층에는 왕을 배출한 왕족 세력이 있었을 것이다. 그 밑에는 왕비를 배출한 세력들이 있었을 것이다. 그들 왕실 세력 밑에는 북부여에서 주몽을 따라온 세력들과 이주 도중에 주몽이 거느린 세력들이 또 하나의 신분층을 이루었다고 여겨진다.

그 밑에는 원래 졸본 지역에 있던 정치세력들이 있었을 것이다. 주몽을 도왔다고 하는 소서노 세력은 그 중의 하나라고 짐작된다. 단정하기 어려우나 소서노 세력은 소국 고구려의 형성 이전 졸본 지역의 추장사회의 지배세력이었거나 졸본부여 왕의 지배를 받던 신료를 배출한 세력이었을 가능성도 있다. 이 경우 소서노로 상징되는 세력들은 혁거세 집단이 사로국을 세울 때 사로6촌 지역에 있던 6촌장 세력들과 정치적 성격이 같은 존재였을 수도 있고 탈해나 알지 세력이 이주할 때 혁거세 밑의 신료 집단을 이루었던 세력과 비슷한 존재일 수 있다. 그들 지배세력 밑에 일반 백성들이 있었다. 백성들 밑에는 노비층이 있었을 것이다.

고구려가 이웃한 예맥의 소국들을 정복해가면서 피정복 지역 사람들에 대한 신분편제도 있었다. 비류나와 같은 나(那)들을 정복하여 비류나부와 같은 나부(那部)를 만들게 되면서 나부의 사람들에 대한 신분편제는 필연적으로 피정복민 정책을 폈다. 나부에는 제후적인 존재를 인정해주었으며 그들이 그곳의 최고 지배 신분층을 차지하였다. 비류국(비류나)의 왕 송양을 다물도주로 삼아 일종의 제후로 만든 것은 그 예가 된다.

피정복국에는 또 다른 신분층이 있었다. 피정복국의 지배세력들은 다시 대가와 소가가 나뉘었다고 볼 수 있다. 『삼국지』 고구려조에 대가와 주부는 머리에 책을 쓰는데 뒤가 없고 소가는 절풍을 쓰는데 모습이 고깔과 같다는 기록이 있다. 대가와 소가가 쓰던 모자가 달랐던 것으로 보아 다물도주 밑의 지배세력들은 대가와 소가로 신분층이 나뉜 것을 생각할 수 있다. 다물도주, 대가, 소가로 나뉜 지배세력들 밑에는 서인 또는 백성 신분층이 있었고 그 밑에는 노비층이 있었다고 여겨진다. 나부의 중심지에는 다물도주와 같은 제후적인 존재, 대가, 소가, 백성 등의 신분층이 나뉘어 있었다고 여겨진다.

한편 나부의 중심지와 달리 그 밑의 곡과 촌에는 또 다른 신분층이 편제되어 있었다. 곡은 신라의 행정촌에 해당하는 지방 행정구역으로 그 안에 곡 전체를 관장하던 세력이 하나의 신분층을 이루었고 그 밑에 그들을 보좌하는 또 하나의 신분층이 있었다고 생각된다. 그들 밑에 백성들이 있었다. 곡에는 3개의 신분층이 편제되었던 것을 생각할 수 있다.

곡 밑에는 촌들이 있었다. 이 촌은 신라의 자연촌과 같은 존재로 촌장을 배출하던 세력과 그 밑의 일반 백성 신분이 있었다고 여겨진다. 이 경우 촌장과 백성들 사이에는 신분적인 간격이 크지 않았고 신분적인 유동성도 생각보다 컸다고 짐작된다.

이 시기 고구려의 영역에는 말갈족들이 살았다. 고구려 초기부터 말갈족이 있었다. 그들 말갈족이 고구려의 신분층으로 편제되었는지 궁금하다. 단정하기는 어려우나 말갈족들은 고구려 · 백제 · 신라와 같은 동이 중 언어가 홀로 달랐던 것이 사실이다.[5] 고구려의 영역에 살았던 말갈족들은 고구려의 지배를 받은 것은 사실이지만 독자적인 지배체제를 유지하였다고 생각된다. 이 경우 고구려의 영역에 살던 말갈족은 그들 자신들

5 『북사』 94, 열전 82, 물길국 조.

의 신분층을 편성해 살았던 것으로 짐작된다. 따라서 말갈인들의 신분을 고구려인들과 동일한 차원에서 다룰 수는 없는 일이다.

한편 태조대왕 4년(56)에는 동옥저를 쳐 그 땅을 빼앗아 성읍으로 삼은 바 있다.[6] 그 이후 동옥저 지역에는 그 땅 전체를 지배하는 지배세력은 존재할 수 없었다. 각 읍락에는 장수들이 있어 대대로 지배세력으로 있었다. 그들은 신라의 진촌주(현재의 면장)에 해당하는 존재였을 수 있다.

동옥저는 기원전 108년 낙랑군 등 군현을 설치할 때 옥저성에는 현토군이 설치되었다고 한다. 현토군은 고구려의 침입을 받아 기원전 75년에 고구려의 서북 지역으로 쫓겨 가게 되었고 동옥저 지역은 낙랑군의 소속이 되었다. 단단대령의 동쪽에는 낙랑군의 동부도위가 설치되었고 동부도위는 동쪽 7현을 다스렸다. 기원후 30년 동부도위가 폐지되었을 때 7현 중의 거수들이 현후가 되었고 후국으로 되었다.

태조대왕 4년에는 동옥저가 고구려에 신속되었다. 그 후 고구려는 그 안의 대인을 제후적인 존재로 임명하여 그 지역 전체를 통괄하는 정책을 폈다. 그런가 하면 대가들로 하여 조부·맥포·어염·해중식물을 지고 천리를 운반하도록 만들었고 미녀들을 보내도록 했다. 그러한 일을 맡았던 대가들은 동옥저 지역의 지배신분층이었을 것이다. 그리고 그러한 물건을 운반하던 사람들은 일반 백성들이었다고 여겨진다.

---

6 『삼국사기』 15, 「고구려본기」 3, 태조대왕 4년.

제3장

고구려 초기의 정치조직

〈모델 2〉와 〈모델 3〉은 고구려의 정치조직도 달리 재구성하고 있다. 특히 고구려의 왕이나 중앙정부조직 그리고 지방조직에 대한 해명을 통하여 관학파들이 만들어낸 〈모델 2〉는 5부체제설을 주장해왔다. 부체제설은 20세기 식민사학이 만들어낸 역사 체계를 이어받은 한국 후식민사학이 만들어낸 대표적인 이야기다.

필자는 누구에게나 주어진 자료를 가지고 〈모델 3〉을 만들었다. 〈모델 3〉에서 부체제설은 처음부터 받아들일 수 없는 것이 된다. 나(那)를 정복하여 편제한 나부는 어디까지나 고구려왕의 지배를 받는 지방통치의 단위였으며 그 안의 지배세력들은 왕에 의하여 제후적인 세력으로 편제된 존재들이었을 뿐이다.

이번 장에서는 고구려 초기 왕 밑의 최고 관직이었던 좌보 · 우보와 그 뒤에 설치된 국상에 대하여 알아보기로 한다. 이어 고구려 초기의 중앙정부조직, 지방통치제도에 대하여 차례로 살펴보겠다. 원래 이 책은 주몽에서 태조대왕까지의 역사를 다루기로 했으나 〈모델 3〉이 〈모델 2〉와 어떻게 다른지 보여주기 위하여 미천왕까지의 이야기도 할 것이다.

제1절
고구려 초기의 좌보 · 우보와 국상

『삼국사기』 직관, 하에는 좌보(左輔) · 우보(右輔) · 대주부(大主簿) · 국상(國相) · 구사자(九使者) · 중외대부(中畏大夫)는 본국 『고기』에 보인다고 나온다. 그 중 좌보와 우보 그리고 국상은 고구려 전기 최고의 관직이었다. 『삼국사기』 「고구려본기」에 좌보 · 우보 · 국상에 대한 기록이 있어 그에 대한 해명을 할 수 있다.

좌보와 우보는 대무신왕 대(18~44)에 처음 나오기 시작한다. 그 후 신대왕 2년(166)에 명임답부를 국상으로 삼고 작을 더하여 패자로 삼아 내외병마사를 맡기고 겸하여 양맥부락을 다스리도록 했다고 하며 좌보 · 우보를 고쳐 국상으로 삼은 것이 이때부터라고 나온다.[1] 국상에 대한 기록은 『삼국사기』 미천왕(300~331) 즉위조 이후에는 볼 수 없다. 『삼국사기』 미천왕 이후의 기록은 많은 사실들이 빠져 있다. 사료편찬 시 찬자들이 어떠한 이유로건 미천왕 이후의 역사를 옳게 남기지 않은 것이 사실이다. 이에 고구려 전기 국가 형성에서 봉상왕(292~300)까지의 역사 중 좌보 · 우보 · 국상에 대한 기록이 나오는 시기의 고구려 최고 관직에 대해 알아보겠다.

고구려 전기의 정치제도에 대해서는 몇몇 연구가 있다.[2] 여기서는 좌

1 『삼국사기』 16, 「고구려본기」 4, 신대왕 2년.
2 白鳥庫吉, 「丸都及國內城考」, 『史學雜誌』 25~4, 1914.
今西龍, 「高句麗五族五部考」, 『史林』 6~3, 1921: 『朝鮮古史の研究』, 1937.
池內宏, 「高句麗の五部及五族」, 『東洋學報』 16~1, 1926.
三品彰英, 「高句麗王都考 」, 『朝鮮學報』 1, 1951.
三品彰英, 「高句麗の五族について」, 『朝鮮學報』 6, 1954.
김철준, 「고구려 · 신라의 관계조직의 성립과정」, 『이병도박사화갑기념논총』, 1956.

보 · 우보가 최고 관직으로 있던 시기와 국상이 최고 관직으로 있던 시기를 나누어보겠다. 두 개의 시기는 신대왕 2년 국상을 설치할 때를 기점으로 나뉜다. 각 시대별로 최고 관직에 임명된 사람들의 출신, 임무, 임명, 설치 이유 그리고 정치적 성격 등에 대하여 살펴볼 것이다.

1. 좌보 · 우보 체제

먼저 『삼국사기』에서 좌보 · 우보로 임명된 사람들을 뽑아 다음쪽의 [표 7]을 작성해보았다. 좌보 · 우보가 설치되기 전에 있던 대보도 포함시켰다.

[표 7]에는 유리왕 22년(기원후 3년)에 대보였던 협보에 대하여 나온다. 대보는 좌보와 우보가 설치되기 이전에 있던 관직이다. 대무신왕 8년(25)에 을두지를 우보로 임명했고, 대무신왕 10년(27)에는 그를 좌보로 임명했다. 위의 [표 7]에는 거의 150년 기간 동안 6명의 좌보 · 우보가 나오고 있다. 우선 좌보 · 우보에 대한 자료의 문제들을 정리할 필요가 있다.

미유가 좌보에 임명된 것이 차대왕 2년(147) 2월이었는데 그가 퇴임하였다는 기록도 없이 같은 차대왕 2년 7월에 어지류가 좌보로 임명되었다고 나온다. 이 경우 좌보가 동시에 2명이 존재했던 셈이 된다. 그러나 백제의 예로 보아 좌보 · 우보는 각기 한 명씩 임명되었음을 알겠다. 그런데 좌보 목도루가 퇴로한 즉시 환나부의 우태였던 어지류를 좌보로 임명하였던 것을 볼 수 있다. 따라서 어지류가 좌보였던 것은 의심할 수 없다.

이병도, 「고구려국호고」, 『서울대인문사회과학』 3, 1956: 『한국고대사연구』, 1976.
이병도, 「고구려동황성고」, 『한국고대사연구』, 1976.
이기백, 「고구려왕비족고」, 『진단학보』 20, 1959.
노태돈, 「삼국시대 '부'에 관한 연구」, 『한국사론』 2, 1975.

[표 7] 대보 · 좌보 · 우보 일람표

<table>
<tr><th>번호</th><th>인명</th><th>취임 연월</th><th>퇴임 연월</th><th>관직</th><th>관위</th><th>출신</th><th>기타</th></tr>
<tr><td>1</td><td>협보</td><td></td><td>유리왕 22년 12월</td><td>대보</td><td></td><td></td><td>주몽을 따라 이주한 세력</td></tr>
<tr><td rowspan="2">2</td><td rowspan="2">을두지</td><td>대무신왕 8년 2월</td><td>대무신왕 10년 1월</td><td>우보</td><td rowspan="2"></td><td rowspan="2"></td><td rowspan="2">군국의 업무 위임</td></tr>
<tr><td>대무신왕 10년 1월</td><td></td><td>좌보</td></tr>
<tr><td>3</td><td>송옥구</td><td>대무신왕 10년 1월</td><td></td><td>우보</td><td></td><td></td><td></td></tr>
<tr><td>4</td><td>목도루</td><td>태조대왕 71년 10월</td><td>차대왕 2년 7월</td><td>좌보</td><td>패자</td><td></td><td>칭병하고 퇴로</td></tr>
<tr><td>5</td><td>고복장</td><td>태조대왕 71년 10월</td><td>차대왕 2년 3월</td><td>우보</td><td></td><td></td><td>차대왕이 죽임</td></tr>
<tr><td rowspan="2">6</td><td rowspan="2">미유</td><td>태조대왕 80년 7월</td><td rowspan="2"></td><td></td><td>우태</td><td rowspan="2">관나부</td><td rowspan="2"></td></tr>
<tr><td>차대왕 2년 2월</td><td>우보</td><td>패사</td></tr>
<tr><td rowspan="2">7</td><td rowspan="2">어지류</td><td>태조대왕 80년 7월</td><td rowspan="2"></td><td></td><td>우태</td><td rowspan="2">환나부</td><td rowspan="2"></td></tr>
<tr><td>차대왕 2년 7월</td><td>좌보</td><td>대주부</td></tr>
</table>

여기서 미유가 좌보로 임명된 것이 아니라 우보로 임명되어 좌보 목도루 밑에 있었던 것을 생각할 수 있다. 이에 미유를 우보로 고쳐보았다.

먼저 좌보 · 우보에 임명되었던 사람들의 출신을 보자. [표 7]을 보면 관나부의 미유가 우보가 되었고 환나부의 어지류가 좌보가 되었다. 차대왕 이전 좌보와 우보의 출신지는 알 수 없다. 차대왕 2년을 기점으로 좌보 · 우보의 출신에 변화가 일어난 것을 보게 된다. 여기서 차대왕 2년에 임명된 좌보 어지류와 우보 미유에 대해 살펴보겠다. 이들의 출신이 관나부 · 환나부의 나부였던 점이 주목된다. 『삼국사기』 「고구려본기」에는 그 외에 비류나부 · 연나부 · 제나부 · 주나 · 조나 등이 나오고 있다. 그리고 『삼국지』 고구려조에는 연노부(소노부) · 절노부 · 관노부 · 계루부 · 연노부의 5개가 나온다. 『삼국사기』를 보면 5개의 나부만 있었던 것은 아니라는 사실이 분명하다. 따라서 『삼국지』 고구려조의 5부에 대한 기록을 근거로 만들어진 〈모델 2〉의 5부체제설은 처음부터 성립할 수 없는 주장임을 알 수 있다.

여기서 나부가 편제되는 과정을 보자. 첫째, 나(那)를 볼 수 있다. 처음부터 비류나부와 같은 나부가 편제된 것은 아니다. 처음에는 나(那)가 있었다. 나(那)는 압록강 중류와 상류 그리고 그 지류에 위치하고 있던 예맥 지역의 독립 소국들이었다. 독립 소국으로서의 나(那)는 주나와 조나 등이 있었다. 그러한 나(那)에는 왕이 있었고 왕자도 있었다.

둘째, 고구려에 복속되었거나 항복한 나(那)들을 새롭게 편제한 조치를 볼 수 있다. 비류나(또는 비류국)가 고구려에 병합된 후 비류나부가 된 것이 그 예다. 나(那)들을 병합한 고구려는 피정복국인 나(那)의 왕자를 고추가로 삼거나 다물도주로 삼은 일도 있다. 그러한 고추가나 다물도주는 원래 자신들이 지배하던 지역에 제후적인 존재로 편제된 것이다. 그들은 일종의 제후로서 나름대로 독자적인 정치조직을 가지고 해당 지역을 다스렸다. 그렇다고 나부들의 정치조직이 서로 달랐던 것은 아니었다. 중앙정부에서는 모든 나부의 통치조직을 일원화하였다고 생각된다. 그들 나부의 제후적인 존재들은 군사적으로 경제적으로 국왕의 지배를 받았다. 여기서 다시 5부체제설이 성립할 수 없음을 알 수 있다. 고구려의 왕은 5부 중 한 부의 장이 아니라 정복 왕국의 왕으로 고구려가 피정복국에 대한 정책으로 나부로 편제한 지역의 제후적인 존재를 지배하는 정치적 지위를 차지했던 것을 의심할 수 없다.

셋째, 나부의 세력들이 중앙정부에 진출하여 왕의 신료가 된 것을 볼 수 있다. 고구려의 활발한 정복 활동 과정에 나부에 대한 군사적 · 경제적 동원이 강화되었다. 그에 따라 나부의 세력들을 중앙정부의 군신 집단으로 편제하는 일이 확대되었다. 그러한 나부의 세력들 중 일부가 중앙정계에 진출하여 태조대왕의 동생 수성과 정치적으로 결탁한 일도 있다. 후일 수성이 왕위에 오른 후 그들 나부 세력들이 좌보 · 우보 · 중외대부의 관직을 차지한 바 있다.

한편 원래 좌보와 우보에 임명되던 세력들이 있었다. 좌보 목도루와 우보 고복장을 통하여 그러한 세력을 볼 수 있다. 그 중 고복장은 선조(先祖)의 근신으로 나온다. 그는 고 씨 성을 가진 세력으로 왕족이었음에 틀림없다. 목도루는 어떤 세력인지 잘 알 수는 없으나 나부 세력은 아닐 것이다. 그는 왕경 세력이었다고 여겨진다. 그가 언제 왕경인이 된 세력인지는 알 수 없다. 『삼국지』의 기록대로라면 그들은 계루부인들이라 하겠다.

문제는 유리명왕 22년 국내 천도 후 국내 지역을 계루부라고 하였는가 하는 점이다. 이 경우 고구려가 처음 소국을 형성했던 졸본 지역이 계루부일 수는 없는가 하는 문제가 있다. 여하튼 고구려 천도 이전 졸본에 도읍을 하고 있을 때 그곳 사람들을 왕경인라고 한다면 국내 천도 후에는 국내 지역이 왕경이 되었고 그 지역 사람들이 왕경인이 되었던 것을 알 수 있다.

유리명왕(유리왕) 대의 대보 협보가 주목된다. 그는 부여로부터 주몽과 함께 이주했던 세력으로 나온다. 그런 그가 유리명왕 밑에서 대보의 관직에 있었다. 대보는 우보와 좌보가 설치되기 전 고구려 최고의 관직이었다고 생각된다. 대보는 왕에게 간언을 할 위치에 있는 자리였다. 물론 대보 협보의 간언을 받아들이지 않았던 유리명왕은 협보를 관원의 일을 맡는 관리로 내보냈다. 이에 협보는 남한으로 가버렸다.

대무신왕 대에 이르러 대보는 우보와 좌보로 나뉘었다. 그런데 대무신왕 때만 해도 좌보와 우보는 왕경인들이 차지했다. 아직 나부 세력들이 왕의 신료가 되는 일은 그다지 흔한 것이 아니었다. 이는 바꾸어보면 고구려의 왕이 피정복 소국인 나부들을 통치하는데 한계가 있었던 것을 의미한다. 차대왕 이전에는 좌보와 우보가 왕경인들의 차지였던 것이다.

한 가지 주몽과 함께 이주한 협보가 유리왕 대에 대보가 되었다는 기록을 어떻게 보아야 할지 궁금하다. 앞에서 이야기해온 것과 같이 주몽이 기원전 3세기에 고구려 소국을 형성했다면 대보가 된 협보의 존재는 그대로 인정하기 어렵게 된다. 여기서는 다만 문제제기를 해두는 데 그치기로 한다.

좌보와 우보의 임무는 무엇이었을까? 일반적 임무로 군국의 업무를 위임받거나 정사(政事)에 참여한 것을 볼 수 있다. 그러나 이것만을 가지고 좌보 · 우보의 임무에 대하여 자세히 알 수는 없다. 보다 구체적인 문제를 볼 필요가 있다.

대무신왕 11년(28) 한나라 요동태수가 군대를 거느리고 고구려를 쳐들어왔을 때 왕은 군신(群臣)을 거느리고 그 대비책을 물은 바 있다. 그때 군신 중에 좌보 을두지와 우보 송옥구가 있었다. 그들이 주로 전수(戰守)의 계책을 이야기한 바 있다.[3] 여기서 좌보 · 우보가 왕을 도와 전쟁에 대한 문제를 다룬 것을 알 수 있다.

다음은 좌보와 우보가 왕위 계승과 관련된 것을 볼 수 있다. 차대왕이 명임답부에게 살해된 후 좌보로 있던 어지류는 군공(群公)과 의논하여 백고(신대왕)를 맞아들인 후 꿇어 앉아 국새를 바친 것을 볼 수 있다.[4] 그런가 하면 태조대왕 94년(146) 10월 우보 고복장은 왕에게 수성이 모반을 하려 하니 그를 베어 죽이라고 말한 바 있다.[5] 고복장은 수성이 왕위를 장악한 후 곧 목을 베어 죽였다.[6] 좌보와 우보는 새로운 왕의 즉위와 관련되기도 했지만 재위하고 있는 왕의 지위를 지키는 일도 했다.

3 『삼국사기』 14, 「고구려본기」 2, 대무신왕 11년.
4 『삼국사기』 16, 「고구려본기」 4, 신대왕 즉위조.
5 『삼국사기』 15, 「고구려본기」 3, 태조대왕 94년.
6 『삼국사기』 15, 「고구려본기」 3, 차대왕 즉위조.

좌보와 우보는 늘 왕의 측근에 있으며 국정 전반에 대한 자문을 한 것을 알 수 있다. 태조대왕 90년(142) 왕이 밤에 한 마리 표범이 범의 꼬리를 무는 꿈을 꾼 것의 길흉을 우보 고복장에게 물은 일이 있다.[7] 좌보와 우보는 왕과 늘 가까운 거리에 있으며 국정만이 아니라 많은 문제를 맡았던 것을 알 수 있다.

좌보와 우보 중에는 왕경인들도 있지만 나부 출신들도 있었다. 나부 출신으로 일단 좌보와 우보가 된 세력은 세대를 거치며 왕경에 머물게 되었고 그 과정에 점차 왕경 세력으로 자리 잡기도 했다. 그렇더라도 나부에서 왕경으로 올라가 좌보나 우보가 된 세력들은 그들이 속한 나부의 지배 세력들이었을 것이다. 단정하기는 어려우나 나부 중에는 그 적통대인이 고추가를 칭한 경우도 있다. 그렇지 않더라도 그들은 나부의 대가로서 중앙정부의 관직을 차지하였을 것으로 짐작된다.

나부 출신 좌보와 우보가 나온 것은 차대왕 때였다. 그 전 왕인 태조대왕 대까지는 왕경인들이 그 자리를 차지했다. 차대왕 대에 이르러 그의 왕위 계승을 도왔던 나부 세력을 신료로 발탁하였을 뿐 아니라, 그것도 최고의 관직을 주었던 것이다. 이후 나부 출신 세력의 중앙정계 진출은 크게 확대되었다.

다음은 좌보 · 우보의 임명 시기에 대하여 보자. 자료의 부족으로 그 임명 시기에 대한 일정 원칙을 찾아내기는 쉽지 않다. 그런데 우보 미유와 좌보 어지류는 차대왕이 즉위한 이듬해에 임명되었다. 차대왕이 즉위한 해가 146년 12월이었다. 따라서 이듬해 2월 관나부 패자 미유를 우보로 임명하고, 7월 어지류를 좌보로 삼은 것은 새로운 왕의 즉위에 따라 좌보와 우보가 임명된 것을 의미할 수 있다. 그러나 다른 좌보와 우보는 왕의

7 『삼국사기』 15, 「고구려본기」 3, 태조대왕 90년.

즉위와 동시에 임명된 것만은 아니었다.

다만 좌보와 우보를 아무 때나 임명한 것은 아니었을 것이다. 태조대왕 71년(123) 10월에 좌보 목도루와 우보 고복장을 임명하여 수성과 함께 정사에 참여케 한 것을 통하여 그러한 사정을 알 수 있다. 태조대왕 69년(121) 11월 왕은 수성에게 군국의 일을 통할케 한 바 있다. 그 2년 후 좌보와 우보를 임명하여 수성과 함께 정사에 참여케 한 것은 태조대왕의 측근을 좌보와 우보로 삼아 수성을 돕기도 하고 견제도 하게 만든 것이라 생각된다. 좌보 목도루와 우보 고복장의 임명은 수성 중심 정치의 출범과 관련된 일이다.

좌보·우보의 임명은 누가 어떠한 방법으로 하였을까? 여기서도 차대왕이 임명한 우보 미유와 좌보 어지류를 볼 수 있다. 그들은 일찍부터 수성을 도와 그가 왕위에 오르게 한 세력들이었다. 차대왕은 왕위에 오른 직후 그들을 좌보와 우보로 임명하였다. 일반적으로 좌보와 우보는 왕을 도와 왕과 행동을 같이할 세력 중에서 임명된 것으로 볼 수 있다.

좌보와 우보의 임기는 어떠하였을까? 그 임기가 정해진 것은 아니었다. 정치적 변동에 따라 좌보·우보가 제거되기도 했고, 죽으면 새로운 좌보·우보를 임명하기도 했다.

좌보와 우보는 어떤 이유로 설치되었을까? 고구려 초기 송양왕이 다스리던 비류국을 병합한 후 1세기 중에 예맥 지역의 나(那)들을 모두 병합했다. 나아가 개마국·구다국 등 또 다른 지역의 소국들도 병합했다. 예맥 지역을 벗어난 곳에 위치했던 소국들은 나(那)가 아니라 국(國)을 칭했다고 생각된다.

한편 고구려는 동옥저를 정복하고 그 지역을 성읍으로 삼았다. 동옥저 정복은 고구려가 단순히 나(那)나 국(國)과 같은 소국을 정복하는 것이 아니라 몇 개의 소국으로 이루어진 동옥저와 같은 정치체를 정복한 것이다.

그 결과 고구려의 영역은 한 번에 크게 늘어났고, 왕정의 업무가 크게 늘어났다. 그 과정에 왕이 거느린 군신 집단, 신료 집단이 크게 늘어나지 않을 수 없었다. 그러한 군신 집단, 신료 집단을 거느리기 위해 관직을 서열화하고, 분화해나가게 되었다. 바로 그러한 신료 집단과 정부조직의 정점에 왕이 있었다. 왕 밑에 최고의 관직으로 좌보와 우보를 설치하여 정부조직과 신료 집단의 우두머리로 삼아 왕의 명을 받으며 직책을 수행토록 만들었다.

좌보와 우보라는 두 개의 관직을 설치한 이유는 무엇일까? 잘 알 수 없다. 다만 좌보와 우보는 서열이 있었다. 우보에서 승진하여 좌보가 되었다. 그리고 두 개의 관직을 왕 밑에 둠으로 인하여 서로 견제하는 기능을 가졌던 것이 아니었을까 한다. 또한 다양한 견해를 구할 수도 있었다. 후에 왕권이 강화되며 왕정의 최고 관직으로서 국상 한 사람을 임명하게 되었다. 그러한 면에서 좌보와 우보를 동시에 설치한 것은 왕정이 아직 약했기 때문이라고 하겠다.

이제 좌보와 우보가 임명되던 시대의 정치체제에 대하여 보자. 당시 정치조직의 구조를 주목하면, 그 정점에는 왕이 있었다. 그 밑에는 정책 결정을 하는데 참여한 군신 집단이 있었다. 군신 집단의 성원들은 왕의 신료 집단으로서 기능을 했다. 신료들에게는 제사(濟事), 즉 정치를 행할 수 있는 자리인 관직이 주어졌고, 신료들이 왕정에 참여한 데 대한 보수를 주는 기준으로서 관위가 주어졌다. 관직으로서 최고는 좌보와 우보였다. 그리고 좌보와 우보에게는 패자 · 우태 등의 관위가 주어졌다. 좌보와 우보는 처음에는 왕경인이 임명되었으나 차대왕 대부터 나부 세력들이 임명되기도 했다. 이는 고구려 지배세력 중 왕정 참여 세력의 폭이 확대된 것을 의미한다.

그런데 이같이 광범위한 신료 집단의 구성은 왕정 참여 집단의 응집력에 한계를 불러온 것을 생각할 수 있다. 나부에 각기 대가(또는 고추가)라는 지배세력이 있었는데 그들에 대한 중앙정부의 통제가 상대적으로 약했던 것을 알 수 있다. 그것은 나부의 대가들이 제후적인 지위를 가졌기 때문이다. 이는 군현제에 의한 중앙집권적 통치체제와는 거리가 있는 것이다. 중앙정부의 정책에 의하여 나부의 세력들은 각기 사자 · 조의 · 선인 등의 관리를 거느리고 있었다. 왕이 나부의 관리들을 직접 거느린 것은 아니었다. 나부의 관리들에 대한 통할은 다물도주와 같은 나부의 최고 세력가인 제후적인 존재들에게 위임하였다. 다만 왕은 그들의 명단을 장악하여 국가를 통치하는 방식을 취했다.

2. 국상 체제

좌보 · 우보 체제를 고쳐 국상제를 설치한 것은 신대왕 2년(166)이었다. 국상에 대한 『삼국사기』의 자료를 뽑아 다음 쪽의 [표 8]을 작성하였다.

차대왕 2년에서 미천왕 즉위(300)까지의 기록에 나오는 국상에 대하여 알아보겠다. 위의 표에 나오는 명임답부가 죽은 후 을파소가 임명될 때까지 약 12년을 제외하면 나머지 기간은 국상이 임명되어 있는 것을 볼 수 있다. 국상에 대한 자료는 거의 나온 것으로 생각된다.

국상들의 출신을 먼저 보자. 명임어수는 그 출신을 알 수 없으나 명임답부와 성이 같아 연나부로 추정하여 보았다. 그리고 음우의 출신은 비류라고만 되어 있으나 비류나부일 것이다. 상루는 비류나부 음우의 아들이므로 비류나부였을 가능성이 있다. 그러면서도 적어도 아버지 대부터 왕경에 살았던 것을 보면 그가 왕경인으로 되었을 수도 있다. 위의 [표 8]에

[표 8] 『삼국사기』에 나오는 국상

번호	이름	취임 연월	퇴임 연월	관직	관위	출신	취임 이유	퇴임 이유	성	기타
8	명임답부	차대왕 20년10월			조의	연나부	차대왕 제거	죽음	명임	양맥부락 통합
		신대왕 2년 1월	신대왕 15년 9월	국상	패자					
9	을파소	고국천왕 13년 4월				서압록곡 좌물촌				
		고국천왕 13년 4월		중외대부	우태					
		고굴천왕 13년 4월		국상	우태		동부 안류 추천	죽음		
10	고우루	산상왕 7년 8월	동천왕 4년 7월	국상				죽음	고	
11	명임어수	동천왕 4년 7월	중천왕 7년 4월	국상		(연나부)		죽음	명임	내외병마사
12	음우	중천왕 7년 4월	서천왕 2년 7월	국상	패자	비류나부		죽음		
13	상루	서천왕 2년 9월	봉상왕 3년 9월	국상		비류나부		죽음		
14	창조리	봉상왕 3년 9월			대사자	남부				
		봉상왕 3년 9월		국상	대주부					

는 나부 출신이 4명, 촌 출신이 1명, 남부 출신이 1명 그리고 미상이 1명으로 되어 있다. 나부 출신은 연나부가 2명, 비류나부가 2명이 있다. 을파소는 촌 출신으로 나오는데 대체로 왕경의 촌으로 여겨진다. 그리고 고우루는 고 씨 성을 가진 인물로 역시 왕경인일 수 있다. 나부 출신이 4명, 왕경인이 3명이었던 것이 된다. 상루가 왕경인이 되었다면 왕경인은 4명이 되는 셈이다.

고국천왕(179~197)에서 서천왕(270~292)에 이르는 5대 동안 연나부 출신이 왕비가 되었다고 한다. 연나부 출신들이 왕비가 된 이유를 명임답부에서 찾기도 한다. 여기서 명임 씨의 중앙정계 등장에 대한 문제를 보자. 146년 차대왕의 즉위를 도운 세력은 관나부 · 환나부 · 비류나부 세 부의 세력이었다. 그런데 165년 10월 연나부의 조의 명임답부가 백성들이 견디지 못함을 이유로 왕을 죽이고 차대왕이라 했다.[8] 그리고 즉위한 왕이 신대왕이었다.

신대왕 2년(166) 명임답부를 국상으로 삼고 작을 더하여 패자로 삼고 내외 병마사를 관장케 하고 아울러 양맥부락을 다스리게 했다. 이때 좌보 · 우보를 고쳐 국상으로 만들었던 것이다. 신대왕이 왕이 된 후 왕정에 참여한 나부 세력 중 연나부 출신들이 정치적으로 크게 성장한 것으로 여겨진다. 그 결과 왕비도 배출할 수 있었을 것이다.

그런데 연나부 왕비시대라고 하는 중천왕에서 서천왕까지 이르는 동안 비류나부 사람도 국상이 되었다. 이는 왕비족으로부터 벗어나 왕정을 강화하기 위한 것일 수 있다. 그러나 사실은 왕비족 시대가 처음부터 없었던 것일 수도 있다. 다만 이 시기는 왕위 계승상 하나의 과도기일 수 있다. 왕위 부자 상속을 확립하기 위하여 왕들이 그의 동생들이나 삼촌을 죽이는 시대였다. 왕들이 왕의 동생들까지 죽이는 시대에 왕비족의 정치적 간섭을 받아들였다고 생각되지 않는다. 중천왕에서 서천왕 대에 이르면 이미 왕과 인척관계에 있던 연나부 사람이나, 부자가 대를 이어 국상의 자리를 차지한 비류나부 사람들은 왕실과는 맞설 수 없는 위치에 있었다.

국상은 왕권을 강화하고 왕정을 굳히는 역할을 하였다. 고국천왕이 임명한 국상 을파소에 대하여 보자. 고국천왕 13년(191) 왕후 친척들이 왕도를 쳐들어온 것을 왕기의 병마를 동원하여 진압한 왕은 왕경의 4부(4부의 지배세력)에 명을 내려 각기 현량한 사람들을 천거하도록 했다. 그때 4부가 동부의 안류를 추천했다. 왕이 그를 불러 국정을 맡기려 하자 고사하고 서압록곡 좌물촌의 을파소를 추천했다. 왕은 을파소를 불러 중외대부 관직을 주고 우태의 작을 주었으나 을파소는 속으로는 국가를 위하여 일

8 『삼국사기』 15, 「고구려본기」 3, 차대왕 20년.

하고 싶었으나 받은바 관직으로는 제사(濟事), 즉 업무를 추진할 수 없다고 생각하고 다른 사람에게 높은 관직을 주어 대업을 이루라고 하였다. 왕이 그 뜻을 알고 국상으로 임명하고 정사를 맡도록 했다. 이에 조신과 국척들이 을파소가 신진으로 옛 신하들을 이간시킨다고 하여 그를 미워했다. 그렇게 되자 왕은 명령을 내려 귀천을 논할 것 없이 만약 국상에게 복종하지 않는 자는 멸족시키겠다고 했다.

을파소가 물러나와 사람들에게 "때를 만나지 못하면 숨고 때를 만나면 나와서 벼슬함은 사(士)의 떳떳한 일이다. 지금 왕이 나를 후의로 대우해주니 다시 지난날의 은거하던 일을 생각하겠느냐" 하였다. 그는 지성으로 나라를 돌보고 정교(政敎)를 밝히고 상벌을 신중히 하니 백성들이 편안해지고 중앙과 지방이 태평해졌다고 한다.[9]

고국천왕은 을파소를 등용하고 적극적으로 그를 뒷받침한 것을 볼 수 있다. 그러한 을파소는 유리왕 때의 대신 을소의 후손이었다. 그런 면에서 을파소는 국내 천도 후 왕정에 참여한 왕경인의 후손이었다고 하겠다. 왕은 을파소를 국상으로 삼고 조신과 국척들이 을파소에게 복종토록 했다. 국상의 지위가 그만큼 강화된 것이다.

창조리에 대하여 보자. 봉상왕 3년에 국상이 되었던 창조리는 남부의 대사자였다. 고국천왕에서 중천왕까지는 족명(나부명)과 부명(방위명부)이 아울러 나오고 있고, 서천왕 이후에는 부명만이 나온다고 하는 견해가 있다. 고국천왕 대에 방위를 표시한 용어의 부명이 나타나는 것은 과거의 혈연적인 부족을 지연적인 부로 개편하는 것이라는 견해가 있다. 이를 가리켜 연맹왕국의 국가 조직에서 전제적인 왕권을 중심으로 하는 고대국가의 전환의 시초라고 한다.[10] 이러한 견해에는 문제가 있다. 과거의 혈연

9 『삼국사기』 16, 「고구려본기」 4, 고국천왕 13년.

적 부족을 지연적인 부로 개편하였다는 것 자체가 문제다.

한 가지 주목할 기록이 있다. 『중원고구려비』에는 전부 · 환노 · 하부 등의 부가 나온다. 이는 평양천도 이후 신료들의 출신을 밝힌 것이다. 그런데 평양천도 후 환노가 나온다는 사실이다. 환노는 환나부를 의미한다. 이는 혈연적 부족을 지연적인 부로 개편한 것이 아니라 환나부와 같은 나부와 방위명의 부가 동시에 존재한 것을 뜻한다.

국상 창조리가 주도하여 봉상왕과 그의 두 아들을 죽게 하고 을불을 왕으로 즉위케 한 바 있다. 국왕이 국상에 의하여 제거된 것이다. 이것을 가지고 국왕의 권력이 약했다고 할 수도 있다. 그러나 국상 창조리가 왕위를 차지한 것이 아니라는 사실을 주목할 필요가 있다. 왕의 지위는 강화되어 있었던 것이다. 그리고 왕위 계승을 할 수 있던 집단이 정해져 있었던 것도 사실이다.

그러면 국상의 임무는 무엇이었을까? 그 임무로 분명히 나오는 것은 내외병마사를 다루었다는 것이다. 실제 국상은 중앙과 지방의 군사적 업무를 다룬 것이다. 그런가 하면 신대왕 8년(172) 11월 한나라의 군대가 쳐들어오자 왕이 군신(群臣)들에게 전쟁과 수비의 계책을 물었다. 그때 여러 사람들이 논의하여 국상 명임답부가 대안을 제시하였고, 왕이 그 대안을 따랐더니 한나라 병사들이 돌아갔다. 명임답부가 수천의 기병을 이끌고 추격하여 좌원에서 그들을 전멸시켰다. 왕은 명임답부에게 좌원과 질산을 내려 식읍으로 삼게 한 일이 있다.[11] 명임답부는 그의 임무에 충실한 것이다. 국상은 군신들의 의논을 주도하여 왕에게 그 결과를 올리는 일을 한 것으로 생각할 수 있다. 그리고 국상 스스로 군대를 지휘하여 전쟁을

---

10 이기백, 「고구려왕비족고」, 『진단학보』 20, 1959, p. 94.

11 『삼국사기』 16, 「고구려본기」 4, 산상왕 8년.

벌인 것도 볼 수 있다.

국상은 왕위 계승에 관여하였던 사실도 찾아진다. 국상 창조리는 봉상왕을 제거하고 을불을 왕으로 모시는 일을 주도했다. 차대왕 20년 연나부 조의 명임답부는 왕을 죽였다. 그러자 좌보 어지류가 사람을 보내 백고를 모셔 국새를 바쳤다. 왕위에 오른 백고(신대왕)는 명임답부를 국상으로 삼고 내외병마사를 맡기고 양맥부락을 거느리게 했다.

국상이 양맥부락을 다스린 것은 무엇을 의미할까? 다름 아니라 국상에게 직할지가 주어진 것이다. 한나라의 침략군을 물리친 후에는 왕이 명임답부에게 좌원과 질산을 식읍으로 주었다. 이 식읍에 대한 지배도 명임답부가 맡았던 것을 생각할 수 있다.

국상의 임명과 퇴임에 대하여 보자. 국상의 임명은 언제 이루어졌을까? 명임답부는 왕이 즉위하며 국상으로 임명된 경우다. 그런가 하면 반란을 진압한 후 왕정을 강화하기 위해 을파소를 국상으로 임명한 것도 볼 수 있다. 을파소는 유리왕 대의 대신 을소의 후손으로 나부 세력과는 무관한 존재였다. 국상은 죽을 때까지 재임하였다. 따라서 국상의 퇴임은 죽음과 동시에 이루어진 것이다. 자연, 국상의 임명은 전임 국상이 죽었을 때 이루어진 것을 알 수 있다.

국상의 임명 절차는 어떠하였을까? 을파소는 동부 안류의 추천으로 국상이 되었다. 다른 국상들은 어떻게 임명되었는지 알 수 없다. 국상 상루는 국상 음우의 아들로 아버지의 지위를 그대로 이어 국상이 되었다. 비류나부 출신들이 국상의 지위를 연이어 차지한 것이다. 필자는 국상 음우의 아들인 상루는 왕경인으로 되었을 가능성을 이야기해왔다. 그렇더라도 상루가 비류나부의 지배권을 포기한 것은 아니었다고 생각된다.

국상의 임기는 기본적으로 종신이었다. 7명의 국상 중 창조리의 퇴임 관계 기록이 없어 알 수 없으나 앞의 6명의 국상은 그 자리에 있으며 죽었던 것을 볼 수 있기에 그러한 사정을 알 수 있다. 이는 왕의 즉위와 동시에 교체되었던 좌보 · 우보와 비교하여 국상의 지위가 강화된 것을 보여준다. 그리고 좌보 · 우보 2명이 동시에 존재했을 때보다 국상 1명이 존재하게 된 것도 국상의 정치적 지위가 강화된 것을 의미한다. 신대왕에서 봉상왕까지 7대의 왕이 재위하는 동안 7명의 국상이 있어 각 왕 대에 1명의 국상이 임명되었던 것을 볼 수 있다.

다음 표를 보면 을파소를 제외하고 국상들이 대체로 자기를 임명하였던 왕을 위하여 많은 기간 일한 것을 볼 수 있다.

[표 9] 왕과 국상의 재임 기간 비교

왕명	재위 기간	국상명	재임 기간	임명한 왕을 위해 재임한 기간
신대왕	14년 2월	명임답부	13년 8월	13년 8월
고국천왕	17년 5월	을파소	12년 4월	6년 1월
산상왕	30년	고우루	26년 11월	23년 9월
동천왕	21년 4월	명임어수	23년 9월	18년 2월
중천왕	22년 1월	음우	17년 3월	16년 6월
서천왕	21년 2월	상루	23년	20년 3월
봉상왕	8년 9월	창조리	?	6년

고구려의 경우 1국왕 1국상의 성격을 강하게 지녔던 것을 알 수 있다. 국상은 후일 대대로와 비교된다. 대대로는 국사를 총괄하여 다루었는데 3년에 1교대를 하였으며 그 직에 올라갈 수 있는 자가 있으면 연한에 구애되지 않았는데 교체하는 날 승복하지 않으면 군대를 동원하여 서로 공격하여 이긴 자가 대대로가 되었다. 그때 왕은 궁문을 걸어 닫고 지켰으며 그것을 제어하지 못했다고 한다.[12] 대대로가 존재하였을 때 국왕의 권력

이 국상이 존재했을 때보다 약했던 것이 아닌가 생각될 수도 있으나 단정하기는 어렵다.

좌보 · 우보를 고쳐 국상으로 만든 것은 무엇 때문일까? 좌보 · 우보를 임명하던 시대 말기에 이르면 나부의 세력들이 그 자리를 차지하기도 했다. 군신 집단에 나부 세력들이 들어가게 된 것을 의미한다. 시간이 지나며 나부 세력들이 중앙정계에 진출하여 정치적 힘을 키운 것을 볼 수 있다. 나부 세력들 중에는 왕비를 배출하여 그 세력을 키우기도 했다. 왕비를 배출한 세력 중에는 반란을 일으킨 세력도 있다.

국상에 임명된 자들을 보면 명임답부나 창조리와 같이 국왕을 제거하고 그 지위를 가진 세력도 있다. 그러나 국상은 국왕에 충성을 바쳤으며 왕권 강화에 앞장선 것을 볼 수 있다. 국상이 왕을 제거한 것은 왕이 왕으로서의 정당성을 잃었을 때였다. 국상이 임명될 때 국상의 지위는 보다 행정적인 면에서 강화되었다. 그리고 명임답부가 죽었을 때 7일 동안 파조하고 예장을 하였으며 수묘 20가를 둔 것을 볼 수 있다.

3. 좌보 · 우보와 국상제의 특성

앞에서 고구려 전기 최고의 관직에 대하여 보았다. 유리명왕 22년(기원후 3년)에 대보라는 관직이 설치되어 있었다. 우보는 대무신왕 8년(25)에 처음 임명되었고, 좌보는 대무신왕 10년(27)에 처음 설치되었다. 국상은 신대왕 2년(166)에 설치되었다. 고구려 최고의 관직이 바뀐 것을 볼 수 있다. 여기서 최고의 관직을 통하여 크게 세 개의 시기를 나눌 수 있다.

---

12 『구당서』 199, 동이 고려 조.

첫째, 주몽 집단이 고구려 소국을 형성한 이후 대무신왕 8년 우보가 설치되기 전까지의 기간이 있다. 둘째, 우보와 좌보를 설치한 후 국상이 설치되기 전까지의 기간이 있다. 셋째, 국상이 설치된 신대왕 2년부터 봉상왕(292~300)까지의 기간이 있다.

먼저 우보가 설치되기 이전 시기의 정치조직 중 최고의 관직은 대보였을 가능성을 생각할 수 있다. 대체로 졸본에 도읍을 유지하던 시기, 정치조직에서 대보가 설치되었다고 볼 수 있으나 자료의 부족으로 더 이상 다루기는 어렵다.

우보와 좌보가 설치된 시기가 있다. 이 시기는 다시 둘로 나눌 수 있다. 하나는 국내 천도 후 왕경인을 중심으로 좌보 · 우보를 임명하던 시기다. 이 기간 동안 고구려는 예맥 지역의 나(那)들을 병합하여 나부로 만들었다. 그리고 개마국 · 구다국 등 예맥 지역 밖의 소국들과 동옥저까지 병합하였다. 이 시기 고구려의 토지와 인민이 크게 늘어났다. 자연, 왕정의 확대가 필요하였다. 이 기간 동안 그러한 이유로 고구려에 정복된 나부 세력들이 중앙 정계에 등장하였던 것이 사실이다. 그러나 그들이 최고의 관직인 좌보와 우보를 차지한 것은 아니었다.

다른 하나는 나부 출신 인물들이 중앙 정계에 진출하여 왕정에 참여하고 좌보와 우보가 된 시기가 있다. 태조대왕 80년(132) 수성을 도와 그를 왕으로 삼으려는 집단이 나타났다. 그들은 모두 관나부 · 환나부 · 비류나부와 같은 나부 출신들이었다. 그들 나부 세력들은 차대왕(146~165)이 즉위한 후 좌보와 우보 그리고 중외대부까지 차지했다. 어떤 면에서 차대왕대는 나부 세력들이 중앙의 왕정에 참여한 시대가 된 것이다. 그것은 차대왕이 태조대왕의 직계를 물리치고 왕위를 계승하는 과정에 나부 세력들의 힘을 빌렸기 때문일 것이다.

다음 국상이 설치된 시기를 보자. 국상은 좌보와 우보로 운용되던 신료

조직에 변화가 생긴 것을 의미한다. 국상은 어떤 면에서 좌보나 우보보다 행정적인 측면이 강한 관직이었다고 여겨진다. 그들은 나부와 연관이 되더라도 왕을 위해 충성을 바치는 존재들이었다. 최초의 국상인 명임답부는 차대왕을 죽인 인물로 신대왕을 즉위케 한 제일의 공신이었다. 그런가 하면 을파소는 왕경인으로 왕정을 담당할 능력을 가졌기에 국상으로 임명되었고 그에 대하여 반발하는 조신과 국척들을 왕이 제압하였던 것을 볼 수 있다. 을파소는 왕의 강력한 지원을 받아 왕정을 맡았던 것이다. 1왕 1국상제를 운용하므로 국상의 지위가 강화되었고, 이는 나아가 왕의 권력을 강화하는 기능을 했다.

미천왕(300~331) 이후 고구려의 최고 관직에 대한 자료는 사료편차 상의 문제로 인하여 찾아볼 수 없다. 여하튼 고구려 전기 최고 관직은 왕정의 강화와 짝하여 변동된 것을 볼 수 있다.

여기서 고구려 최고의 관직인 좌보·우보와 국상을 통하여 〈모델 2〉에서 말하는 5부 체제가 성립할 수 없다는 사실을 분명히 밝힐 수 있다. 관학파들이 발명해낸 고구려의 5부 체제가 맞는 이야기라면 고구려에는 5부만 있어야 하였고, 각 부의 장들은 정치적으로 동등한 지위를 가졌어야 했다. 그런데 위에서 중앙정부조직에 대하여 본 바 5개 부(실제는 나부)만 있었던 것도 아니었고 부의 지배자들이 모두 동등한 정치적 지위를 가졌던 것도 아니었다. 고구려는 주몽의 후손들이 왕위를 대대로 이었으며 나부는 고구려왕국에 정복당한 나(那)들을 제후적인 존재로 편제하여 나부를 만든 것을 알 수 있다. 그러한 나부의 세력들은 차대왕 이후 중앙 정계에 진출한 것이 사실이다. 그러나 나부의 세력들은 어디까지나 고구려왕의 지배를 받던 존재였을 뿐이다. 이러한 사실을 무시하고 발명된 〈모델 2〉의 부체제설은 처음부터 문제가 있는 것이 아닐 수 없다.

제2절
고구려 초기의 중앙정부조직

고구려사에 대한 해명은 여러 학자들에 의하여 이루어졌다. 그러면서도 고구려사에 대한 해명이 충분히 되었다고는 하기 어렵다. 그러한 문제들 중 고구려 초기 중앙정부조직에 대한 것도 있다. 지금까지 이에 대한 연구가 없는 것은 아니다. 그러나 그와 같은 연구들은 대체로 『삼국지』에 나오는 관제에 대한 해명에 힘을 기울인 것들이라 하겠다. 그런데 『삼국지』가 가지는 자료로서의 한계로 인하여 종래의 연구들은 고구려 초기 중앙정부조직에 대하여 옳게 정리할 수 없었다. 여기서 필자는 『삼국사기』 「고구려본기」에 나오는 봉상왕(292~300)까지의 기록에 주목하여 보았다.[13]

필자는 국초부터 봉상왕까지의 고구려 전기 중앙정부조직에 대한 다음과 같은 몇 가지 문제를 밝혀보고자 한다. 첫째, 당시 군신 집단의 존재와 그 정치적 기능 그리고 그 구성원들의 출신에 대하여 알아볼 것이다. 둘째, 중앙정부에서 왕을 도와 정치를 행하던 사람들이 가졌던 관직에 대하여 알아보겠다. 그런데 당시 왕을 둘러싸고 행정 관료들만이 있었던 것은 아니다. 따라서 그밖에 왕족, 왕비족들과 관련된 관직을 비롯하여 일자(日者) · 사무(師巫) 등의 집단에 대한 문제도 아울러 정리할 것이다. 셋째, 『삼국지』에 나오는 관제에 대한 기록을 『삼국사기』에 나오는 기록과 비교 · 검토하여 그 실체를 파악하기로 한다. 넷째, 위와 같이 검토한 바를

13 『삼국사기』의 봉상왕에 이어 왕위에 오른 미천왕(300~331) 이후의 기록은 주로 중국과의 관계를 다루고 있다. 따라서 그러한 기록을 가지고는 중앙정부조직에 대한 해명을 하기 어렵다.

토대로 하여 고구려 전기 중앙정부조직의 구성과 그 특성에 대하여 알아볼 것이다.

필자는 위와 같은 문제를 정리함으로써 고구려 전기 정부조직이 어떻게 조직화 · 계열화 · 분화되어 나갔는지 살펴보고자 한다. 특히 『삼국사기』에 나오는 인물들에 대한 기록을 중심으로 하고 『삼국지』의 기록을 보충하여 정리할 경우 지금까지의 어느 연구보다도 당시의 정부조직에 대한 해명을 생생하게 정리할 수 있을 것으로 본다.

1. 『삼국사기』 「고구려본기」의 군신(群臣) 관계 기록에 대한 검토

『삼국사기』 「고구려본기」 중 미천왕 즉위조까지의 기록에 나오는 군신에 대한 자료를 주목하겠다. 군신에 대한 17개의 기록들은 거의 왕과 관련 하에 나타나고 있는 것을 볼 수 있다. 그러면 왕과 군신들은 어떠한 관계에 있었을까?

첫째, 대외관계에 대한 문제의 해결책을 왕이 군신들에게 묻는 장면이 나오고 있다. 유리왕 11년(기원전 9년)에는 선비, 유리왕 28년(기원후 9년)과 대무신왕 3년(20) 그리고 대무신왕 5년(22)에는 부여, 대무신왕 11년(28)과 신대왕 8년(172)에는 한(漢), 봉상왕 5년(296)에는 모용씨 등에 대처하기 위한 방안을 군신들이 모인 자리에서 논의하는 것을 볼 수 있다. 둘째, 군신들은 왕의 정치에 대하여 간언을 하였던 것을 볼 수 있다(봉상왕 7년, 298). 셋째, 이들 군신들은 왕(민중왕 5년, 8)과 왕비(동천왕 8년 234)의 장례에 관여한 바 있다. 넷째, 군신들은 왕위 계승에도 관계되어 있었다. 그들은 태자를 세우도록 청한 바 있고(신대왕 12년, 172), 산상왕을 즉위케 하는데 관여

했으며(산상왕 즉위조, 197), 봉상왕을 몰아내고 미천왕을 즉위케 한 바 있다(봉상왕 9년, 미천왕 즉위조, 300). 한편 왕은 이들 군신들을 위하여 연회를 베풀기도 했다(민중왕 2년, 45).

이에 군신들의 정치적 활동에 대하여 어느 정도 알 수 있게 되었다고 본다. 군신들은 왕과 자리를 같이하여 직접 국정 전반에 대한 문제를 논의할 수 있던 위치에 있던 신료들이다. 여기서 왕이 주재하며 군신들로 이루어진 군신회의의 존재를 인정할 수 있다.

그런데 군신에 대한 사료들을 보면 군신 중 우보 · 좌보 · 국상이 있었던 것으로 나오고 있다. 실제로 대무신왕 11년(28) 요동태수가 군대를 이끌고 쳐들어왔을 때 왕이 군신을 모아 전쟁을 하여 지키는 계책을 물었을 때 우보 송옥구, 좌보 을두지가 계책을 올린 것이 보인다. 국상으로 있던 명임답부와 을파소도 군신으로 나오고 있다. 봉상왕을 폐위시키는 과정에 국상 창조리도 "국상과 더불어 군신"으로 나오고 있으나 국상이 군신의 한 사람이었던 것은 사실이다. 봉상왕이 모용괴의 침입에 대한 대응책을 군신에게 물었을 때 국상 창조리가 해결책을 제시한 일이 있다. 결국 왕이 주재하는 군신회의에 우보 · 좌보 · 국상은 군신들의 우두머리로 활약한 것을 알 수 있다. 그와 같은 군신 집단에는 일정한 조직과 체계가 있었던 것을 생각할 수 있다.

신라의 경우에도 군신회의가 있었다. 『당서』 신라 조에는 "일이 있으면 반드시 무리와 의논하였는데 화백이라 이름하였다. 한 사람이라도 다르면 그만두었다"고 한다. 이것이 화백회의의 근거다. 신라의 화백회의에 대한 기록은 중국 사서에만 나온다. 그렇더라도 신라에는 군신회의가 있었던 것은 사실이다. 적어도 내물왕 이후에는 대등을 구성원으로 하는 군신회의가 있었다. 법흥왕 18년(531)에는 상대등 직을 설치하였다. 상대등은 대등들의 우두머리였던 것이다. 신라의 경우 군신회의가 발전해나간 것을 알 수 있다.

고구려의 군신회의도 발전하여 나갔을 것이다. 그런데 고구려는 소수림왕 2년 율령을 반포하여 정치체제도 정비하였다. 고구려 전기의 군신회의에 대한 해명은 율령 반포 시 정비된 정치조직의 기원을 파헤치는 작업이기도 하다.

고구려 전기 군신회의에 참여하던 집단을 보기 위하여 『한원』「번이부」 고려조를 주목할 수 있다. 『한원』은 7세기 후반 당나라의 장초금(張楚金)이 찬하였고, 옹공예(雍公叡)가 주를 단 책이다. 그 안에 토졸·태대형·울절·대부사자·조의두대형의 5관이 기밀을 장악하고 정사를 의논하고 병정을 징발하고 관작을 가려주었던 것으로 나온다. 『한원』의 기록이 후대의 것이라 고구려 전기의 사정을 이야기하는 데에는 문제가 있다. 실제로 고구려 전기에 5관이 모두 설치된 것은 아니었다. 그렇더라도 일정한 관직을 차지한 자들이 군신회의에 참석하고 국정을 처리했을 것이다.

그러면 고구려 전기 군신회의의 성원은 몇 명이나 되었고, 그 시대적 변화는 어떤 것이었을까? 신라의 경우 대등들이 군신회의의 성원이었다고 여겨진다. 물론 대등회의도 상황에 따라 실제 모이는 대등들의 수는 일정한 것은 아니었을 것이다. 그것은 회의 장소가 어디인가에 따라 달라질 수도 있었다. 현재 고구려 전기 군신 집단의 수가 얼마였는지는 단정할 수 없다. 다만 고구려 전기 군신 집단의 수는 그 수가 신라 중고시대의 대등 집단보다 많지는 않았을 것으로 여겨진다.

여기서 관심을 끄는 사실은 군신 집단에 속할 수 있는 사람들의 출신에 대한 것이다. 기원전 3세기 후반 언제인가 고구려 소국이 형성될 때 압록강 중·상류 지역에는 예맥이라는 소국연맹체가 형성되어 있었다. 고구려는 그러한 소국연맹의 한 소국으로 국가를 형성했던 것이다. 소국 고구려는 이웃한 곳의 송양왕이 다스리던 소국을 부용하였고 병합하였다. 그 후 고구려는 예맥 소국들을 병합해나갔다. 예맥의 소국들은 비류국이라고도 불렸지만 비류나라고도 했다. 독립 소국으로서의 나(那)는 고구려에 정복된 후 비류나부와 같이 나부(那部)로 되었다. 고구려 전기에 나부의 세력들이 중앙 정계에 등장하여 군신회의의 구성원이 된 것을 볼 수 있다.

한나라의 무제는 기원전 107년 현토군을 설치하고 그 군치로 고구려현을 설치했다. 현토군을 설치하기 전에 고구려는 이미 일정지역의 정치적 중심이 되었던 것이다. 고구려는 그 이전에 이미 송양왕이 다스리던 비류나(비류국)를 부용하였고 나아가 병합하였다. 그러한 고구려를 현토군의 군치로 삼았던 것이다. 그것이 제1고구려현이라 하는 것이다. 기원전 75년 고구려의 정치세력들은 고구려현을 축출하였다. 단정하기는 어려우나 그때 현재 요령성 신빈현 지역으로 옮겨간 고구려현을 제2고구려현이라 부르는 것이다.

기원전 107년 이후 고구려는 이웃한 예맥 지역의 소국들을 활발하게 정복해나갔다. 그 결과 고구려의 토지와 인민은 크게 늘어났다. 고구려는 원래 계루(桂婁)라고 불렀을 것이다. 한편 고구려가 정복한 예맥 지역의 소국들은 원래 나(那)를 칭했다. 그러한 나(那)들 중 일찍이 소국 고구려에 병합된 나들이 환나(桓那)·관나(貫那)·비류나(沸流那)·연나(椽那) 등이 있었다. 그밖에도 주나·조나 등도 있었다. 현재 백두산에서 발원하는 압록강의 중·상류지역에 몇 개의 나(那 또는 소국)가 있었는지는 알 수 없다.

태조대왕 4년(56) 7월 동옥저를 정벌하고 그 토지를 빼앗아 성읍으로 삼으니 동쪽으로 창해까지 남쪽으로 살수까지 경계를 넓혔다.[14] 당시 고구려는 예맥의 땅을 모두 차지한 것은 아니었던 것 같다. 실제로 태조대왕 20년(72) 관나부 패자 달고를 보내 조나를 정벌하고 그 왕을 포로로 하

14 『삼국사기』 15, 고구려본기 3, 태조대왕 4년.

였다. 태조대왕 22년(74)에는 왕이 환나부 패자 설유를 보내어 주나를 정벌하고 그 왕자 을음을 포로로 하였다. 여기서 고구려의 예맥 지역 소국 병합은 동옥저를 정벌한 후에도 이어진 것을 알 수 있다.

그런데 주목되는 사실은 태조대왕이 관나부와 환나부 세력을 동원하여 조나와 주나를 정벌한 것이다. 고구려 소국인 계루의 왕은 고구려가 정복하였던 관나부와 환나부를 동원하는 위치에 있었던 것이다. 결국 고구려는 정복한 나(那)를 나부로 만들고 나부의 세력을 지배했던 것이다. 그러한 나부의 세력들이 중앙정계에 진출하여 신료가 되는 일이 벌어졌다. 태조대왕 80년(132)에 있었던 하나의 사건을 주목할 수 있다.

그 해 7월 태조대왕의 동생이라고 하는 수성이 왜산에 사냥하러 나가 측근의 신하들과 잔치를 베풀었다. 그때 관나부 우태 미유와 환나부 우태 어지류 그리고 비류나부 조의 양신 등이 수성에게 몰래 말하기를 태조대왕이 양위할 생각이 없으니 왕위를 빼어야 한다고 했다. 물론 수성은 왕위를 잇는데 적자로 하는 것이 천하의 떳떳한 도리라 하며 태조대왕은 비록 늙었으나 적자가 있으니 어찌 감히 왕위를 엿보겠는가 했다. 그때 좌보 패자 목도루는 수성이 딴마음을 품고 있는 것을 알고 벼슬을 그만두었다. 태조대왕 94년(146) 7월 수성은 왜산 밑에 사냥 나가 측근들에게 자기의 나이가 먹을 만큼 먹었기에 그대로 기다릴 수 없다고 하며 일을 도모해주기 바란다고 했다. 그 해 12월에 왕이 동생에게 왕위를 물려주고 별궁에 물러나 태조대왕이라 일컬었다. 태조대왕은 차대왕 20년(165) 3월 별궁에서 세상을 떠났는데 나이가 119세였다고 한다.

여기서 주목되는 사실은 차대왕 즉위 후 앞에 이야기한 세 사람이 모두 중앙 정계에 등장한 사실이다. 차대왕 2년(147) 2월 관나부 패자 미유를 좌보로 삼았다. 7월에는 환나부 우태 어지류를 좌보로 삼고 작을 대주부로 삼았다. 10월에는 비루나부 양신을 중외대부로 삼고 작을 우태로 삼았다. 이들 세 사람은 모두 왕의 옛 친구들이었다.

그들 나부 출신 세력들이 언제부터 중앙정계에 진출했는지 확실치 않다. 147년 나부 출신 세력들이 좌보 · 우보 · 중외대부의 관직을 차지하였을 때는 분명 나부 세력들의 중앙정계 진출 사실이 확인된다. 132년 수성과 함께 왜산에 사냥 갔던 세 사람이 중앙정계에 진출한 상황이었는지 아니면 나부의 세력이었지만 개별적으로 수성을 수행한 것인지 확실치 않다. 다만 추측을 하자면 그 이전부터 나부 세력들은 중앙 정계에 진출하여 군신 집단의 구성원이 되었는데 좌보 · 우보 · 중외대부와 같은 높은 관직은 차지하지 못하였던 것으로 생각된다.

그들 나부 세력들이 중앙정계에 진출하기 시작한 시기를 생각할 수는 없을까? 유리왕 22년(기원후 3년) 국내(國內)로 천도하고 위나암성을 쌓았다. 그 무렵 고구려는 예맥 지역의 여러 소국인 나(那)들을 정복하고 나부(那部)로 삼았던 것으로 여겨진다. 이 같은 생각이 가능하다면 1세기 초부터 나부 세력들의 중앙정계 진출이 이루어진 것으로 볼 수도 있다. 사실 고구려의 건국이 기원전 3세기 후반에 이루어졌고 이웃한 소국인 나(那)를 병합한 것이 기원전 2세기 현토군의 설치 이전에 이루어졌다고 하면 나부의 설치는 훨씬 올라간다. 송양왕이 다스리던 비류나(비류국)를 정복한 것이 그 예다. 비류나를 정복한 고구려는 비류나부로 만들고 그 왕 송양을 다물도주로 삼았다. 그것은 고구려가 정복한 소국을 일종의 제후국적인 존재로 만든 것을 의미한다. 그러한 고구려는 일찍이 제후국으로부터 일정한 세력들이 중앙정계에 불러들였던 것으로 볼 수 있다. 고구려의 피정복국 세력들이 중앙정계에 진출한 것은 일찍부터 있었던 일이었다.

2세기에 들어선 후 피정복 소국인 나부들의 세력들이 중앙정계에 진출하는 현상이 두드러지게 나타났다. 특히 수성의 왕위 계승과 관련하여 그들 나부 세력들이 하나의 정치세력을 형성하고 차대왕(수성)의 즉위를 도왔던 것을 볼 수 있다. 그 이후 관나부 · 환나부 · 비류나부 출신 세력들의 중앙정계 진출이 두드러지게 나타났다. 이는 그 이전 소국 고구려 계통의 세력들과 더불어 군신회의의 주요 세력으로 나부 세력이 자리 잡게 된 것을 의미한다.

여기서 나부 세력의 동향을 주목할 수 있다. 명임답부를 예로 들겠다. 차대왕 20년(165년) 10월에는 연나부 조의 명임답부가 백성들이 차대왕의 지배를 견디지 못함을 이유로 왕을 죽이고 호를 차대왕으로 한 것[15]을 볼 수 있다. 명임답부는 차대왕의 뒤를 이어 왕위에 오른 신대왕 2년(166) 국상이 되었다. 국상은 좌보와 우보를 고쳐 만든 최고의 관직이었다. 나부의 세력이 고구려 최고의 관직을 차지한 것이다. 신대왕 8년(172) 11월 한나라의 대군이 쳐들어왔을 때 명임답부가 계책을 내어 물리쳤다. 그 공으로 왕은 명임답부에게 좌원과 질산을 내려 식읍으로 삼은 일이 있다.[16] 신대왕 15년(179) 9월 국상 명임답부가 죽었는데 그때 나이가 113세였다. 왕이 친히 가서 슬퍼하고 조회를 이레 동안이나 중지했다. 예를 갖추어 질산에 장사 지내고 수묘 20가를 두었다.[17] 명임답부와 관련된 이러한 기록을 보면 연나부 명임답부는 중앙 정계에 진출하여 왕을 죽이고 새로운 왕을 즉위시킨 공으로 국상이 되었던 것을 알 수 있다. 그 후 명임답부는 연나부를 넘어 중앙 세력으로 자리 잡은 것을 생각할 수 있다. 이는 중요한 의미를 가지는 사건이다.

그런데 나부 세력들은 일찍부터 왕비를 배출하였다. 유리명왕 2년(기원전 18년)에는 다물후 송양의 딸을 왕비로 삼은 바 있다.[18] 고국천왕 대에도

---

15 『삼국사기』 15, 고구려본기 3, 차대왕 20년.
16 『삼국사기』 16, 고구려본기 4, 신대왕 8년.
17 『삼국사기』 16, 고구려본기 4, 신대왕 15년.
18 『삼국사기』 13, 「고구려본기」 1, 유리명왕 2년.

나부 세력이 왕비를 배출한 것을 볼 수 있다. 고국천왕 2년(180) 2월 왕비 우 씨를 세워 왕후로 삼았다. 왕후는 제나부 우소의 딸이었다.[19] 나부 세력들은 단순히 중앙 정계에 진출하여 군신 집단이 된 것이 아니라 왕비까지 배출한 것을 알 수 있다. 왕비를 배출한 연나부 세력은 고국천왕 12년(190) 왕후의 친척으로 나라의 세력을 잡고 있던 중외대부 패자 어비류와 평자 좌가려 등이 그 자제들과 함께 세력을 믿고 교만하고 사치하여 남의 밭과 집을 빼앗으므로 국인들이 원망하고 분개했다. 왕이 이것을 듣고 그들을 죽이려 하니 좌가려 등이 4연나와 더불어 모반을 했다.[20] 그 이듬해 4월 좌가려 등이 무리를 모아 왕도로 쳐들어오니 왕이 기내의 병마를 모아 이를 평정하였다.[21]

나부 세력이 대를 이어 중앙 정계에 진출하게 되며, 시간이 한참 지난 후에는 그들 나부의 세력은 점차 왕경의 세력으로 되었던 것으로 헤아려진다. 그들 나부 출신 세력들은 왕경의 동부 · 서부 · 남부 · 북부와 같은 4부에 살며 그들의 출신을 나타내는 장치로 그와 같은 4부가 사용되었다.

왕비의 친척인 좌가려 등의 반란 이후 중앙 정계에는 새로운 세력이 등장하고 있는 것을 볼 수 있다. 고국천왕 13년(190) 반란을 진압한 왕은 근래에 관직을 총애로 주고 관위는 덕으로 나가지 않게 되며 그 해독이 백성에게 미치고 우리 왕가를 동요시켰으니 이는 자신의 잘못이라 하며 4부에게 명하여 현량한 사람을 천거하도록 했다. 4부는 동부의 안류를 천거했고 안류는 서압록곡 좌물촌의 을파소를 천거했다. 을파소는 유리왕대의 대신 을소의 후손이었다.

고국천왕은 사자를 보내 겸손한 말과 후한 예로써 을파소를 맞이하여

---

19 『삼국사기』 16, 고구려본기 4, 고국천왕 2년.
20 『삼국사기』 16, 고구려본기 4, 고국천왕 12년.
21 『삼국사기』 16, 고구려본기 4, 고국천왕 13년.

관직을 중외대부로 하고 관위를 우태를 하려했다. 을파소는 나라에 몸을 맡기고자 했으나 받은 관직이 제사(濟事), 즉 일을 처리하기에 부족하다고 생각하여 사양을 했다. 왕이 그 뜻을 알고 국상을 제수하여 정사를 맡게 했다. 그때 조신과 국척들이 을파소를 미워했는데 왕이 명령을 내려 귀천을 가릴 것 없이 국상에게 복종하지 않으면 그들을 멸족하겠다고 했다. 이에 을파소는 지성으로 나랏일을 돌보고 정교를 밝히고 상벌을 신중히 하니 인민이 편안해지고 내외가 무사하게 되었다고 한다.[22]

을파소는 나부 출신은 아니다. 오히려 왕경 출신으로 소외되었던 세력이다. 그는 능력을 가지고 국상이 될 수 있었던 것이다. 이는 고구려 중앙 정계에 새로운 유형의 지배세력이 등장한 것을 의미한다. 즉 고구려 소국 이래의 지배세력도 아니고, 소국 정복 후에 중앙정계에 등장한 나부 세력도 아닌 제3의 세력이 등장한 것을 보여준다. 이 무렵 나부 세력으로 중앙 정계에 진출하였던 세력들도 점차 왕경 4부에 거주하며 왕경 세력으로 되어갔다.

2. 중앙정부의 관직

고구려 전기 중앙정부의 관직은 처음부터 완비된 것이 아니었다. 시간이 지나며 고구려 왕국의 정복사업이 활발해지고 늘어난 토지와 인민을 지배하기 위한 정부조직이 확대 · 발전되었다. 그 중 관직도 점차 늘어났고 조직화 · 체계화되어 나갔다.

『삼국사기』「고구려본기」에는 고구려 전기의 관직에 대한 해명을 할 자

22 『삼국사기』 16, 고구려본기 4, 고국천왕 13년.

료들이 많지 않다. 유리명왕 22년(기원후 3년)에 나오는 대보(大輔)가 그 하나다. 그리고 대무신왕 8년(25)에 설치된 우보와 대무신왕 10년(27)에 설치된 좌보가 있다. 그런데 대보 · 우보 · 좌보 설치 이전에 고구려의 지배세력 편성에 대한 문제를 볼 수 있다. 첫째, 주몽이 북부여를 떠날 때 함께 이주했다고 하는 오이 · 마리 · 협보 등의 3인이 있다.[23] 둘째, 주몽의 남하 도중 만났다고 하는 재사 · 무골 · 묵거의 3인이 또 있다. 이들 3인으로 상징되는 세력은 주몽이 이주하여 소국 고구려를 세우기 전에 그곳에 자리 잡고 있던 정치세력일 수도 있다.[24] 셋째, 주몽 세력이 남하하여 소국 고구려를 세운 후 포섭한 세력들이 있다. 유리명왕 21년(기원후 2년) 9월 왕이 국내의 지세를 보고 돌아오는 길에 사물택에서 한 장부를 만났는데 신하가 되기를 원하여 허락하고 이름을 사물, 성을 위(位) 씨로 삼았던 일이 있다.[25] 위사물이라는 사람은 토착 세력으로 주몽에게 귀부한 세력이라고 생각된다. 우리에게 주어진 자료에는 그러한 사람들의 관직이 어떤 것인지 알 수 없다. 그렇더라도 고구려 소국에서는 그러한 세력들에게 일정한 지위를 주었을 것이다.

한편 고구려를 세운 후 주몽은 비류수의 상류 쪽에 있는 비류국에 가서 송양왕과 재주를 겨루어 승리하고 부용으로 삼았다고 한다.[26] 그 이듬해에는 송양이 나라를 들어 항복하자 그 땅을 다물도(多勿都)로 삼고 송양을 다물도주(多勿都主)로 삼았다. 다물(多勿)은 고구려말로 옛 땅으로 돌아온다는 의미다.[27] 송양이 다물도주가 되며 비류국(비류나)은 비류나부로 되

23 『삼국사기』 13, 「고구려본기」 1, 시조 동명성왕 즉위조.
24 『삼국사기』 13, 「고구려본기」 1, 시조 동명성왕 즉위조.
25 『삼국사기』 13, 「고구려본기」 1, 유리명왕 21년.
26 『삼국사기』 13, 「고구려본기」 1, 시조 동명성왕 즉위조.
27 『삼국사기』 13, 「고구려본기」 1, 시조 동명성왕 2년.

었다. 여기 나오는 다물도주는 제후국의 제후에 해당하는 존재였다. 그러한 사정은 유리왕 2년(기원전 18년) 7월 다물후(多勿侯) 송양의 딸을 맞아 왕비로 삼았다는 기록을 통해 생각할 수 있다. 다물후는 다물의 제후로 해석할 수 있기 때문이다. 제후라 할 수 있는 다물도주(다물후) 송양은 고구려 중앙 정계에 진출하지는 않았다.

한편 고구려의 왕은 나부의 세력을 왕으로 삼기도 했다. 대무신왕 5년(22) 7월 부여 왕의 사촌동생이 1만 명을 거느리고 고구려에 와서 의탁하자 왕은 그를 봉하여 왕으로 삼고 연나부에 안치하고, 그의 등에 힘줄 무늬가 있으므로 낙 씨라는 성을 내렸다.[28] 여기서 말하는 왕은 고구려의 왕과 달리 하나의 소국 정도의 왕을 지칭하며 일종의 제후로서 대우한 것을 생각할 수 있다.

시간이 지나며 그러한 지방의 제후적인 존재들이 중앙 정계에 진출하게 되었다. 특히 나부 출신들의 활동이 눈에 띄는 것은 태조대왕 대부터였다. 차대왕의 즉위를 도운 관나부의 우태 미유, 환나부의 우태 어지류, 비류나부 조의 양신 등은 그 예가 된다.

고구려에 정복된 소국(那)의 세력이 고구려 중앙정부에 진출한 것이 언제인지는 알 수 없다. 그러나 기원전 75년 현토군을 축출한 후 소국 정복을 활발하게 전개한 고구려로서는 지속되는 정복 활동을 위해서도 새로운 세력들의 공급이 지속적으로 필요했을 것이다. 예컨대 관나(貫那)와 같은 피정복 소국을 관나부(貫那部)와 같은 나부로 편제하며 그 지배자를 다물도주로 삼았고 또 다른 세력들을 고구려 조정에 불러들여 신료로 삼기 시작하였던 것을 생각할 수 있다. 여기서 말하는 다물도주는 일반 명사화한 것이다. 그들 나부 출신 신료들이 왕위 계승에 참여하여 태조대왕을

28 『삼국사기』 14, 「고구려본기」 2, 대무신왕 5년.

몰아내고 수성을 왕으로 삼는 데 기여한 바 있다.

고구려 왕정을 담당한 중앙정부의 신료를 세 부류로 나눌 수 있다. 첫째, 원래 고구려 소국의 지배세력들이다. 둘째, 나부 출신으로 왕정의 신료로 된 집단이다. 셋째, 위의 두 범주에 들지 않는 세력으로 왕의 신료가 된 세력들이 있다. 고구려의 조정에 들어가 신료가 되어 왕정을 분담하게 된 그러한 세력들에게는 일정한 직이 주어졌다. 그것을 관직이라 하는 것이다. 관직은 제사(濟事), 즉 왕정의 업무를 수행하는 직책이다. 왕정을 나누어 맡았던 신료들은 관직을 가짐으로 일을 할 수 있었던 것이다. 그런가 하면 그러한 관직을 가졌던 신료들에게는 일정한 보수가 주어졌다. 그러한 보수를 주는 기준이 관위다. 당시 관위는 관등이라고도 부를 수 있는데 관직과 더불어 관위도 만들어져 운용되었다. 물론 고구려의 경우도 그 처음에는 관직과 관위가 미분화된 상태도 있었다고 여겨진다.

여기서 고구려 전기의 관직에 대하여 자세히 보자. 처음 보이는 관직은 대보(大輔)다. 유리왕 22년(3) 국내 천도를 한 후 그해 12월에 왕이 질산 북쪽에 사냥을 나가 닷새 동안 돌아오지 않았다. 그에 대해 대보 협보가 간하기를 왕이 새로 도읍을 옮겨 백성들이 안정되지 않았으니 왕은 형정에 부지런해야 하는데 왕이 사냥에 분주하여 오래도록 돌아오지 않으니 허물을 고치지 않는다면 정치가 문란해지고 백성들이 흩어져 선왕의 왕업이 땅에 떨어지지 않을까 두렵다고 했다. 왕은 크게 노하여 협보의 관직을 파하여 관원을 돌보는 직을 맡게 했다. 협보는 분격하여 남한으로 가버렸다.[29] 여기 나오는 대보는 중앙의 신료에게 주어진 관직 중 처음 나오는 기록이다. 과연 당시 대보라는 관직이 이름 그대로 대보였는지 아니면 고구려인들이 부르던 이름이 따로 있었는지 알 수 없다.

29 『삼국사기』 13, 「고구려본기」 1, 유리명왕 22년.

대보가 존재할 때 고구려 중앙정부의 신료들은 왕을 중심으로 구성된 군신 집단에 속했을 것이다. 당시 신료들의 능력에 따라 왕정을 분담하여 처리했을 것으로 보인다. 다만 제도화되고 정비된 관직제가 아직 만들어지지 않았던 것을 생각할 수 있다. 더욱이 관위나 관부는 미발달 상태였을 것이다. 모든 정책은 왕이 중심이 되어 결정되었고 군신들이 능력에 따라 그러한 왕정을 분담하여 처리하였을 것이다.

고구려의 관직이 구체적인 모습을 나타내는 것은 우보 · 좌보를 설치하면서부터였다. 이제 고구려 전기의 관직에 대하여 보자. 이를 위하여 『삼국사기』「고구려본기」에 나오는 인물들을 뽑아보았다. 구체적인 인명이 없더라도 관직 · 관위 · 출신에 대한 기록이 있는 경우 다음 쪽의 [표 10]에 수록하였다.

위에 나오는 인물 중 지방 세력 또는 지방관에 해당하는 사람들을 제하면, 나머지는 크게 두 부류로 나뉜다. 하나는 좌보 · 우보 · 국상 · 중외대부이고, 다른 하나는 고추가 · 양국군 · 안국군 · 부마도위 등이다.

먼저 왕의 신료로서의 성격이 강한 전자에 대하여 살펴보자. 필자는 이미 좌보 · 우보 · 국상에 대하여 살펴본 바 있다.[30] 을두지는 우보에서 좌보로 승진하였다. 그리고 신대왕 2년(166)에는 좌보와 우보를 없애고 국상을 새로 설치했다. 이들 좌보와 우보 그리고 국상은 최고의 관직이었다.

우보 을두지가 군국의 정사를 맡았고, 을파소가 국상에 임명되며 정사를 맡았다. 한편 좌보 · 우보나 국상은 정치적인 문제에 대하여 의견을 제시하고 있는 것도 보인다. 고구려 정치체제에서 중요한 비중을 차지하였던 군신회의에서 좌보 · 우보 · 국상은 군신의 대표로서의 지위도 차지했

30 이종욱, 「고구려 초기의 좌 · 우보와 국상」, 『전해종박사 화갑기념 사학논총』, 1979, pp. 485~513.

[표 10]『삼국사기』에 나오는 고구려 전기 신료 일람표

번호	인명	취임 연월	퇴임 연월	관직	관위	출신	성	기타
1	송양	동명왕 2년 1월		다물도주		비류국 비류나부		원래 비류국왕
2	협보		유리왕 22년 12월	대보				남한으로 이주
3	을소			대신				
4	부여 왕 종제	대무신왕 5년 7월		왕(주)		연나부		왕으로 삼아 연나부에 안치
5	을두지	대무신왕 8년 2월	대무신왕 10년 1월	우보				군국의 정사 맡김
		대무신왕 10년 1월		좌보				우보에서 승진
6	송옥구	대무신왕 10년 1월		우보				
7	구도		대무신왕 15년 3월	비류부장				동명왕 구신
8	일구		대무신왕 15년 3월	비류부장				
9	분구		대무신왕 15년 3월	비류부장				
10	추발소	대무신왕 15년 3월		비류부장	사자	남부		따로 큰집 짓고 거처
11	대승		민중왕 4년 10월	대가(大家)		잠우락부		낙랑에 가서 한나라에 투항
12	두로		모본왕 6년 11월			모본		왕을 죽임
13	재사	태조대왕 1년		고추가				
14	도두	태조대왕 16년			우태			갈사왕손으로 내항
15	달고	태조대왕 20년			패자	관나부		조나 정벌
16	설유	태조대왕 22년			패자	환나부		주나 정벌
17	을음	태조대왕 22년		고추가		주나		주나 왕자 출신
18	△△	태조대왕 55년 10월		동해곡수				붉은 표범 바침
19	목도루	태조대왕 71년 10월	태조대왕 80년	좌보	패자			병을 핑계로 물러남
20	고복장	태조대왕 71년 10월	차대왕 2년 3월	우보				차대왕이 죽임
21	미유	태조대왕 80년 7월			우태	관나부		수성의 측근으로 등장, 승진
		차대왕 2년 2월		우보	패자			
22	어지류	태조대왕 80년 7월			우태	환나부		수성의 측근으로 등장, 승진
		차대왕 2년 2월		좌보	대주부			
23	양신	태조대왕 80년 7월			조의	비류나		수성의 측근으로 등장, 승진
		차대왕 2년 10월		중외대부	우태			
24	명임답부		차대왕 20년 10월		조의			왕을 죽임
		신대왕 2년 1월	신대왕 5년 9월	국상	패자			좌원 질산을 식읍으로 줌
25	추안	신대왕 2년 1월		양국군				차대왕의 태자
26	우거	신대왕 5년		대가(大加)				현토태수를 도움
27	연인	신대왕 5년			주부			현토태수를 도움
28	우소	고국천왕 2년				제나부	우	제나부는 연나부
29	어비류	고국천왕 12년 9월		중외대부		연나부	우	왕후친척
30	좌가려	고국천왕 12년 9월				연나부	우	왕후친척
31	안류	고국천왕 13년 4월			대사자	동부		4부가 추천
		고국천왕 13년 10월						
32	을파소	고국천왕 13년 4월		중외대부	우태	서압록곡	을	
		고국천왕 13년 4월		국상		좌물촌		
33	△△	산상왕 즉위년		소노가		소노		공손강에게 나가 항복

번호	인명	취임 연월	퇴임 연월	관직	관위	출신	성	기타
34	고우루	산상왕 7년 8월	동천왕 4년 7월	국상				죽어서 퇴임
35	명임어소	동천왕 4년7월	중천왕 7년 4월	국상	우태		명임	죽어서 퇴임
36	△△	동천왕 12년			주부			무리 거느리고 공손연 토
37	△△	동천왕 12년		대가(大加)				무리 거느리고 공손연 토
38	밀우	동천왕 20년 10월				동부		거곡·청목곡을 식읍으로
39	유옥구	동천왕 20년 10월				하부		압록·두눌하원을 식읍으로
40	뉴유	동천왕 20년 10월			구사자	동부		구(대)사자로 추증
41	다우	동천왕 20년 10월			대사자	동부		뉴유의 아들
42	음우	중천왕 7년 4월	서천왕 2년 7월	국상	패자	비류부		죽어서 퇴임
43	명임홀도	중천왕 9년 11월		부마도위		연나부	명임	공주와 혼인
44	우수	서천왕 2년 1월			대사자	서부		딸을 왕비로
45	상루	서천왕 2년 9월	봉상왕 3년 9월	국상		(비류부)		음우의 아들, 죽어서 퇴임
46	달고	서천왕 11년 10월		안국군				왕의 동생, 전공으로
47	일우	서천왕 17년 2월						왕의 동생, 잡아 죽임
48	소발	서천왕 17년 2월						왕의 동생, 잡아 죽임
49	△△	서천왕 19년 4월		해곡태수				고래 눈을 바침
50	고노자		봉상왕 2년 8월	신성재	소형	북부		5백기를 갖고 왕을 맞이하
		봉상왕 2년 8월		신성태수	대형			
51	돌고	봉상왕 2년 9월		고추가				왕의 동생, 죽임
52	을불	봉상왕 2년 9월						돌고의 아들, 지방으로 쫓겨
53	창조리		봉상왕 3년 9월		대사자	남부		
		봉상왕 3년 9월		국상	대주부			
54	음모	봉상왕 2년 9월				수실촌		
55	재모	봉상왕 3년				동촌		
56	조불	봉상왕 9년				북부		을불을 찾음
57	소우	봉상왕 9년				동부		을불을 찾음

다. 그들은 수상에 해당하는 존재였다. 물론 좌보와 우보가 동시에 설치되어 있을 때는 좌보가 수상에 해당하는 자리였을 것이다. 그런데 좌보와 우보는 상하의 관계는 있었으나 서로 견제하는 기능도 있지 않았을까?

좌보 · 우보제가 국상제로 바뀌는 데에는 정치적인 이유가 있었다고 여겨진다. 그것은 왕권의 강화와 국가 통치력의 성장을 나타내주는 것일 수 있다. 좌보와 우보 두 사람이 견제하는 과정에 정치적 힘이 분산되었던 것을 국상 한 사람에게 몰아주어 보다 강력하게 왕정을 위하여 활동하게 만든 것이라 여겨진다.

국상 을파소는 그의 출신이 미천하였기에 왕의 강력한 지원을 받아 국상의 지위를 차지하고 그 자신 지성으로 봉국(奉國)하였던 것이다. 그때 을파소는 조신 국척의 세력을 누르고 왕권을 중심으로 한 왕정을 강화하는 데 앞장섰다. 결국 국상이 설치된 시기에는 왕권이 강화되고 왕족을 포함한 지배세력의 힘이 상대적으로 축소된 것을 생각할 수 있다.

국상은 한 사람이 임명되었기에 자연스럽게 혼자서 왕 다음가는 정치적 권력을 행사할 수 있었다. 국상 자신의 지위는 크게 강화된 것이다. 그렇더라도 국상의 지위는 왕의 지위와 비교할 수 있을 정도로 강했던 것은 아니다. 물론 봉상왕과 같이 왕으로서의 정당성을 잃었을 때 국상은 왕을 제거하고 새로운 왕을 즉위시킬 위치에 있었던 것이 사실이다. 그러나 국상 자신이 왕이 될 수 있었던 것은 아니다.

다음 중외대부(中畏大夫)는 어떤 존재였나 보자. 표에서 양신(22)과 어비류(29)의 예를 찾을 수 있다. 또한 을파소도 일단은 우태의 작(관위)을 받고 중외대부 직에 임명되었던 것을 볼 수 있다. 을파소의 예로 보아 중외대부는 제사(濟事)하기에 부족한 관직이었던 것을 알 수 있다. 을파소를 중외대부가 아닌 국상으로 임명할 때 우태라는 관위를 그대로 두었는지 아니면 더 높은 관위를 주었는지는 알 수 없다.

여하튼 중외대부는 국상 밑에 있던 중외대부라는 또 하나의 관직인 것을 확인하게 된다. 중외대부에 임명된 사람들은 왕위 계승 과정에 공을 세운 공신이거나 왕비족이었던 점으로 보아 그 직 자체가 중요한 것임을 확인하게 된다. 중외대부는 군신 집단 중 국상 다음가는 자리였다. 그리고 그 임무는 왕의 측근 세력으로 왕권의 강화 등에 앞장서는 자리였다.

중외대부가 언제 설치된 관직인지는 알 수 없다. 그러나 양신이 기록에 처음 나오는 것으로 보아 좌보 · 우보 체제의 말기, 즉 국상이 설치되기 얼마 전에 설치된 것으로 보아진다. 특히 차대왕 대에는 나부의 세력들이 좌보 · 우보의 지위를 차지하여 군신 집단의 성격이 크게 변화된 때로 그러한 과정에 중외대부가 생겼을 수도 있다. 여하튼 2세기 중엽 중외대부가 생긴 것은 고구려 관직 체제상 또 하나의 발전이라고 하겠다.

그러면서도 고구려 전기 관직이 크게 발달하지는 않았다. 그러한 현상이 찾아지는 것은 자료의 부족일지도 모른다. 실제로는 더 많은 관직이 설치되었고 분화되어나갔으며 관직 사이에는 서열이 정해져나갔던 것일 수 있다.

이제 고구려 전기의 관직 중 주로 왕실 세력과 관련된 것을 보자. 고추가 · 양국군 · 안국군 · 부마도위 등이 그것이다. 이들 자리는 왕족이거나 왕실 세력과 혼인관계에 있던 자들에게 주었던 것들이다. 이는 단순히 개인적인 능력에 의하여 얻을 수 있는 자리가 아니었음을 의미한다. 따라서 이들을 일반적인 관직과 구별할 필요가 있다.

그에 대한 이해를 위하여 먼저 왕의 친족 또는 인척에 대한 사항을 보자. 왕의 친족으로 정치적 권력을 장악하였던 세력으로 『삼국사기』에는 왕의 숙부, 왕의 동생, 왕자(태자 포함)를 들 수 있다. 그리고 왕실 특히 왕이거나 왕자와 결혼한 세력으로는 왕의 사위, 왕후, 왕태후 등을 들 수 있다. 유리왕은 그의 셋째 아들 무휼(無恤)을 태자로 삼아 군국의 정사를 맡겼다.[31] 군국의 정사는 앞에서 본 것과 같이 우보(右輔)도 맡았던 것이다. 무휼이 그러한 업무를 맡은 것은 태자가 되었기 때문이다.

한편 왕의 동생 또한 태어나면서부터의 지위 때문에 정치권력을 장악한 것을 볼 수 있다. 태조대왕은 동생 수성에게 군국의 정사를 맡겼다.[32]

31 『삼국사기』 13, 「고구려본기」 1, 유리명왕 33년.

수성은 그 후 태조대왕이 자리를 물려주어 왕위에 올랐다.[33]

그런데 산상왕에서 봉상왕에 이르는 동안 왕제(王弟)의 자리는 매우 불안한 것으로 변하고 있다. 그때는 왕위가 형제 상속에서 부자 상속제로 넘어가는 과도기에 해당하는 시기이며 때로는 왕제들이 왕에 의하여 살해되기까지 했다는 견해가 있다.[34]

여기서 서천왕의 동생 달고를 볼 수 있다([표 10]의 46). 달고는 숙신의 침입을 물리치는데 공을 세워 안국군으로 임명되었고 그러한 자격으로 내외병마사를 담당하였다. 크게 보면 달고는 왕의 동생이라는 지위로 안국군이 되기는 하였으나, 다시 생각하면 그는 왕의 요청으로 군신들이 추천하여 비로소 숙신을 물리치는 일선에 나섰으며 그 공으로 안국군에 임명되어 내외병마사를 담당한 것이다.[35] 이는 왕제라는 지위보다 개인적인 능력이 안국군이 되는 조건으로 크게 작용한 것을 의미한다. 결국 산상왕에서 봉상왕까지는 왕제의 지위 자체는 왕위 계승의 가능성을 가진 것이면서도 정치적 지위를 보장받는 자리는 아니었다. 그 결과 서천왕의 아들인 봉상왕은 숙부인 안국군 달고가 자기나 그의 아들의 지위를 위협할 가능성이 있다고 하여 죽였던 것이다. 당시 왕의 동생만이 아니라 왕의 숙부까지도 정치적으로 불안한 지위에 있었던 것을 알 수 있다.

그런데 명임답부에 의하여 왕이 되었던 신대왕은 죽은 차대왕의 태자이며 조카가 되는 추안을 용서해주고 양국군으로 봉하였다.[36] 그와 달리 봉상왕은 자기의 동생 돌고를 죽이고 더하여 그의 조카 을불마저 죽이려

32 『삼국사기』 15, 「고구려본기」 3, 태조대왕 69년.
33 『삼국사기』 15, 「고구려본기」 3, 차대왕 즉위조.
34 이기백, 「고구려왕비족고」, 『진단학보』 20, 1959, pp. 92~93.
35 『삼국사기』 17, 「고구려본기」 5, 서천왕 7년.
36 『삼국사기』 15, 「고구려본기」 3, 차대왕 즉위조.

했으나 실패했다.[37] 산상왕에서 봉상왕까지의 기간이 왕위 계승의 하나의 과도기였던 것을 알 수 있다.

그 기간 동안 왕이 견제하였던 세력은 왕의 동생, 숙부 그리고 조카였던 것을 볼 수 있다. 그들은 당시 재위하고 있던 왕의 할아버지를 정점으로 하는 종족(宗族, lineage)의 성원들이다. 그 중 왕의 아버지의 후손 중에서 왕위 계승을 하면 왕위가 마치 형제 상속을 하는 것처럼 보인다. 고구려 태조대왕 · 차대왕 · 신대왕의 즉위가 형제 상속처럼 보이는 것은 그들의 아버지의 후손들이 왕위를 계승한 때문이다.[38] 산상왕 이후 왕의 직계만이 왕위를 차지할 자격을 갖고자 하여 왕의 동생들을 죽인 것이다. 이때 왕위 계승을 하지 않았던 형제와 그 아들들은 왕위를 위협하는 존재들이 되었을 것이다. 왕의 아버지를 정점으로 하는 종족 중 왕의 직계가 아닌 왕족이 정치의 일선에 나서기 위해서는 태자 · 국군과 같은 공식적인 관직을 받아야만 했다.

고추가에 대한 문제는 뒤에서 자세히 볼 것이다. 여기서는 [표 10]에 나오는 3명의 고추가를 잠시 보겠다. 먼저 을음([표 10]의 17)은 고구려에 정복된 주나의 왕자였다. 그리고 나머지 두 사람은 각기 그들의 아버지와 아들이 왕이었던 것으로 나온다. 이러한 현상은 장수왕의 아들이며 문자명왕의 아버지인 고추대가 조다의 경우도 마찬가지다.

시간이 지나며 고구려의 왕권이 강화됨에 따라 점차 을음과 같은 경우의 고추가는 사라져갔다. 대신 자신은 왕이 되지 못했으나 그 아들이 왕이 된 경우 고추가 칭호를 받고 빈객을 맞는 업무를 수행했던 것으로 여겨진다.

---

37 『삼국사기』 17, 「고구려본기」 5, 봉상왕 2년.

38 태조대왕 · 차대왕 · 신대왕이 형제로 나오나 실제 그들이 형제일 수는 없다. 그들은 재사의 후손들인데 후일 계보조정이 되었기에 형제로 나온 것이다.

다음은 왕족과 혼인한 세력을 보겠다. 그 중 왕태후가 있다. 모본왕이 죽었을 때 태자가 불초하여 태조대왕에게 왕위가 넘어갔다. 그런데 당시 태조대왕은 7세였다. 따라서 왕태후가 수렴청정을 하게 되었다. 태조대왕이 즉위할 때 부여계 왕태후가 정권을 장악하고 정치를 행하였던 것이다.[39] 따라서 왕태후의 지위 또한 때에 따라 정치적 기능을 가졌던 것을 알 수 있다.

다음은 왕비를 보자. 9대 고국천왕에서 13대 서천왕 대에 이르기까지 5대의 왕들의 왕비가 된 것은 연나부의 여자들이었다는 견해가 있다.[40] 과연 연나부 세력들이 왕비를 배출했는지는 확인할 문제다. 그러나 연나부 세력들이 힘이 있어 왕비를 배출했을 수도 있다. 왕족은 왕비족과 힘을 합하여 다른 나부의 세력들보다 그 세력을 크게 강화시킬 수 있었을 것이다. 그런데 몇 세대에 걸쳐 왕비를 배출한 연나부 세력은 왕비의 자리가 갖는 정치적 힘을 근거로 횡포를 부리는 일도 있었다.[41] 왕비의 자리는 선천적으로 주어지는 것이 아니다. 후천적인 지위인 왕비가 되면 그 일족은 왕후의 친척으로 되어 고구려 정치에 커다란 영향을 미칠 수도 있었던 것이다.

한편 부마도위(駙馬都尉)가 있다. 중천왕의 공주와 혼인한 부마도위 명임홀도가 있다. 그는 왕비를 배출하던 연나부 출신이었다. 이는 왕족이 연나부와 교환혼을 한 사실을 보여주는 것이다. 왕족과 연나부 세력의 교환혼은 두 세력의 정치적 지위를 강화하는 결과를 가져온 것으로 생각된다.

앞에서 왕의 친족과 인척 집단에게 주어졌던 자리로서 태자 · 국군 · 고추가 그리고 태후 · 왕비 · 부마도위 등에 대하여 보았다. 그러한 자리는

39 『삼국사기』 15, 「고구려본기」 3, 태조대왕 즉위조.

40 이기백, 「고구려왕비족고」, 『진단학보』 20, 1959, pp. 83~89.

41 『삼국사기』 16, 「고구려본기」 4, 고국천왕 12년.

신료들에게 주어졌던 통상적인 관직은 아니다. 그러나 왕의 친족과 인척에게 주어졌던 그러한 지위는 왕국에서는 필요불가결한 것이었다. 시간이 지나며 고구려 왕권이 강화되고 왕들은 연나부 여자를 왕비로 맞이하지 않게 되었다.

한편 고구려 전기에는 앞에서 다룬 지위만이 아니라 또 다른 존재들이 있다. 병을 치료한 무(巫),[42] 꿈을 해몽한 점자(占者),[43] 괴상한 일에 대한 해명을 한 사무(師巫),[44] 별의 변화에 대한 설명을 한 일자(日者),[45] 왕후의 출생에 대한 문제를 이야기한 무복(巫卜)[46] 그리고 왕비의 장례에 대한 문제를 다룬 무자(巫者)[47] 등이 그것이다. 자료의 부족으로 더 이상 자세한 내용을 다룰 수는 없으나 고구려 전기 왕정을 이끌어나가는 과정에 군신집단으로서는 해결할 수 없는 여러 문제를 담당하는 이와 같은 집단이 늘 있었던 것을 생각할 수 있다.

그 중 왕의 사무(師巫)가 주목된다. 사무는 항상 왕의 자문에 응하였다고 여겨진다. 따라서 사무의 정치적 영향력은 적지 않았을 것이다. 그러나 사무는 세력 기반이 없었기에 왕은 그를 죽이기까지 했다. 후일 불교가 들어오면서 승려들에게 그러한 지위를 넘겨주게 되었다고 여겨진다.

또한 왕의 주위에는 항상 근시 집단이 있었던 것을 볼 수 있다. 모본왕을 죽인 모본인 두로가 그러한 사람이다.[48] 동천왕 주위에도 사인(使人) 또는 시자(侍者)라 불리던 세력이 있어 일종의 잡일을 담당하였다.[49] 이들은

---

42 『삼국사기』 13, 「고구려본기」 1, 유리명왕 19년.
43 『삼국사기』 15, 「고구려본기」 3, 태조대왕 90년.
44 『삼국사기』 15, 「고구려본기」 3, 차대왕 3년.
45 『삼국사기』 15, 「고구려본기」 3, 차대왕 4년.
46 『삼국사기』 16, 「고구려본기」 4, 산상왕 13년.
47 『삼국사기』 17, 「고구려본기」 5, 동천왕 8년.
48 『삼국사기』 14, 「고구려본기」 2, 모본왕 6년.

중요한 관직과는 거리가 멀었지만 늘 왕의 곁에 있으며 심지어 왕을 죽이기까지 한 집단이다.

그밖에 왕정의 실무를 담당하던 관직이 있었다. 사자 · 조의 · 선인 등이 그것들이다. 이들 관직은 나부에도 설치되었지만 왕정을 위해서도 설치되었다. 그들은 왕이나 군신회의에 의해 결정된 일을 처리한 집단이었다.

앞에서 정리한 결과 고구려 전기 중앙정부조직 안에 몇 가지 성격이 다른 집단이 있었던 것을 알게 되었다. 첫째, 왕과 자리를 같이 하여 정책을 결정하던 군신 집단의 존재가 있다. 둘째, 왕의 친족이나 인척 집단에 속한 세력이 있었는데, 이들의 정치적 영향력은 컸다고 하겠다. 셋째, 일종의 종교적 또는 점복의 능력으로 왕의 자문에 응한 집단이 있었다. 넷째, 왕의 시중을 드는 시자 집단이 있었다. 다섯째, 왕정의 실무를 담당하던 집단이 있었다. 시간이 지나며 왕정이 강화되고 왕권이 강화될수록 정부의 관직들은 분화되었고 그러한 관직 사이에는 서열이 정해졌다.

제3절
『삼국지』에 나오는 고구려 관명

그동안 고구려 전기의 관제에 대한 해명에 『삼국지』 고구려조에 나오는 다음 기록을 중시해왔다.

---

49 『삼국사기』 17, 「고구려본기」 5, 동천왕 즉위조.

> (1) 그 나라에는 왕이 있고 관(官)으로는 상(相)·가(加)·대로(對盧)·패자(沛者)·고추가(古雛加)·주부(主簿)·우태(優台)·승(丞)·사자(使者)·조의(皁衣)·선인(先人)이 있었는데 존비에 각기 등급이 있었다. (2) [중략] [고구려에는] 본래 5족이 있는데 연노부·절노부·순노부·관노부·계루부다. 본래 연노부에서 왕이 되었는데 점차 미약해져서 지금은 계루부가 왕을 배출한다. (3) [중략] 관직을 설치하는데 대로가 있으면 패자를 두지 않고, 패자가 있으면 대로를 두지 않는다. (4) 왕의 종족으로 대가(大加)는 모두 고추가를 칭했다. 연노부는 본래 국주(國主)였기에 지금은 왕이 되지 못하나 그 적통대인은 고추가의 칭호를 얻었고 또한 종묘를 세울 수 있었고 영성과 사직에 제사 지냈다. 절노부는 대대로 왕실과 혼인을 하여 고추가의 칭호를 더했다. (5) 모든 대가(大加)들은 또한 스스로 사자·조의·선인을 두었는데 그 명단을 왕에게 보고해야 한다. [그들은] 마치 중국의 경(卿)이나 대부(大夫)의 가신과 같아서 회동하여 앉고 일어설 때 왕가의 사자·조의·선인과 같은 열에 있을 수 없었다. (『삼국지』, 「위서」, 동이전, 고구려)

위의 사료 중 (1)에 나오는 관명은 고구려 초기 관제를 이해하는 기본 자료가 되어왔다. 그동안 그 중 상가(相加)를 하나로 보아 10개의 관명으로 읽었다. (2)에는 5족·5부에 대한 내용이 있다. 이 또한 고구려 전기 지배체제를 이야기하는 기준이 되었다. 바로 이 기록으로 인하여 〈모델 2〉의 5부체제설이 나올 수 있었던 것이다. (3)에는 대로와 패자의 관계에 대하여 나온다. (4)에는 고추가에 대한 내용이 있다. (5)에는 대가들이 설치했던 관직과 그것이 국왕과 어떤 관계에 있었는지 밝히고 있다.

『삼국지』에 나오는 이 같은 내용은 『삼국사기』에서 구할 수 없는 관제의 기본 원칙을 보여주고 있다. 따라서 이 기록을 지금까지 중시해온 것이다. 그런데 문제는 『삼국사기』 기록을 무시하고 나온 기존 견해들은 지나치게 『삼국지』의 기록에 의존하는 것들이었다. 그리고 그 해석도 잘못

된 내용들이 있다.

여기서 이에 대한 기존 연구들부터 보자. 먼저 김철준의 주장이 있다. 그는 위의 사료 (1)에 나오는 10개 관명 중 승(丞)을 제외하고 나머지 9개의 관명은 관계가 아니라 관직명이라고 했다. 나아가 부족연맹 조직이라는 정치 발전 단계를 염두에 두고 9개의 관명에 대하여 설명한 바 있다. 고추가는 대부족장이라고 했다. 상가(相加)는 제가(5족과 기타 제 부족)의 족장으로서 부족연맹 단계에서 고대국가 체제로 넘어갈 때 가부장으로서의 형(兄)으로 전환되었고 이를 재편하여 태대형 · 대형 · 소형으로 분화되었다고 했다. 대로는 족장적 신분층에 속하는 것으로 보았고, 패자는 그 족장을 보좌하는 자로 보았다. 주부는 족장 세력을 대표한 것이 아니라 주권을 배경으로 하여 생긴 관직으로 보았다. 우태는 연장자를 의미하는 것으로서 가부장인 동시에 그 가부장 가족이 소속되어 있는 친족 공동체의 장, 다시 말하여 씨족 · 부족의 족장에 대한 일반적인 칭호로 보았다. 왕의 직속 관리 중 우태가 있었던 것처럼 각 상가 아래에도 그러한 존재들이 있었을 것이라 추측했다. 이들 우태는 후기에 형(兄)으로 고쳐졌다고 했다. 주부는 왕과 대로 아래에서 직접 국사를 총리하였으며 족장 세력을 대표하기보다 왕권을 배경으로 하여 생긴 관직임에 틀림없다고 했다.

한편 그는 형계와 사자계의 관계(官階)를 나누어 그 사이의 변동에 대하여 『주서』, 『수서』, 『당서』, 『한원』의 자료를 가지고 검토했다. 고구려의 초기 이후 관계는 족장 세력의 재편에 의한 형계의 관계와 수취 체제의 정비에 의한 사자계의 관계가 성립되었다. 그런데 『주서』 이후에 나타나는 사자계의 여러 관계는 시간이 지나면서 상승을 하고 있다고 했다. 그는 『당서』에 이르러서 중국의 품계 조직의 영향을 받아 제도상으로 비로소 관계적인 성격을 지닌 것으로 되었다고 보고 있다.

그는 상가 아래에 사자 · 조의 · 선인 외에 패자 · 대로 · 주부 · 우태의 관계를 마련하고 있는데, 이것은 곧 중앙 부족의 지배력이 강력한 것을 말하는 동시에 부족연맹장 또는 왕이 다른 4부를 영도함에 필요한 지배 기구임을 알 수 있다고 했다. 이러한 부족연맹의 형성을 고구려 시조 주몽의 등장보다 앞섰다고 했다.[50] 그러나 구체적으로 위의 관계 조직이 언제 성립되었는지는 말하고 있지 않다. 김철준은 관직과 관위(관등)조차 구별하지 않고 있는 것을 볼 수 있다.

다음 다케다 유키오(武田幸南)의 주장을 보자.[51] 그는 위의 사료 (1)의 관명을 3세기 중엽의 상태를 보여주는 것으로 상하의 질서를 가진 10관등으로 보고 있다. 고구려 관위제의 형성은 기원후 2세기 초엽으로 생각하였으며 당시 부여의 사자 · 가(加)의 영향을 받았다고 했다. 그리고 관위제의 구조는 셋으로 나뉜다고 했다. 첫째, 상가 · 고추가 · 패자 · 대로의 4관명은 고구려 5부를 중심으로 한 지배자 공동체를 대표하는 제가계급에 주어졌던 것이라 했다. 둘째, 주부 · 우태 · 승의 3관명은 왕 직속의 관료적 집단으로서의 특색을 지닌 것으로 보았다. 셋째, 사자 · 조의 · 선인은 왕가나 제대가(諸大加) 소속의 관료층에 모두 설치하였던 것으로 파악하고 있다. 왕을 중심으로 결집되었던 제대가는 상가 · 고추가의 관명을 가졌으며 지배계급을 구성하였다고 했다. 그들은 왕이나 왕가와 같은 사자 · 조의 · 선인의 직속관료층을 설치하였으며 이는 제대가의 자립성의 기반이 되었다고 보았다. 이러한 지배계급의 대표자로서의 고구려왕은 고유한 직속 관료층으로 주부 · 우태 · 승을 조직하였다고 했다.

여기서 김철준과 다케다 유키오의 견해를 비교하자. 왕 밑에 제가계급에 다케다 유키오는 상가 · 고추가 · 패자 · 대로를 포함하고 있으나 김철

50 김철준, 『한국고대국가발달사』, 1975b, pp. 68~69.

51 武田幸南, 「高句麗官位制とその展開」, 『朝鮮學報』 86, 1978, pp. 1~53.

준은 고추가 · 상가만을 이야기하고 있다. 반면 왕의 직속 관직으로 김철준은 주부 · 우태 외에 다케다 유키오와 달리 패자 · 대로를 넣고 있다. 즉 패자 · 대로를 김철준은 왕의 직속 관직으로, 다케다 유키오는 제가 집단으로 본 차이가 있다.

이제 이러한 주장들을 상기하며 『삼국사기』 「고구려본기」에 나오는 기록과 비교하며 몇 가지 문제를 정리하겠다. 이 책에서는 태조대왕까지의 역사를 다루기로 했다. 그러나 『삼국지』 고구려조에 나오는 관명들은 태조대왕 대에도 나오고 있다. 지금까지 관학파들이 만든 〈모델 2〉는 『삼국사기』의 자료보다 『삼국지』의 자료를 주로 택하여 당시 정치조직에 대한 해명을 해왔다. 이는 문제가 아닐 수 없다. 『삼국지』의 고구려 관제에 대한 기록은 고구려의 정치적 실상을 무시하고 나열한 것에 불과하다. 이에 『삼국지』에 나오는 고구려 관제의 실제 운용에 대해 살펴보지 않을 수 없다.

1. 상(相) · 가(加)

사료 (1)에 상가(相加)가 나온다. 지금까지는 부족연맹장인 왕 바로 아래에 관명이 상가라 이해되어왔다. 그 중 상가의 가(加)는 족 · 족장 · 관의 의미가 있는데 그 중 여기서는 족을 의미하고, 상은 도(導) · 면(勉)의 뜻을 지닌 것으로 상가는 부족장을 말한다는 견해가 있다.[52] 지금까지의 견해는 상(相)과 가(加)를 합쳐 하나의 관명으로 보아왔다.

52 김철준, 『한국고대국가발달사』, 1975b, p. 68; 노중국, 「고구려국상고」 (상), 『한국학보』 16, 1979, p. 26.

그런데 필자는 상가를 상과 가, 두 개의 관명으로 나누는 것이 타당하다고 본다.[53] 『삼국사기』에는 신대왕 2년(166)에 좌보·우보를 고쳐 국상을 설치한 것으로 나오고 있다.[54] 이후 봉상왕 대(292~300)의 국상이었던 창조리까지 7명의 국상이 나오고 있다. 『삼국사기』에 나오는 국상들의 존재를 부정할 수는 없다. 그렇다면 사료(1) 안에 당시 최고의 관직이었던 국상에 해당하는 관명이 기록되어 있다고 보아야 한다. 더욱이 국상 밑의 여러 관명이 나타나 있는데 국상이 없다고는 생각되지 않는다.

상가는 제가(諸加)의 족장들이라 하는 김철준의 견해에 대하여 재검토할 필요가 있다. 우선 국상과 상가의 관계는 어떤 것일까? 김철준에 의하면 상가는 동시에 여러 명이 있었던 것이 된다. 그러나 국상은 일시에 한 명밖에 없었다. 따라서 상가들 중에 국상이 나왔을 가능성은 있으나 상가 자체가 국상과 동일한 존재일 수는 없다. 더욱이 고구려의 국상에는 족장이 아닌 사람이 임명되기도 했다. 봉상왕 3년 왕은 남부 대사자 창조리를 국상으로 삼고, 작을 대주부로 올렸다고 나온다. 김철준에 따르면 사자는 족장 세력일 수 없다. 그는 주부 또한 족장 세력을 대표한 것이 아니라 왕권을 배경으로 하여 생긴 관직이라 했다. 따라서 그의 논리에 의하면 국상 중에는 족장이 아닌, 즉 상가일 수 없는 사람이 임명된 것이 된다.

김철준은 상가가 위만조선 당시의 조선상(朝鮮相) 로인, 상 한음, 이계상 참 등의 상과 상통한다고 했다. 그런데 필자는 상가(相加)는 상과 가를 나누어 보아야 하고 그 중 상은 『삼국사기』에 나오는 국상을 가리키는 것으로 본다. 실제로 서천왕 17년(286) 왕의 동생 일우와 소발 두 사람이 모반을 하자 그들을 잡기 위해 거짓으로 상(相)의 자리를 주겠다고 한 일이

---

53 이옥, 「고구려의 정복과 작위」, 『동방학지』 27, 1981, pp. 8~12.

54 『삼국사기』 16, 「고구려본기」 4, 신대왕 2년.

있다.[55] 그때 이야기된 상이 구체적으로 무엇인지는 알 수 없으나 그들이 왕의 동생이었다는 점을 보면 최고의 지위였을 것이다. 그들을 족장으로 볼 수는 없다. 여기서 상과 가를 구별할 필요가 있음을 확인하게 된다.

그러면 가(加)는 어떤 존재였을까? 사실 『삼국사기』「고구려본기」에는 그에 대한 기록들이 있다. 민중왕 4년(51) 잠우락부 대가(大家) 대승 등은 1만 여가를 거느리고 낙랑에 투항한 것으로 나오고 있다.[56] 같은 내용의 기사가 『후한서』에도 나온다. 그에 따르면 잠지락의 대가(大加) 대승 등이 만여 구를 이끌고 낙랑에 나아가 내속한 것으로 되어 있다.[57] 이 기사는 『삼국사기』보다 『후한서』가 사실을 정확하게 전하는 것으로 볼 수 있다. 그 중에는 대가(大家)가 아니라 대가(大加)가 옳은 것도 있다. 『삼국지』 고구려조와 『삼국사기』「고구려본기」에는 신대왕 5년(169) 왕이 대가(大加) 우거와 주부 연인 등을 보내 현토태수 공손도(공손탁)를 도와 부산의 적을 토벌한 것으로 나온다.[58]

가(加)에 대한 기록은 더 찾아진다. 『삼국사기』에 나오는 고국천왕 즉위조의 기록에 고국천왕의 형 발기는 불초하여 국인들이 이이모(고국천왕)를 왕으로 삼았다고 한다. 그때 발기는 형으로서 왕위에 오르지 못한 것을 원망하여 소노가(消奴加)와 함께 각각 하호 3만여 명을 거느리고 공손강에게 가서 항복하였다가 다시 비류수에 와서 살았던 것으로 나오고 있다.

위에 나오는 가(加)·대가(大加)는 나부의 세력이거나 또는 나부보다 하부의 또 다른 지역, 어쩌면 곡(谷)의 세력일 수 있다. 그러한 세력들은 역사적 발전 과정을 거쳐 만들어진 것이다. 첫째, 고구려 소국과 대등한 위

55 『삼국사기』 17, 「고구려본기」 5, 서천왕 17년.
56 『삼국사기』 14, 「고구려본기」 2, 민중왕 4년.
57 『후한서』 동이전 고구려.
58 『삼국지』 위서 동이전 고구려; 『삼국사기』 16, 「고구려본기」 4, 신대왕 5년.

치에 있던 비류국 등의 소국의 세력이 있었다. 그러한 소국들이 고구려에 부용된 단계를 들 수 있다. 둘째, 비류국이 고구려에 정복된 단계가 있다. 이때 비류국의 왕 송양은 다물도주(다물후)가 되었다. 이는 고구려가 피정복 소국을 일종의 제후국적인 존재로 만들었던 것을 의미한다. 그 지배자는 제후적인 존재로 만든 것이다. 셋째, 고구려 왕국에서 나부의 세력을 동원하는 단계가 있다. 그들 나부의 세력들은 중앙 정계에 진출하여 여러 관직을 받고 정치적 활동을 한 것이다.

여기서 앞에 이야기한 가(加)나 대가들이 지방의 나부의 세력들이라는 사실을 알 수 있다. 그러한 나부 세력들은 대를 이어 나부의 지배세력으로서의 지위를 유지하였던 것이다. 고구려의 왕은 그들의 존재를 인정해 주고 그들을 통하여 피정복 지역을 통치하는 방식을 운용하였다. 그러한 까닭에 가(加)나 대가들은 그들이 관할하는 지역의 백성들을 거느리고 나름대로 독자적인 행동을 할 수 있었다. 기존 연구에서는 그들을 지방의 족장이라고 해온 것이 사실이나, 그들은 단순히 족장이라고 하기에는 문제가 있다. 그러한 나부 등의 세력은 단순히 혈족 집단의 우두머리가 아니라 중앙정부로부터 제후적인 지위를 인정받았던 정치적 세력이었기 때문이다.

가(加)나 대가들은 그들이 다스리던 영역 안에서 혈연적인 우두머리일 수도 있으나 국가가 공식적으로 인정한 최고의 정치 지배자였던 것이다. 이 경우도 나(那)가 독립된 소국으로 존재할 때 이미 나(那) 전체의 백성들은 왕을 배출한 세력과 혈연적인 관계가 단절되어 있었다. 그것이 국가의 한 특성이다. 따라서 나(那)의 지배세력들은 다만 왕을 배출하던 혈연 집단의 우두머리였던 것을 알 수 있다. 여하튼 가(加)나 대가는 중앙정부의 군신 집단에게 주어졌던 관직은 아니었다. 그것은 나부 등 일정 지역의 정치적인 우두머리에게 주어졌던 칭호였다. 가(加)나 대가가 중앙의 왕정을 담당하는 신료가 되기 위해서는 중앙정부의 관직을 가져야 했다.

2. 대로 · 패자

다음은 대로(對盧)와 패자(沛者)를 보자. 패자에 대해서는 『삼국사기』 「고구려본기」에 중천왕 7년(254) 4월 국상 명임어소가 죽고 비류나부의 패자 음우를 국상으로 삼았다는 기록[59] 이후에는 나타나지 않는다. 한편 『삼국지』에 나오는 고구려 관명을 그대로 옮긴 『후한서』, 『양서』, 『남사』에는 패자라는 관명이 들어 있는데 이는 『삼국지』의 기록을 그대로 옮긴 때문이다. 그와는 달리 『주서』, 『수서』, 『북사』, 『당서』, 『한원』 등의 사서에는 패자라는 관명이 보이지 않는다. 여기서 단언하기는 어려우나 3세기 중엽까지는 존재하였으나 3세말 또는 4세기경에 패자라는 관이 소멸된 것은 아닐까 생각된다.

대로(對盧)의 경우 『삼국지』의 기록에는 패자 바로 앞에 나타나고 있다. 그러나 『삼국사기』에는 봉상왕 대까지의 기록에는 대로가 나타나지 않는다. 대로의 경우 개로왕 21년(475) 고구려의 대로 제우와 재증걸루 · 고이만년 등이 군사를 거느리고 백제의 북성을 공격하여 이레 만에 함락시켰다는 기록이 나온다.[60] 『삼국사기』 「고구려본기」에는 보장왕 4년(645) 당 태종이 고구려를 침략했을 때 북부욕살 고연수와 남부욕살 고혜진이 고구려 군사와 말갈 군사 15만을 거느리고 안시성을 구원하러 나갔을 때 대로 고정의가 나이가 많아 일에 익숙했기에 고연수에게 계책을 말한 것이

59 『삼국사기』 17, 「고구려본기」 5, 중천왕 7년.
60 『삼국사기』 25, 「백제본기」 3, 고이왕 21년.

나오고 있다.[61]

『삼국사기』「고구려본기」의 기록에는 문제가 있다. 미천왕(300~331) 이후 일정한 기간 동안의 기록은 고구려인들이 남긴 원 자료가 아니라 중국 측 사료를 옮긴 부분이 있다. 따라서 그 기간 동안의 기록이 어떤 것인지 확인할 길이 없다. 다만 『삼국사기』에는 패자가 나올 때 대로가 안 나오고 대로가 나오며 패자가 안 나오는 현상을 볼 수 있다. 대로와 패자가 함께 나오는 기록은 없다.

여기서 하나의 추측을 하면 어떨까. 다름 아니라 패자가 존재하다가 언제인가 대로로 바뀐 것이 아니었나 하는 것이다. 고구려 전기 거의 전 기간 동안 패자가 설치되어 있었는데 3세기 후반 구체적으로 280년대를 얼마 전에 대로가 설치되며 패자라는 관명이 사라진 것은 아닐까.[62] 그것을 『삼국지』에서는 특별히 대로가 있으면 패자를 두지 않고 패자가 있으면 대로를 두지 않는다고 한 것으로 기록한 것일 수 있다. 이는 다시 정리하면 패자가 있을 때는 대로가 설치되지 않았고 대로를 설치했을 때는 패자를 없앴다는 것으로 해석할 수 있다고 본다.

패자와 대로는 제사(濟事)를 하는 자리가 아니다. 그것은 보수를 주는 기준이 되는 관위로서의 성격을 가졌다.

---

61 『삼국사기』 21, 「고구려본기」 9, 보장왕 4년.

62 봉상왕 대(292~300)까지 대로는 찾을 수 없다. 그런데 280년대에 편찬되었던 『삼국지』에 대로가 나오는 까닭은 무엇일까? 그렇다고 3세기말까지 패자가 지속적으로 나오고 있기에 대로와 패자는 동시에 존재했다고 보는 데에도 문제가 있다(금경숙, 「고구려 중앙정치제도의 발전」, 『고구려의 정치와 사회』, 2007, p. 84). 거듭 말하지만 『삼국사기』에는 그때까지 대로에 대한 기록을 찾을 수 없기 때문이다.

3. 고추가(古鄒加)

다음은 고추가에 대하여 보자. 『삼국사기』에 나오는 고추가에 대한 기록을 보면 태조대왕의 아버지인 고추가 재사(再思),[63] 고구려에 정복된 주나의 왕자 을음을 고추가로 삼은 일,[64] 미천왕의 아버지이자 서천왕의 아들이었던 고추가 돌고,[65] 문자명왕의 아버지이자 장수왕의 아들인 왕자 고추대가 조다[66] 등이 나온다. 『통전』에는 신대왕의 왕자였으며 산상왕의 형인 발기의 아들인 고추가 교위거가 나온다.[67] 이러한 자료를 통해 고추가는 왕의 종족 중 왕과 혈연적으로 가까운 자들이 차지한 자리였던 것을 알 수 있다. 그런데 앞에 제시한 사료(4)를 보면 고추가는 왕족뿐 아니라 전 왕족, 왕비를 배출한 세력들도 칭했던 것을 알 수 있다. 그 중 주나의 왕자 을음을 고추가로 삼은 이유는 분명치 않다. 고추가는 씨족 또는 가계(실제는 종족, 宗族)의 장이라는 뜻을 지녔다는 견해가 있다.[68] 그런 면에서 고추가는 가(加) 또는 대가(大加)와 같은 존재일 가능성이 있다. 단정하기 어려우나 고추가의 자격이 시대에 따라 달라진 것이 아니었을까 하는 것이다.

『삼국지』를 보면(위의 사료 4) 원래 고추가는 왕의 종족으로, 대가(大加)는 모두 고추가를 칭했다고 한다. 그리고 연노부는 본래 국주(國主)였기에 지금은 왕이 되지 못하나 그 적통대인은 고추가의 칭호를 얻었고 또한 종묘를 세울 수 있었고 영성과 사직에 제사 지냈다고 한다. 절노부는 대대

63 『삼국사기』 15, 「고구려본기」 3, 태조대왕 즉위조.
64 『삼국사기』 15, 「고구려본기」 3. 태조대왕 22년.
65 『삼국사기』 17, 「고구려본기」 5, 미천왕 즉위조.
66 『삼국사기』 19, 「고구려본기」 7, 문자명왕 즉위조.
67 『통전』 「변방문동이」, 고구려.
68 이기백, 「신라시대의 갈문왕」, 『신라정치사화사연구』, 1974, p. 18.

로 왕실과 혼인을 하여 고추가의 칭호를 더했다고 나온다. 그런데 고추가들을 대가로 볼 수 있다면 그들은 사자 · 조의 · 선인을 거느렸던 것으로 생각할 수 있다.

그런데 『후한서』에는 고추대가는 고려에서 빈객을 관장하는 관(官)으로 중국의 홍로와 같다고 나오는 것[69]이 주목된다. 『통전』에는 고추대가가 고구려의 빈객을 관장하는 관으로 대부사자로서 이를 삼는다고도 나온다.[70] 『통전』의 기록이 편찬된 연대는 당나라 무덕 4년(621) 이후라고 믿어진다. 따라서 280년대 언제인가 편찬된 『삼국지』의 시대와 6세기 전반 사이에 고추가의 정치적 기능이 변한 것일 수 있다.

고구려 전기의 원래 고추가는 왕족 · 전 왕족 · 왕비족의 일정 종족의 장들이 차지한 자리였다. 따라서 그 수는 일정한 것일 수 없다. 그리고 고추가가 될 수 있던 관위도 정해져 있지 않았을 것이다. 그리고 그 무렵 고추가 중에는 종묘를 세울 수 있는 자가 있었다. 이때의 고추가는 일반적인 관직은 아니었다.

그런데 『후한서』부터 빈객을 관장하는 업무로 나온다. 그 무렵 고추가의 직무가 주어졌던 것을 생각할 수 있다. 그때부터는 고추가도 일반 관직과 마찬가지로 대부사자와 같은 일정 관위 이상을 가졌던 사람들이 오를 수 있던 관직이 된 것임을 생각할 수 있다.[71]

---

69 『후한서』 동이전, 고구려.

70 『통전』 「변방문동이」, 고구려.

71 『신당서』에는 그것이 태대사자로 나오고 있다.

4. 주부(主簿) · 우태(優台 · 于台)

주부와 우태에 대하여 보자. 김철준은 주부가 왕명을 출납할 뿐 아니라 왕과 대로(또는 패자) 아래서 직접 국사를 총리하였으며 족적 세력을 대표하는 것이 아니라 왕권을 배경으로 하여 생긴 관직으로 보았다. 우태는 부장(父長)인 동시에 그 가부장 가족이 소속되어 있는 친족 공동체의 장도 가리킨다고 보았다. 그리고 왕의 직계 관리뿐 아니라 각 상가 아래에도 우태가 있었다고 하였다.[72] 여기서는 그러한 주장을 쉽게 받아들이기보다 『삼국사기』의 자료들을 검토함으로써 주부와 우태의 정치적 성격을 알아보겠다.

차대왕 2년(147) 7월 좌보 목도루가 병을 핑계로 벼슬에서 물러나자 환나부 우태 어지류를 좌보로 삼고 작을 더하여 대주부를 준 바 있다.[73] 여기서 어지류가 좌보가 되며 우태에서 작을 더해 대주부가 된 것을 볼 수 있다. 주부가 아니라 대주부인 것이 문제일 수는 있으나 우태와 주부(대주부)는 작이며 우태에서 작을 더하여 (대)주부가 된 것을 확인하게 된다.

먼저 우태를 보자. 우태의 정치적 비중이 시대에 따라 달라진 것을 알 수 있다. 좌보와 우보에 우태가 임명된 예를 찾을 수 없다. 우태는 중외대부[74]와 국상[75]에 임명될 수 있던 작이다. 좌보와 우보에 임명된 일이 없던 우태가 중외대부나 국상에 임명될 수 있었던 것은 하나의 정치적 변화라고 할 수 있다.

그러면 주부는 어떤 것일까? 『삼국사기』에는 주부와 대주부가 나온다.

---

72 김철준, 『한국고대사회연구』, 1975a, p. 128.
73 『삼국사기』 15, 「고구려본기」 3, 차대왕 2년.
74 『삼국사기』 16, 「고구려본기」 4, 고국천왕 13년.
75 『삼국사기』 17, 「고구려본기」 5, 동천왕 4년.

그런데 주부와 대주부가 국상이 되었던 예로 보아 왕과 대로(또는 패자) 아래에 있던 것을 알 수 있다. 주부는 관직이 아닌 작(爵)이었던 것으로 나온다. 작은 관위에 해당하는 정치적 장치였다고 생각된다.

우태를 족장적인 존재로 보는 견해가 있으나 실제는 그렇지만도 않다. 우태라는 작을 가지고 국상이 된 것은 우태가 신료들의 보수를 주는 기준이 된 것을 뜻한다. 그런가 하면 주부와 우태를 관료적 집단으로 보는 견해도 있으나, 좌보 · 우보 · 국상이 관직이고 주부와 우태는 작으로 관등적 성격을 지닌 것이었다.

5. 승(丞)

다음은 『삼국지』 고구려조에 나오는 승에 대하여 알아보자. 『삼국사기』에는 승에 대한 기록이 없다. 따라서 고구려인들이 승이라는 관직을 설치하였다고 단정하기도 어려운 실정이다. 다만 『삼국지』에 아무런 이유 없이 승이라는 이름이 들어 있다고는 생각되지 않는다. 따라서 우선 중국에서 승이 어떤 의미로 사용된 관직인지 보자.

중국 진한(秦漢) 대의 군현제 하에서 승은 수(守) 또는 태수(太守) 밑의 부관에 해당하는 지위였다. 이 경우 고구려는 아직 군현제가 만들어지지 않았다고 생각되기에 승이 군수 또는 군태수의 부관이었다고 할 수는 없다. 그러나 단위 지방행정구역의 장 아래에 있던 부관 정도로 볼 수는 있다. 당시 고구려는 왕의 직할지였던 왕경 계루부를 제외하고 보면 과거 예맥 지역에는 나부들이 있었다. 그러한 나부 지역은 대가(大加)라고 하는 재지 세력에 의하여 다스려졌다. 여기서 하나의 추측이기는 하지만 승(丞)은 그러한 대가들의 부관 정도였던 것으로 볼 수는 없을까?

그렇다면 승의 구체적 임무는 무엇이었을까? 여기서 중국 한나라 초기에 제후 왕 밑에 있었던 승상에 대하여 주목할 수 있다. 『한서』 백관공경표에 보면 고제 초에 제후왕(諸侯王)을 두었는데 각기 국을 다스리는 업무를 장악했다고 한다. 그 밑에 있는 태부(太傅)는 왕을 보좌했고 내사(內史)는 국의 민을 다스렸고, 중위(中尉)는 무직을 관장했고, 승상은 중관(衆官)을 통할한 것으로 나오고 있다. 한나라 경제 중원 5년(기원전 148년)에 제후왕들에게 다시는 나라를 다스리지 못하게 하고 승상을 고쳐 상(相)이라 한 것으로 나오고 있다.[76] 『한서』의 기록에 따르면 한나라의 승상은 고구려의 국상에 해당하는 존재라 하겠다. 『삼국지』를 편찬할 때 중국인들이 고구려를 중국의 제후국 정도로 보았다면 고구려의 왕은 중국의 제후왕 정도가 될 것이고 고구려 군신 집단의 장인 국상은 중국의 승상에 해당할 수 있다.[77] 그 후 기원전 148년에 중관을 통할하던 승상을 상으로 바꾸었다. 그러한 상을 고구려에서는 국상(國相)이라고 한 것이다.

여기서 상(相)과 승(丞)의 의미를 파악할 수 있다. 상은 국상에 해당하고 승은 나부의 최고 지배자였던 대가 밑의 관직이었다. 국상은 왕 밑에서 중앙정부의 군신(群臣)을 통할했고, 승은 나부의 대가 밑에서 중관(衆官)을 통할한 셈이 된다. 이 경우 승이 관할했던 중관은 사자 · 조의 · 선인 등이었다고 하겠다.

76 『한서』 백관공경표.

77 당시 고구려가 실제로 중국의 제후국이었던 것은 아니다. 다만 중국인들이 그와 같이 기록을 한 것으로 중국인들은 일찍부터 그들이 갖고 있는 천하관을 가지고 역사를 왜곡한 것이다. 이에 중국의 관점이 아니라 한국사의 관점에서 그와 같은 자료를 사료 비판하여 이용해야 할 것이다.

6. 사자 · 조의 · 선인

앞에 제시한 사료를 보면 사자 · 조의 · 선인은 두 가지 종류가 있었던 것을 알 수 있다. 하나는 국왕 밑에 있던 것이고, 다른 하나는 나부의 제가(諸加) 밑에 있던 것이다. 그동안 대로와 패자도 사자 · 조의 · 선인을 거느렸다는 견해가 있었으나 따르기 어려운 주장이다. 대로와 패자는 국왕이 거느린 신료였기에 그 밑에 있던 사자 · 조의 · 선인은 국왕의 신료가 되었던 것이다.

한편 고구려의 제가는 제후적인 존재였다. 여기서 제가를 제후적 존재라고 한 것은 고구려가 봉건제만 택한 사회가 아니었기에 그와 같이 표현한 것이다. 여하튼 제가들이 거느렸던 사자 · 조의 · 선인은 중국의 경대부의 가신과 같은 존재였다고 한 기록의 의미를 알 수 있다. 이 경우 제가 밑에 있던 승(丞)이 그러한 사자 · 조의 · 선인을 통할한 것이 된다.

다음은 사자(使者) 계와 형(兄) 계 관위의 문제를 보자. 『삼국지』에 나오는 기록에는 형계 관위가 없다. 『삼국사기』를 보면 3세기 말에 이르러 비로소 소형 · 대형의 관위가 나온다. 봉상왕 2년(293) 신성 재로 있던 소형 고노자가 모용괴를 물리치는데 공을 세워 대형으로 승급되고 식읍을 받았던 것을 볼 수 있다.[78] 고노자는 봉상왕 5년 신성 태수로 승진하였다.[79] 여기서 다음과 같은 추측을 할 수 있다. 하나는 신성이라는 지방행정구역에 파견된 지방관에게 소형 · 대형의 관위가 주어졌다는 것이다. 둘째, 소형 · 대형의 설치 시기는 3세기말일 수 있다는 것이다. 셋째, 대형에게 식읍을 주었던 것으로 보아 고구려의 패자 이하의 일정 등급 이상의 관위를

78 『삼국사기』 17, 「고구려본기」 5, 봉상왕 2년.
79 『삼국사기』 17, 「고구려본기」 5, 봉상왕 5년.

가진 자들에게 식읍을 주었던 것이 아닌가 하는 점이다. 이 경우 관위를 기준으로 준 것인지 관직을 기준으로 준 것인지는 앞으로 검토할 문제다. 넷째, 3세기말에 이르러 고구려 왕경인들을 지방관으로 파견한 것을 볼 수 있다. 북부(北部)의 고노자가 신성재 · 신성태수로 임명된 것이 그것이다. 다섯째, 3세기말의 자료를 보면 당시 지방통치에서 성의 존재가 중요해진 것을 알 수 있다. 그러한 성은 제후적인 존재인 대가들이 다스리기보다 중앙에서 파견된 지방관인 재 또는 태수가 다스린 것이다.

여기서 형계 관리가 족장적 성격을 지녔다고 하는 견해의 문제를 알 수 있다. 고노자는 소형에서 대형으로 되었다. 그러한 고노자는 지방의 족장적 존재가 아니었다. 그는 왕경에서 파견된 지방관이었다. 대형 · 소형은 오히려 중앙의 신료들에게 주어졌던 관위일 수 있다.

『삼국지』에는 나오지 않고 있지만, 『삼국사기』에는 대사자가 나온다. [표 10]에는 여러 명의 대사자가 나온다. 동부의 안류(31), 동부의 다우(41), 서부의 우소(44), 남부의 창조리(53) 등이 있다. 단정하기는 어려우나 왕경인들이 대사자가 되었던 것을 짐작할 수 있다. 이러한 대사자는 관위였다.

제4절 고구려 초기 관직과 관위의 운용

앞에서 고구려 초기 중앙정부조직에 대하여 알아보았다. 이 같은 작업을 하는데 『삼국사기』 「고구려본기」는 가장 중요한 자료라고 하겠다. 자연히 지금까지 중시되어온 『삼국지』의 기록은 보조자료 정도로 이용하게 되었다. 오히려 『삼국지』에 나오는 기록의 의미를 『삼국사기』의 자료를 통하여 분명히 파악할 수 있다. 이제 앞에서 정리한 바를 제시하겠다. 동시에 고구려 전기 중앙정계에서 활약하던 인물들의 출신이 어떻게 시대적으로 변했을까를 정리할 것이다.

먼저 중앙정부조직에 대하여 정리할 수 있다. 그 중 업무에 따른 관부(官府)가 설치된 흔적은 찾을 수 없다. 그러나 신료들에게 주었던 관위(관등)와 관직은 일찍부터 나뉘어 있었다. 그 예가 있다. 차대왕의 왕위 계승과 관련된 미유 · 어지류 · 양신 등을 들 수 있다. 그들은 차대왕이 왕위에 오른 후 왕정의 주요 관직에 임명되었다. 관나부의 우태 미유는 147년에 패자로서 우보의 자리에 올랐다. 환나부의 우태 어지류는 147년에 대주부로 작이 올라가고 좌보에 임명되었다. 그리고 비류나부의 조의 양신은 같은 때 우태로서 중외대부가 되었다. 이 경우 작으로 표현된 대주부 외에 패자 · 우태 · 조의는 관위로 파악되고 좌보 · 우보 · 중외대부는 관직이다.

관직과 관위가 구분된 시기는 분명하지 않다. 다만 대무신왕 15년(32) 남부의 사자 추발소를 비류부장으로 삼은 것이 주목된다. 사자는 관위이고 비류부장은 관직이다. 이 경우 관직과 관위가 구분된 시기는 늦어도 1세기 전반 경인 것을 알 수 있다.

고구려 전기에 어떤 관직이 설치되었을까. 첫째, 군신 집단의 존재를 들 수 있다. 그 안에 군신 집단의 장이었던 좌보 · 우보 및 국상이 있다. 당시 그들이 거느리고 있던 군신 집단은 전쟁을 포함한 대외 문제, 왕위 계승과 축출 등에 대한 국정을 다루었다. 실제 『한원』의 기록을 통해 보면 이들 군신 집단은 조의두대형 이상의 관위를 가진 신료들로 구성되었고 그들이 기밀을 장악했고, 정사를 모의했고, 병정을 징발했고, 관작을 준 것으로 나오고 있다. 고구려 전기의 경우 군신 집단에 속한 자들에게 어떠한 관위가 주어졌는지는 잘 알 수 없으나 패자 · 주부 · 우태 · 대사자 같은 관위 이상이었다고 짐작이 간다. 그와 같은 상급 신료들 밑에는 결정된 사항을 집행하던 하급신료들도 있었다. 그들은 사자 · 조의 · 선인 등의 관위를 부여받았을 것이다. 그런데 중외대부는 좌보 · 우보 · 국상과는 달리 왕의 측근 세력일 수도 있다.

둘째, 중앙정부조직 안에는 안국군 · 양국군 · 부마도위라는 자리도 있었다. 국군(國君)은 군주 · 국왕을 의미한다. 그 중 국군은 조카 또는 왕제에게 주어진 관명이고 부마도위는 왕의 사위에게 주어진 관명이다. 그러한 자리는 왕의 친족이 아니거나 왕녀와 혼인을 하지 않은 자는 차지할 수 없던 것들이다. 그밖에 이 같은 범주에 넣을 수 있는 자리가 왕비 · 왕태후의 자리라고 할 수 있다.

셋째, [표 10]에 나오지는 않으나 무(巫) · 사무(師巫) · 점자(占者) · 일자(日者) 등의 존재를 들 수 있다. 그러한 자리들이 중앙정부의 공식적인 관직이었는지는 잘 알 수 없다. 그러나 그들이 특수한 능력을 가지고 왕과 관련된 일, 예컨대 병의 치료나 꿈의 해몽 등에 대한 문제를 처리했다. 이로 보면 그들이 비록 중앙정부의 공식적인 관직은 아니더라도 당시 왕의 자문에 응하던 별도의 집단 정도로 볼 수 있다.

넷째, 왕의 측근에는 사인(使人)으로 표현된 존재들이 있었다. 그것이 국가의 공식적인 관직이었는지는 알 수 없다. 그리고 그것이 관직이라면 그들에게 어떤 관위가 주어졌는지도 알 수 없다. 그렇더라도 사인들은 왕의 측근에 있으며 왕을 죽이는 일까지 한 것으로 볼 수 있다([표 10]의 12).

다섯째, 고추가 및 대가와 같은 가(加)가 있다. 그들은 대소의 차이는 있었으나 일정 지역의 토착 지배세력들이었다. 그런데 시간이 지나며 고추가는 왕과의 관계 속에서 독립된 종족(宗族)의 장에게 주어진 관직이 되었다. 그리고 대가들 중 중앙정부에 진출하여 군신 집단의 성원이 될 경우 이들에게는 패자 이하의 관위가 주어지고 국상 등 일정 관직이 주어졌다. 결국 대가라는 명칭은 중앙정부보직 자체 안의 관직이기보다 일정 지역의 지배세력으로서의 의미로 파악해야 할 것이다.

이제 고구려 전기 신료들에게 주어졌던 관위를 보자. 『삼국지』에 나오는 10개 관명을 단순히 10개의 관위로 보는 견해도 있으나,[80] 필자는 그것을 관직과 관위로 나누어 본다. 그 중 상 · 가 · 고추가 · 승은 관직이라 본다. 따라서 나머지 대로 · 패자 · 주부 · 우태 · 사자 · 조의 · 선인은 관위로 본다. 그런데 대로와 패자는 동시에 존재한 것이 아니라 패자가 없어지고 대로가 설치된 것으로 본다. 즉 패자는 3세기 중엽까지 존재했으나 3세기 후반 경 소멸되고 대신 4세기경에는 대로가 생긴 것이 아닐까 생각된다. 어쩌면 그러한 변동이 후에 이루어진 것일 수도 있다. 그러한 까닭에 [표 10]에서는 대로를 찾아볼 수 없는 것이다. 이 경우 3세기까지 패자 · 주부 · 우태 · 사자 · 조의 · 선인 등의 관위가 있었던 것을 알 수 있다.

그런데 『삼국사기』에 대주부와 대사자 등이 찾아진다. 이들이 관위였는지 보자. 거기에 더하여 소형과 대형이란 관위가 더 찾아진다. 이를 정리하면 3세기말까지 고구려의 신료들은 패자 · 대주부 · 주부 · 우태 · 대사자 · 사자 · 조의 · 선인 및 대형 · 소형의 관위가 주어진 것을 알 수 있다.

다음, 위에 든 10개의 관위 사이에는 어떤 서열 관계가 있었을까 살펴보자. 패자가 가장 높은 관위였던 점은 의심의 여지가 없다. 그리고 어지류가 우태에서 대주부로 된 것을 보아 우태 위에 대주부가 있었던 것이 분명하다. 그런데 대주부는 주부보다 높은 관위인 것도 사실이다. 이로써 추측하자면 주부가 우태보다 높은 관위였다고 여겨진다. 우태 밑에 사자

---

80 武田幸南, 「高句麗官位制とその展開」, 『朝鮮學報』 86, 1978, p. 17.

에서 분화된 대사자가 있고, 대사자 아래에 사자가 있고 그 아래에 조의 · 선인이 있었던 것이 된다. 한편 대형과 소형이란 관위는 앞에 든 패자 이하 선인까지의 관위 중 어디에 위치한 것인지는 알 수 없다. 단지 그들은 어디엔가 위치한 것을 생각하기 어렵지 않다. 그리고 대형과 소형이 지방의 족장에게 주어진 관위는 아니나 지방통치를 위해 주어진 관위일 수는 있다.

이제 관직과 관위의 성립 시기에 대해 살펴보자. 고구려의 관위제는 부여의 영향으로 2세기 초에 형성되었다고 보는 견해가 있다.[81] 그러나 [표 10]를 보면 이미 1세기 초부터 우보 · 좌보라는 최고의 관직이 생긴 것을 알 수 있다. 물론 당시에 그와 같은 명칭이 그대로 사용되었는지는 알 수 없으나 그에 해당하는 관직이 생긴 것은 사실일 것이다. 한편 기원후 32년 남부 사자 추발소를 비류부장으로 삼은 것으로 보아 늦어도 그때부터 관위가 사용된 것이 분명하다. 물론 사자 · 조의 · 선인이 관위만이 아니라 관직으로 사용되기도 했다. 그렇더라도 비류부장이 관직이고 사자는 관위로 볼 수 있다. 1세기 후반에는 패자 · 우태 등의 관위가 사용된 것을 볼 수 있다.

위에서 관직과 관위에 대하여 정리했다. 그러면 그러한 관직과 관위 사이의 관계는 어떠하였을까? 좌보는 패자 · 대주부의 관위를 가진 자가 오를 수 있었고, 우보는 패자의 관위를 가진 자가 오를 수 있었다. 국상은 패자 · 대주부 · 우태 등의 관위를 가진 자가 올랐다. 그 중 우보는 기록의 부족으로 패자 한 예만 찾을 수 있을 뿐 실제는 그보다 낮은 관위를 가진 자도 올랐을 것이다. 다음 중외대부는 우태가 오른 예가 있다. 이로써 보면 좌보 · 우보 · 국상보다 중외대부라는 자리가 정치적으로 격이 떨어지

81 武田幸南,「高句麗官位制とその展開」,『朝鮮學報』86, 1978, p. 17.

는 것을 알 수 있다.

그런데 [표 10]에는 대가 · 소노가의 가가 있다. 이들에 대한 기록에는 관위 표시가 없다. 그것은 어떤 이유에서일까? 이들 가들은 중앙정부의 신료로서보다 지방 세력으로 활동한 것을 보여준다. 이 같은 경우 중앙정부에서는 이들 가(加)에게 공식적인 관위를 부여하지 않았던 것일 수 있다. 바꾸어 말하여 왕이나 좌보 · 우보 · 국상 등을 중심으로 하는 중앙정부에서 활동한 신료들에게는 관직과 관위가 주어졌으나 그렇지 않으면 그저 대가 정도로 부른 것은 아닐까 생각된다. 또는 이들 지방의 세력가였다고 믿어지는 대가들에게도 패자 등의 관위가 부여되었으나 그 의미가 중요하지 않아 기록에 남지 않았던 것 같다.

지금까지 고구려 초기의 관직과 관위에 대한 문제를 보았다. 그런데 『삼국사기』, 『삼국유사』 등의 기록은 매우 소략한 것들이다. 따라서 당시에 실제는 더 많은 수의 관직이 설치되었고 그 밖의 관위들도 설치되었다고 여겨진다. 당시 기록에 나오는 것보다 더 많은 사건들이 있었고 더 복잡한 정치제도가 운용되지 않았을까.

다음은 중앙정계에서 활동하던 신료들의 출신이 어떻게 변했나 보자. 고구려 왕실은 소노가에서 계루부로 넘어갔다는 기록이 있다. 그런데 계루부에서 왕을 배출하며 주몽을 시조로 하는 후손들이 왕위를 차지한 것이다. 계루 지역에 정착한 주몽 세력은 하나의 소국을 세웠다. 그때 그러한 소국의 지배세력으로는 부여계 이주민과 이들이 남하하는 도중에 만나 함께 이주하였던 세력 그리고 계루 지역에 원래부터 살던 세력들이 있었다. 그 중 부여에서 이주한 주몽 세력이 왕위를 장악했다.

그런데 계루 지역에 성장한 소국은 점차 이웃한 소국들, 예컨대 연나 · 비류나 · 환나 · 관나 등의 세력과 소국연맹을 맺었다. 그 후 이들 나연맹체의 세력들이 고구려 소국에 정복되며 종래 독립 소국으로서의 나(那)는 나부로 되었다. 그리고 관나부 · 환나부 · 비류나부 · 연나부 등의 세력들은 태조대왕 말경 중앙정계에 진출하기 시작하였고, 차대왕 대에는 좌보 · 우보 등의 최고 관직도 차지하게 되었다. 그리고 그들 중 연나부는 왕비를 배출하는 세력이 되기도 했다. 연나부 세력들은 왕비를 배출한 것을 기회로 삼아 강한 힘을 발휘하기도 했다. 그러나 왕권을 능가할 수는 없었다. 이는 〈모델 2〉가 만든 부체제설의 허구성을 말해준다.

한편 고국천왕 대에 이르러 나부 출신 세력들은 왕경으로 많이 이주해 정착했다. 이에 왕경 내에 왕도를 비롯하여 동부 · 남부 · 서부 · 북부의 5부가 설치되었다. 왕경 세력들의 출신을 나타낼 때에는 그와 같은 부로 표기한 것을 볼 수 있다. 그때 왕도 출신들은 출신을 표기하지 않았다. 고국천왕 대에서 중천왕 · 서천왕까지에 이르는 동안 왕경 출신뿐 아니라 왕경 밖의 나부 출신 인물들도 중앙정계에 진출한 것은 「표 10」를 통하여 알 수 있다.

제5절 고구려 초기의 지방통치 제도

〈모델 2〉는 고구려의 지방통치 제도를 잘못 재구성한 데서 나온 것이다. 관학파들이 만들어낸 지방통치 조직과 필자가 재구성해낸 그것은 커다란 차이가 있다.

지금까지 일제 식민사학자들과 한국 후식민사학자들에 의한 고구려의 지방통치 제도에 대한 해명이 있어왔다.[82] 이들 연구는 대체로 나(那)와

부(部)에 대한 문제를 다룬 것이다. 그런데 나와 부에 대한 견해들이 서로 엇갈리고 있는 것을 볼 수 있다. 따라서 고구려의 지방통치 조직에 대한 윤곽마저 파악하기 어려운 실정이다.

이에 필자는 나와 부에 대한 지금까지의 견해를 검토하여 그 문제를 제기하고 나아가 고구려 지방통치 조직에 대한 전반적인 모습을 찾아내기로 한다.[83] 여기서 이용한 기본 사료는 『삼국사기』「고구려본기」다. 그밖에 금석문으로 『중원고구려비』도 잠시 이용할 것이다. 그 중 「고구려본기」는 고구려 지방통치 조직에 대한 충분한 사료는 아니나 그대로 지나칠 수도 없는 내용을 담고 있다. 특히 그 안에 구체적인 인물들에 대한 기록이 있어 『삼국지』, 『후한서』, 『한원』 등 중국사서와 비교할 수 없을 정도로 중요한 의미를 지닌 자료라고 하겠다. 그동안 『삼국사기』보다 오래전에 편찬된 중국 사서를 중시한 것이 사실이나 그러한 자료들이 가지는 한계를 생각할 필요가 있다. 그런데 『삼국사기』「고구려본기」에는 봉상왕

82 이 글의 작성에 참조한 논문들이 있다.

白鳥庫吉, 「丸都及國內城考」, 『史學雜誌』 25~4, 1914.

今西龍, 「高句麗五族五部考」, 『史林』 6~3, 1921: 『朝鮮古史の研究』, 1937.

池內宏, 「高句麗の五部及五族」, 『東洋學報』 16~1, 1926.

三品彰英, 「高句麗王都考 」, 『朝鮮學報』 1, 1951.

三品彰英, 「高句麗の五族について」, 『朝鮮學報』 6, 1954.

김철준, 「고구려 · 신라의 관계조직의 성립과정」, 『이병도박사화갑기념논총』, 1956.

이병도, 「고구려국호고」, 『서울대인문사회과학』 3, 1956. 『한국고대사연구』, 1976.

이병도, 「고구려동황성고」, 『한국고대사연구』, 1976.

이기백, 「고구려왕비족고」, 『진단학보』 20, 1959.

노태돈, 「삼국시대 '부'에 관한 연구」, 『한국사론』 2, 1975.

이종욱, 「고구려 초기의 좌 · 우보와 국상」, 『전해종박사화갑기념사학논총』, 1979.

83 이 부분은 필자가 발표한 「고구려 초기의 지방통치제도」(『역사학보』 94 · 95합, 1982)를 바탕으로 하고 있다. 필자의 논문과 〈모델 2〉의 부체제설을 주장하는 여호규의 「고구려 초기 나부통치체제의 성립과 운영」(한국사론』 27, 1992)의 내용을 비교해 보면 흥미로운 사실을 발견할 수 있을 것이다.

(292~300)을 하한으로 나·나부와 관련된 인물들에 대한 자료가 나타나지 않는다. 다만 여기서는 고구려 전기의 지방통치 조직에 대한 문제를 다루기에 큰 문제는 없는 셈이다.

이 글을 통하여 고구려 전기 지방통치 조직의 전반에 대한 가설을 세워 보고자 한다. 그러한 가설을 세우기 위하여 나·나부의 구조와 정치적 성격을 다룰 필요가 있다. 이어 왕기(王畿)의 구조에 대한 문제를 다룰 것이다. 왕기의 실체, 4부의 문제, 왕도의 위치, 그리고 그 정치적 성격, 왕성·왕궁 등에 대한 문제를 정리할 것이다.

1. 문제제기

고구려 지방통치 조직에 대한 이해를 위하여 먼저 일제 식민사학과 한국 후식민사학이 만들어낸 〈모델 2〉를 잠시 보겠다. 먼저 이마니시 류(今西龍)는 계루부를 중심으로 4방에 분출하여 있던 나(那)는 부족으로 이루어졌다고 했다. 그런데 3세기 반 경 계루부가 왕도로 되면서 그 안의 기내 4부에 이들 나(那)의 세력이 가서 살게 되었고, 원래의 계루부를 합쳐 5부로 편성되었다고 했다. 이때 고구려의 5부는 왕도의 행정구획이며 동시에 귀인의 부별이 되었다고 했다. 그리고 나(那)에서 부(部)로 변한 것은 봉건 제후 관계에서 군신(君臣) 관계로 정치체제가 변한 것이라 했다.[84] 결국 그의 견해를 따르면 3세기 반 이후 동서남북의 4부는 중부(내부)와 합쳐 왕도를 구성했다는 것이다. 그러나 『삼국사기』「고구려본기」에는 3세

84 今西龍, 「高句麗五族五部考」, 『史林』 6~3, 1921: 『朝鮮古史の研究』, 1937, pp. 407~446.

기 이후에도 나(那) 출신 인물들이 나오고 있고 그 이전에도 부(部) 출신들도 나온다. 그러므로 3세기를 기점으로 그러한 변화가 일어났다고 단정할 수 없는 상황이다.

이케우치 히로시(池內宏)의 연구 중 평양천도 이전의 사정을 말하여 주는 대목을 보자. 그는 나를 씨족(clan)의 지방적 취단(聚團)이라고 했다. 그리고 동·서·남·북·내의 5부는 전국을 구분한 것이라 했다. 그 중 내부는 도성을 가리키며 나머지 4부는 전국의 구분이라 했다. 이는 동천왕대(227~248)에 이루어졌다고 했다. 한편 도성은 전·후·상·하·중의 부명을 가진 지역 구분이 이루어졌다고 했다.[85] 이 같은 견해는 동·서·남·북·내의 5부가 전국의 지역 구분이라 한 이마니시 류의 견해와 크게 다른 것이다.

이상의 연구는 중국 측 사서를 중심으로 이루어진 것인데 비하여 『삼국사기』를 근거로 한 연구가 있다. 미지나 아키히데(三品彰英)는 주로 고구려의 나(那) 집단 또는 나(那) 협동체에 대하여 다루었다. 그는 미천왕 이전의 고구려는 원시적 소국 또는 부족인 나(那) 집단에 의한 부족연합체적 시기에 해당한다고 보았다. 그리고 미천왕 이후는 절대왕권의 발전에 의한 중앙집권적 지배의 성숙에 따라 나(那) 집단이 소멸되고 5부 제도가 나타났다고 했다.[86] 그의 견해 중에 나오는 5나와 5부는 각기 역사적 시기를 달리한다. 이는 대체로 이마니시 류가 5나와 5부에 대하여 설명한 바와 같은 범주에 속하는 견해라고 할 것이다.

한편 김철준은 고구려 본래부터 가부장 세력이 중심이 된 5족이 있었고 이를 5부족이라고 보았다. 그리고 이들 5부족은 각기 나(那)라 하는 부

85 池內宏, 「高句麗の五部及五族」, 『東洋學報』 16~1, 1926, pp. 1~47.
86 三品彰英, 「高句麗の五族について」, 『朝鮮學報』 6, 1954, pp. 13~57.

족국가를 형성하였다고 보았다. 그런데 중앙의 지배력이 팽창하며 고구려는 부족연맹체를 구성했다고 보았다. 태조대왕 이후 계루부에서 맹주의 지위를 차지하였는데 그 후에도 소(연)노부 등은 계속 부족국가로 존속했다고 보았다. 한편 왕권이 확립된 고대국가가 형성된 후에도 고구려의 통치조직 안에는 제 귀족을 통솔하기 위해 부족연맹장적인 지위의 대대로가 있었다고 보았다.[87] 이러한 김철준의 견해는 나(那)와 부(部)를 동일하게 족적인 측면에서 파악하려는 것으로 미지나 아키히데가 부(部)를 행정구획으로 본 견해와 다른 것이다.

지금까지의 연구를 보면 부족 · 씨족이라는 혈연 조직에 대한 개념을 국가의 정치 조직과 연관시키는 작업들이 적지 않다. 그러나 하나의 소국(성읍국가) 단계가 되면 지배층과 피지배층이 나뉘며 국가의 성원 전체는 하나의 혈연적인 집단으로서의 성격을 상실하고 있다. 단지 지배 씨족(실제는 종족인 lineage)들은 혈연 조직에 의하여 그 특권을 유지해나갔다. 그러나 그러한 원리는 실제 국가통치 전체에 미치는 영향은 그다지 크지 않았다. 따라서 부족이란 개념에 구태여 집착할 필요는 없다고 본다.

다음으로 이기백은 종래의 연구가 나(那)와 부(部)에 대한 해명에 치우친 것과 달리 왕비족에 대한 분석을 통하여 나(那)와 부(部)의 정치적 변화, 고구려의 정치체제 발전 등에 대한 문제를 다루었다. 그는 고국천왕에서 서천왕에 이르는 동안을 연나부(절노부)의 명임 씨가 왕비족으로 있던 시기라고 했다. 이같이 왕비족이 존재하던 시기를 부족연맹(연맹왕국)에서 고대국가(왕족 중심의 귀족국가)로 넘어가는 과도기로 보았다. 이러한 정치적 과도기는 왕위 형제 상속에서 부자 상속이 진행되는 과도기와도

---

87 김철준, 「고구려 · 신라의 관계조직의 성립과정」, 『이병도박사화갑기념논총』, 1956, pp. 687~696.

일치하고 있다고 보았다. 그리고 이 같은 과도기를 거쳐 혈연적 · 족제적 요소가 강한 5부족제가 지연적 · 행정적 요소가 강한 5부제로 개편되었다고 했다.[88]

노태돈은 나(那)를 부(部)의 원형으로 보았다. 그러한 나(那)나 평(評)은 씨족공동체가 붕괴된 이후 계급 분화가 크게 진행되었으면서 보편적인 공법과 수취 체제가 보이지 않는 상태에서 지역별로 성립된 단위 정치체로서 부족이라고 보았다. 그런데 태조대왕 22년까지는 5부 체제가 완비되었다고 했다. 이러한 5부 체제는 부족연맹체로서 왕국의 성립을 의미하며 당시 계루부에서 정치적 주도권을 장악하였으며 나머지 4부족은 그 자체의 자치권은 인정되나 무역권과 외교권은 박탈당했다고 하였다.[89] 노태돈의 5부 체제에 대한 이야기는 현재 고등학교 『국사』 교과서의 내용이 되었다. 그러나 이 5부체제설은 일제 식민사학에서 시작하였고 한국 후식민사학이 만들어낸 〈모델 2〉의 종착점에 서 있는 이야기라고 하겠다.

지금까지 본 견해들은 다음과 같은 문제를 다루었다. 첫째, 시간이 지나며 나(那)에서 부(部)로 되었다는 것이다. 나(那)를 부족, 씨족 또는 원시적 소국 등으로 보는 견해들이 있다. 그런데 나(那)를 소국이라고까지 보면서도 한편 그 구성은 혈연적인 성격이 강한 족적 체제로 이루어졌다고 보는 것은 문제라고 하겠다. 그에 비하여 나가 역사적으로 발전한 부(部)는 행정적인 성격이 강한 지역 구분으로 받아들여지고 있다.

둘째, 주목되는 것은 나(那)와 부(部)의 위치에 대한 것이다. 그 중 부(部)의 위치에 대하여 이마니시 류와 이케우치 히로시의 견해가 틀리는 것은

88 이기백, 「고구려왕비족고」, 『진단학보』 20, 1959, pp. 81~97.
89 노태돈, 「삼국시대 '부'에 관한 연구」, 『한국사론』 2, 1975, pp. 3~14.

이미 앞에서 보았다. 셋째, 문제는 나(那)에서 부(部)로의 발전이 고구려의 부족연맹체적 정치 조직에서 고대국가의 정치 조직으로 넘어가는 것을 나타내준다고 하는 견해에서 찾을 수 있다.

위와 같은 기존의 연구 결과의 핵심이 되는 문제는 나(那)에서 부(部)로의 전환 한 가지로 묶어 정리할 수 있다. 그 전환 시기에 대해서는 이마니시 류가 3세기 반 경이라 했고, 이케우치 히로시는 동천왕 당시라 했다. 이기백은 대체로 이마니시 류의 견해에 따라 고국천왕 13년(191)을 전후하여 5부의 개편이 단행되었다고 하였다. 다음 이렇게 개편된 5부의 위치에 대하여, 이마니시 류는 왕도 안에서 찾았고, 이케우치 히로시는 왕도는 내부(內部)이고 그 밖의 지방이 동부 · 서부 · 남부 · 북부의 4부로 나뉘어졌다고 하였다.

그러나 필자는 나(那)에서 부(部)로 개편되었다는 종래의 연구에 의문을 갖고 있다. 이러한 문제를 해명하기 위하여 우선 『삼국사기』 「고구려본기」 태조대왕에서 봉상왕까지의 기간에 나오는 인물들에 대한 자료를 뽑아 다음 쪽의 [표 11]을 만들었다.

[표 11]을 보면 이마니시 류가 지적한 바와 같이 신대왕 이전에는 나 · 나부 출신 인물들이 나오고 있고, 서천왕 이후에는 동부 · 서부 · 남부 · 북부의 방위로 표기한 부(部) 출신 인물들만 나오고 있다. 그리고 그 사이에 해당하는 기간 동안 고국천왕에서 중천왕까지는 나 · 나부와 방위명의 부(部) 출신 인물들이 나오고 있다.[90] 그런데 실제 [표 11]에는 나명도 부명도 없는 인물들이 있다. 위와 같은 사실에 의하여 나(那)에서 부(部)로의 전환의 시점과 과도기의 존재를 밝혀낸 것은 의미가 있다.

그런데 그러한 과도기의 존재를 지적한 견해에 납득이 안 가는 점이 있

---

90 今西龍, 「高句麗五族五部考」, 『史林』 6~3, 1921: 『朝鮮古史の研究』, 1937, p. 419.

[표 11] 『삼국사기』에 나타나는 고구려 전기 인명표

번호	인명	취임 연월	퇴임 연월	관직	관위	출신	성	기타
1	송양	동명 2년 1월		다물도주		비류국		원래 비류국왕
2	부여 왕 종제	대무신 5년 7월		왕(王)		연나부		왕으로 삼아 연나부에 안치
3	구도		대무신 15년 3월	비류부장				동명왕 구신
4	일구		대무신 15년 3월	비류부장				
5	분구		대무신 15년 3월	비류부장				
6	추발소	대무신 15년 3월		비류부장	사자	남부		따로 큰집 짓고 거처
7	대승		민중 4년 10월	대가(大家)		잠우락부		낙랑에 가서 한나라에 투항
8	두로		모본 6년 11월			모본		왕을 죽임
9	재사	태조 1년		고추가				
10	도두	태조 16년			우태			갈사왕손으로 내항
11	달고	태조 20년			패자	관나부		조나 정벌
12	설유	태조 22년			패자	환나부		주나 정벌
13	을음	태조 22년		고추가		주나		주나 왕자 출신
14	△△	태조 55년 10월		동해곡수				붉은 표범 바침
15	목도루	태조 71년 10월	태조 80년	좌보	패자			병을 핑계로 물러남
16	고복장	태조 71년 10월	차대 2년 3월	우보				차대왕이 죽임
17	미유	태조 80년 7월			우태	관나부		수성의 측근으로 등장, 승진
		차대 2년 2월		우보	패자			
18	어지류	태조 80년 7월			우태	환나부		수성의 측근으로 등장, 승진
		차대 2년 2월		좌보	대주부			
19	양신	태조 80년 7월			조의	비류나		수성의 측근으로 등장, 승진
		차대 2년 10월		중외대부	우태			
20	명임답부		차대 20년 10월		조의			왕을 죽임
		신대 2년 1월	신대 5년 9월	국상	패자			좌원 질산을 식읍으로 줌
21	추안	신대 2년 1월		양국군				차대왕의 태자
22	우거	신대 5년		대가(大加)				현토태수를 도움
23	연인	신대 5년			주부			현토태수를 도움
24	우소	고국천 2년				제나부	우	제나부는 연나부
25	어비류	고국천 12년 9월		중외대부		연나부	우	왕후친척
26	좌가려	고국천 12년 9월				연나부	우	왕후친척
27	안류	고국천 13년 4월				동부		4부가 추천
		고국천 13년 10월			대사자			
28	을파소	고국천 13년 4월		중외대부	우태	서압록곡	을	
		고국천 13년 4월		국상		좌물촌		
29	△△	산상 즉위년		소노가		소노		공손강에게 나가 항복
30	고우루	산상 7년 8월	동천 4년 7월	국상				죽어서 퇴임
31	명임어소	동천 4년7월	중천 7년 4월	국상	우태		명임	죽어서 퇴임
32	△△	동천 12년		대가(大加)				무리 거느리고 공손연 토벌
33	밀우	동천 20년 10월				동부		거곡·청목곡을 식읍으로
34	유옥구	동천 20년 10월				하부		압록·두눌하원을 식읍으로
35	뉴유	동천 20년 10월			구사자	동부		구(대)사자로 추증

번호	인명	취임 연월	퇴임 연월	관직	관위	출신	성	기타
36	다우	동천 20년 10월			대사자	동부		뉴유의 아들
37	음우	중천 7년 4월	서천 2년 7월	국상	패자	비류부		죽어서 퇴임
38	명임홀도	중천 9년 11월		부마도위		연나부	명임	공주와 혼인
39	우수	서천 2년 1월			대사자	서부		딸을 왕비로
40	상루	서천 2년 9월	봉상 3년 9월	국상		(비류부)		음우의 아들, 죽어서 퇴임
41	달고	서천 11년 10월		안국군				왕의 동생, 전공으로
42	일우	서천 17년 2월						왕의 동생, 잡아 죽임
43	소발	서천 17년 2월						왕의 동생, 잡아 죽임
44	△△	서천 19년 4월		해곡태수				고래 눈을 바침
45	고노자		봉상 2년 8월	신성재	소형	북부		5백기를 갖고 왕을 맞이함
		봉상 2년 8월		신성태수	대형			
46	돌고	봉상 2년 9월		고추가				왕의 동생, 죽임
47	을불	봉상 2년 9월						돌고의 아들, 지방으로 쫓겨남
48	창조리		봉상 3년 9월		대사자	남부		
		봉상 3년 9월		국상	대주부			
49	음모	봉상 2년 9월				수실촌		
50	재모	봉상 3년				동촌		
51	조불	봉상 9년				북부		을불을 찾음
52	소우	봉상 9년				동부		을불을 찾음

다. 과연 고국천왕 대(179~197)에 나(那)에서 부(部)로의 개편이 이루어졌다면 그것이 일정 기간 동안의 과도기를 거친 후에야 하나의 제도로 정비되었을까 하는 점이 이해가 되지 않는다. 더욱이 고국천왕에서 중천왕(248~270)까지는 거의 1세기에 해당하는 기간이 된다. 그런가 하면 대무신왕 15년(32)에 이미 남부(南部) 사자(使者) 추발소를 비류부장으로 임명한 일이 있다.[91] 그리고 서천왕 이후 나명을 출신지로 하는 인물이 나타나고 있지 않다고 하지만 실제 서천왕에서 봉상왕까지는 그 기간이 불과 30년 정도에 지나지 않는다. 그 후 『삼국사기』 「고구려본기」에는 구체적인 인명 자체가 나오지 않는다. 따라서 서천왕 이후 나명을 출신지로 하는

91 『삼국사기』 14, 「고구려본기」 2, 대무신왕 15년.

인물이 없다는 단정은 하기 어렵다. 결국 그와 같은 과도기에 나(那)에서 부(部)로의 제도적인 개편이 아니라 나(那) 출신 인물들과 부(部) 출신 인물들이 중앙정계에 등장하는 기간으로 볼 수 있기 때문이다.

여기서 『중원고구려비』에 나오는 기록을 볼 수 있다. 그 안에 나오는 인물들의 출신을 표기한 중 전부(前部)·환노(桓奴)·하부(下部) 등이 나오고 있다. 환노는 환나(桓那)에 해당하는 것으로 볼 수 있다. 고구려인들은 노(奴)라는 용어를 지명에도 쓰고 있었다.

『중원고구려비』의 건립 연대는 대체로 장수왕 대(413~491)였다고 한다. 이병도는 장수왕 63년(475), 변태섭은 장수왕 69년(481), 김정배는 장수왕 37년(449)에 건립되었다고 한다.[92] 한 가지 분명한 사실은 『중원고구려비』는 장수왕이 427년에 평양천도를 한 후에 축조되었다는 것이다. 평양천도 후에 환노 출신을 신료로 등용하였을까 하는 점이 문제다. 고구려가 평양으로 천도한 후에도 당장 모든 것이 변한 것은 아니었을 것이다. 따라서 예맥 지역에 있던 환노 출신들도 중앙정계에 진출하는 일이 계속 되었다고 여겨진다.

여기서 나(那)와 부(部)의 관계를 정리할 수 있다. 우선 족적인 나(那) 체제가 소멸되고 행정적인 부(部) 체제로 넘어간 것이 아니라 나(那)와 부(部)가 서로 별도로 존재한 것을 알 수 있다. 그것도 나(那)와 부(部)가 시간적으로 선후한 것이 아니라 동시에 존재한 것이 분명하다. 이 경우 다음 세 가지 가능성을 생각할 수 있다. 첫째, 일정한 나(那) 안에 동부·서부·남부·북부·내부의 5부가 존재했을 가능성이다. 둘째, 나(那)와 부(部)가 동일한 지역을 차지하였으나 정치 발전에 따라 그 명칭도 나(那)에서 방위명

---

92 이병도, 「중원고구려비에 대하여」, 『사학지』 13, 1979, p. 23; 변태섭, 「중원고구려비의 내용과 연대에 대한 검토」, 『사학지』 13, p. 43의 주 4; 김정배, 「중원고구려비의 몇가지 문제점」, 『사학지』 13, 1979, p. 91.

을 가진 부(部)로 되었을 가능성이다. 셋째, 방위명의 4부는 왕도인 내부 밖의 전국을 나눈 것일 가능성이다.

위의 세 가지 가능성 중 갑자기 어떤 것이 사실인지는 쉽게 단정하기 어렵다. 그러나 고구려의 정치체제는 소국－소국연맹－소국정복 단계로 발전하며 중앙의 지배세력이 변동된 것을 생각할 수 있다. 소국병합 단계에 들어선 후 피정복 세력인 나부 출신들이 중앙에 올라와 신료로 활동하게 되었다. 시간이 지나며 나부에서 올라온 지배세력들이 중앙의 왕경에 정착하여 왕경 세력이 되어 원래 왕경 세력과 함께 왕정을 장악한 지배세력이 되었다고 여겨진다.

이러한 지배세력의 동향을 생각하면 고구려의 정치체제가 발전하며 나부의 세력들이 중앙으로 이주하는 현상은 늘어났을 것이다. 이로 인하여 왕경의 인구가 증가하고 그 안의 지역을 구분할 필요성이 생겨났다고 본다. 그 결과 나타난 것이 왕경을 동부 · 서부 · 남부 · 북부의 4부로 나눈 것이다. 물론 왕도는 4부와 함께 또 하나의 부(部)인 중부를 구성했을 것이다. 그런가 하면 왕경 밖의 예맥 지역에 있던 관나부 · 환나부 · 연나부 · 비루나부 등은 계속하여 단위 행정구역으로 존재하였다고 여겨진다.

여기서 고구려 전기 지방통치조직에 대한 하나의 가설을 세울 수 있지 않을까. 우선 계루부는 왕기가 되었으며, 그 안에는 동부 · 서부 · 남부 · 북부의 4부와 왕궁 · 왕성이 있는 왕도(내부 또는 중부)의 5부가 편성되었던 것일 수 있다. 그 밖의 지역에는 종래부터 있던 관나부 · 환나부 · 연나부 · 비류나부 등이 계속 존재하였다는 것이다. 나부는 종래 소국이었다는 사실로 미루어 그 면적이 그다지 적지는 않았다고 헤아려진다.

한편 계루부를 포함한 5개의 나부들 이외에 새로이 복속된 지역은 어떠한 구조로 편제되었을까 궁금하다. 그것이 다름 아니라 각지에 성을 설치하여, 그 성에 지방관을 파견하여 통치하는 방식이라 생각된다. 예맥 지역 밖의 소국이나 동옥저 같은 정치체를 정복한 고구려는 새로이 정복한 지역을 나부(那部)로 편제한 것이 아니라 성읍 등으로 편제한 것을 볼 수 있다. 고구려가 소국 정복을 해나가는 과정에 원래 예맥 지역에 있던 소국들은 나부로 편제하고 그 밖의 지역은 성읍으로 편제한 것이다.

이제 이러한 가설을 증명하기 위하여 나 · 나부의 정체, 왕기의 구성, 성을 거점으로 한 지방통치 조직 편성에 대하여 차례로 보겠다.

2. 나 · 나부의 정체

고구려 전기 지방통치 조직에 대한 이해를 위해서 나(那)와 나부(那部)에 대한 해명이 중요하다. 지금까지는 『삼국사기』에 나오는 자료가 아니라 『삼국지』에 나오는 아래 자료를 중심으로 고구려 초기의 지방통치 조직에 대한 해명을 해온 것이 사실이다.

> 본래 5족이 있다. 연노부 · 절노부 · 순노부 · 관노부 · 계루부가 있다. 본래 연노부에서 왕이 나왔는데 점점 미약해져서 지금은 계루부가 대신하고 있다. (『삼국지』, 「위서」, 동이전, 고구려)

이에 대한 해석들이 있다. 미지나 아키히데(三品彰英)는 나(那) 집단을 부족 혹은 원시적 소국으로 보았다. 그리고 나(那) 집단의 연합에 의해 부족연합체를 이루었고, 왕권이 절대화되며 중앙집권적인 지배체제가 확립되며 5부 제도로 되었다고 했다.[93] 여기서 한 가지 검토하고 넘어가야 할

93 三品彰英, , 三品彰英, 「高句麗の五族について」, 『朝鮮學報』 6, 1954, p. 55.

문제가 있다.

다름 아니라 나(那) 집단을 부족(tribe)으로 보는 견해에 대한 것이다. 미지나 아키히데도 들고 있듯 나(那) 집단의 인적 규모는 크다. 여기서 발기가 형으로 왕위를 장악하지 못해 소노가(消奴加)와 더불어 각기 하호 3만여 명을 거느리고 공손강에게 나아가 항복하고 돌아와 비류수에 거처하였다는 기록[94]을 볼 수 있다. 이같이 많은 사람을 포함하는 나(那) 집단을 부족 집단이라고 할 수 있을까? 그렇게 보기 위해서는 그 안에 살던 사람들이 하나의 조상에서 나왔다는 생각을 가지고 있어야 한다. 그리고 그와 같은 혈연의식을 바탕으로 한 평등의 기본원리로 사회조직을 움직여야 한다.[95] 그러나 고구려 전기 나(那) 집단에는 그러한 성격이 보이지 않는다. 부족사회는 국가 형성 이전의 정치 발전 단계를 의미하기 때문이다.

실제로 나(那)를 소국 정도의 정치 발전 단계로 보면 그 안에 지배층과 피지배층으로 신분층이 나뉜 것을 알 수 있다. 그때 혈연적인 요소를 강조하면 지배층과 피지배층 사이에 엄격한 신분제를 상정하기 어렵다. 따라서 나(那)를 소국으로 볼 경우 그 사회를 움직이는 원리로 씨족 · 부족이란 개념을 도입하기 어렵다. 따라서 나(那) 집단이 부족적 성격을 지녔다고 볼 수는 없는 것이다. 그렇더라도 각 나(那)에 몇몇 지배 씨족이 있어 나(那)의 지배층을 구성한 것은 생각할 수 있다. 미지나 아키히데는 인류학 이론을 잘못 적용한 것이라 하겠다.

그러면 고구려 전기 나(那)는 어떠한 정치적 성격을 지닌 존재였을까? 나(那)와 중앙정부와의 관계에 초점을 맞추어 그 성격을 생각할 수 있다. 시간이 지나고 중앙정부의 힘이 강해지며 나(那)의 성격도 변한 것을 알

94 『삼국지』, 「위서」, 동이전, 고구려.

95 Marshall D. Sahlins, Tribesmen, 1968, pp. 20~27.

수 있다. 여기서 고구려 전기 나(那)에 대한 성격을 알아보는데 적어도 세 단계로 구분하여 정치적 성격을 보겠다.

첫째, 나(那)가 독립 소국으로 있던 단계가 있다. 태조대왕 20년(72) 관나부 패자 달고가 주나를 정벌하여 그 왕을 포로로 삼았다.[96] 태조대왕 22년(74)에는 왕이 환나부 패자 설유를 보내 주나를 정벌하고 그 왕자 을음을 포로로 하여 고추가로 삼은 바 있다.[97] 이 두 사건을 통하여 독립국으로서 왕과 왕자가 있던 조나와 주나를 볼 수 있다. 그리고 고구려 태조대왕의 명을 받던 관나부와 환나부의 존재를 볼 수 있다.

조나와 주나는 왕과 왕자가 있던 독립 소국이었다. 그리고 그때 관나부와 환나부의 세력들이 왕의 명을 받았으나, 그러한 나부들도 원래 독립 소국으로서 나(那)였던 적이 있었던 것을 생각할 수 있다. 다만 독립 소국 관나와 환나는 그 이전 언제인가 고구려 소국에 정복되어 관나부 · 환나부의 나부가 된 것을 알 수 있다.

1) 예맥 지역의 독립 소국으로서의 나(那)

여기서 고구려 초기 독립 소국으로 있던 나(那)들에 대하여 알아보자. 주나 · 조나 그리고 관나 · 환나는 이미 이야기했다. 그밖에 [표 11]을 보면 연나(椽那) · 비류나 · 제나(提那) · 소노 등이 보인다. 그 중 연나(椽那)는 연나(掾那)(『삼국사기』 대무신왕 5년 조)로도 나온다. 이는 두 가지가 같은 실체를 의미하는데 표기가 달리 된 것이라 하겠다. 한편 『삼국사기』 고국천왕 즉위조에 나오는 소노(消奴)는 중국 측 기록인 『삼국지』를 옮겨놓은 것이다. 그리고 이 기록은 고국천왕 조에 들어갈 것이 아니고, 산상왕 조에

96 『삼국사기』 15, 「고구려본기」 3, 태조대왕 20년.

97 『삼국사기』 15, 「고구려본기」 3, 태조대왕 22년.

들어가야 할 것이다. 여하튼 여기서 관나 · 환나 · 조나 · 주나 · 연나 · 비류나 · 제나 등의 나(那)들을 볼 수 있다. 그 중 주나와 조나는 『삼국사기』 태조대왕 20년과 22년 조에만 나온다. 그리고 제나와 연나가 동일한 나일 수 있음은 이미 지적된 바 있다.[98] 이로서 고구려 전기에 나(那)들은 5개만 있었던 것이 아니라는 사실을 알 수 있다.

한편 [표 11]에는 소속을 알 수 없는 인물들이 나오고 있어 주목된다. 그들의 출신은 어디였을까? 단정하기는 어려우나 대체로 왕이 속한 나(那) 출신이었다고 볼 수도 있다. 『삼국지』의 기록에 따르면 고구려의 왕은 처음에는 연노부(『후한서』에는 소노부)에서 나왔는데 점차 미약해져 계루부에서 왕을 배출했다고 한다. 계루부가 왕위를 장악한 시기가 언제인가는 문제가 되겠으나 주몽이 고구려 소국을 세운 후 고구려의 왕권은 계속 그들 세력이 장악한 것으로 본다. 그리고 태조대왕 대는 이미 계루부가 왕권을 장악한 지 오래된 때였다.

앞에서 고구려에 정복된 나(那)는 4개만이 아니라 그보다 많았던 것을 보았다. 다만 그러한 피정복 나(那)들이 나부로 된 후 중앙 정계에 신료를 배출한 나부는 많지 않았다. 그 중 관나부 · 환나부 · 연나부 · 비류나부들이 신료를 배출한 나부였을 가능성이 있다. 거기에 왕을 배출한 계루부 하나를 더하면 고구려 전기에 5부가 중요한 의미를 지닌 나부였던 것을 생각할 수 있다.

고구려 전기 나(那)의 규모는 어떠하였을까? 대무신왕 5년(22) 부여 왕의 종제(從弟)가 1만여 명을 거느리고 투항해왔다. 왕은 그를 왕으로 삼아 연나부에 살게 한 것으로 나온다.[99] 그리고 산상왕 대에 연노가가 3만여

98 이기백, 「고구려왕비족고」, 『진단학보』 20, 1959, p. 84.

99 『삼국사기』 14, 「고구려본기」 2, 대무신왕 5년.

명을 거느렸던 사실도 볼 수 있다.[100] 연노가는 이미 고구려에 병합된 지 오래된 나부 중 하나로 독립 소국인 나의 인구 규모를 이야기하기에는 부적합하다. 여기서 나(那) 중에 1만여 명의 인구를 거느린 경우가 있었다는 사실을 지적해두고자 한다.

나(那)들이 일정 지역에 독립 소국으로 존속한 시기는 언제였을까? 조나는 태조대왕 20년(72), 주나는 태조대왕 22년(74)까지 독립 소국으로 있었다. 연나는 대무신왕 5년(22)에는 이미 독립을 상실한 후였다. 그밖에 비류나는 대무신왕 15년(32) 이전에 이미 고구려에 복속된 것을 짐작할 수 있다. 사실 비류나는 송양왕이 다스리던 비류국이었을 것이다. 또한 관나와 환나도 각기 72년과 74년 이전 언제인가에 고구려에 복속되었다. 단정하기는 어려우나 태조대왕 초, 대체로 1세기 중 · 후반 경까지 예맥 지역의 나(那)들은 모두 고구려에 정복된 것을 알 수 있다.

한편 그와 같은 독립 소국들의 상한은 언제까지 올라갈까? 자세한 문제는 여기서 다루지 않겠다. 다만 예맥 지역의 소국들인 나(那)들이 형성된 시기는 기원전 3세기 또는 그 이전일 수 있다. 예맥 지역의 소국들 중 고구려 소국은 기원전 3세기 후반 언제인가 형성되었다. 고구려 소국은 예맥의 나(那)들 중에는 가장 늦게 국가를 형성한 경우다.

압록강 중류와 상류지역의 강가와 지류 지역에 형성되었던 소국으로서의 나(那)들은 일찍이 예맥이라는 소국연맹체를 형성하였다. 그러한 사정은 한 무제 때인 기원전 128년 예군 남여가 28만 명의 사람을 거느리고 요동군에 나아가 내속(內屬)하였을 때 무제가 창해군을 설치했는데 몇 년 후 폐지했던 것으로 알 수 있다.[101] 여기 나오는 28만여 명은 하나의 소국

100 『삼국지』, 「위서」, 동이전, 고구려.

101 『후한서』 동이전 예.

인 나(那)의 인구일 수는 없다. 기원전 128년에 예맥 지역의 여러 소국들이 소국연맹을 형성하였기에 예군 남여는 28만여 명을 거느렸다고 나오는 것이다.

여기서 비류국과 비류나를 주목하게 된다. 비류국에 대한 기록은 고구려 건국신화에 나온다. 왕이 나라를 세운 후 비류수에 채소 잎이 떠내려오는 것을 보고 상류에 사람이 있는 것을 알고 사냥을 하며 찾아가 비류국에 이르렀다. 그 나라 왕 송양이 주몽을 보고 나는 바다 모퉁이에 치우쳐 살며 군자를 만난 일이 없었는데 오늘 만나게 되어 다행이라 하며 주몽에게 어디서 왔는가 했다. 주몽이 자기는 천제의 아들인데 졸본천에 와서 도읍을 정했다고 했다. 송양이 말하기를 자기는 대대로 그곳에서 왕 노릇을 했는데 그곳은 땅이 좁아서 두 임금을 받아들일 수 없다고 하며 주몽에게 도읍을 정한 지 얼마 되지 않으니 자기에게 부용하라고 했다. 주몽이 화를 내어 그와 말로 싸우다가 활을 쏘아 재주를 시험했다. 송양은 모두 대항할 수 없었다고 한다.[102] 그 이듬해에 송양이 나라를 들어 와서 항복하자 그 땅을 다물도로 만들고 송양을 봉하여 다물도주로 삼았다. 고구려 말에 옛 땅을 되찾는 것을 다물이라 하였기에 그렇게 이름한 것이라 한다.[103]

여기서 비류국과 비류나를 통하여 국(國)과 나(那)·나부(那部)의 관계를 이야기할 수 있다. 대무신왕 15년(32)에 나오는 비류부장은 비류나부의 부장을 의미한다. 비류부는 비류나부를 의미한다고 생각되기 때문이다. 실제로 『삼국사기』에는 비류부, 비류나[104]로 나오는 기록은 원래 비류나부가 맞는다고 본다. 비류나가 고구려에 정복된 후 비류나부가 되었던 것이다. 그런데 비류나는 비류국이라고도 한 것을 볼 수 있다. 결국 비류국

---

102 『삼국사기』 13, 「고구려본기」 1, 시조 동명성왕 조.

103 『삼국사기』 13, 「고구려본기」 1, 시조 동명성왕 2년.

104 『삼국사기』 15, 「고구려본기」 3, 태조대왕 80년.

의 국(國)은 비류나의 나(那)와 같은 의미로 사용된 것을 알 수 있다.

그런데 국(國)이 모두 나(那)였던 것은 아니다. 다음과 같은 사실을 보자. 동명성왕 6년 왕은 오이·부분노에게 명하여 태백산 동남의 행인국(荇人國)을 정벌하게 하여 그 땅을 빼앗아 성읍으로 삼은 바 있다.[105] 대무신왕 9년 10월에는 왕이 개마국(蓋馬國)을 친정하고 그 왕을 죽이고 백성을 위로했고 노략질을 못하게 했다. 다만 그 땅을 군현으로 삼았다고 한다.[106] 대무신왕 12월에는 구다국(句茶國) 왕이 개마국이 멸망하였다는 말을 듣고 해가 자기에게 미칠까 두려워 나라를 들어 항복해왔다. 이로써 토지를 넓힘이 심히 넓었다고 한다.[107] 유리왕 33년에 오이·마리에게 명하여 2만의 군대를 거느리고 서쪽으로 양맥을 정벌하여 그 국(國)을 멸하고 군대를 진격시켜 한나라의 고구려현을 습취한 것으로 나온다.[108] 신대왕 2년에는 명임답부를 국상으로 삼고 패자의 관위를 더해주고 내외병마사를 관장케 했다. 아울러 양맥부락을 지배하게 했다.[109] 이들 예맥 밖의 나라들은 나(那)를 칭한 일도 없고 나부로 된 일도 없었다.

위의 사실들을 보면 행인국·개마국·구다국·양맥국은 고구려에 정복된 후 성읍·군현·부락 등으로 된 것을 알 수 있다. 이는 비류국이 비류나와 같은 의미로 사용되었고, 그것이 고구려에 정복된 후 비류나부로 되었던 것과 다르다. 행인국 등은 나(那)를 칭한 일이 없었던 것으로 생각된다. 여기서 나(那)를 칭한 소국들은 압록강과 그 지류에 위치한 예맥 지역에 위치한 나라들이었다고 여겨진다. 예맥 지역의 나(那)들은 일찍이 하

---

105 『삼국사기』 13, 「고구려본기」 1, 시조 동명성왕 6년.
106 『삼국사기』 14, 「고구려본기」 2, 대무신왕 9년.
107 『삼국사기』 14, 「고구려본기」 2, 대무신왕 9년.
108 『삼국사기』 13, 「고구려본기」 1, 유리왕 33년.
109 『삼국사기』 16, 「고구려본기」 4, 신대왕 2년.

나의 소국연맹을 형성한 바 있다.

예맥 지역의 소국으로서의 나(那) 중 일부 나(那)에서는 그 후에도 계속하여 중앙 정계에 신료를 배출하였던 것이다. 그와 달리 고구려 중앙정부는 예맥 이외의 지역의 소국들로부터는 신료를 공급받지 않았던 것으로 여겨진다.

여기서 고구려에 정복된 소국들을 두 종류로 나눌 수 있다. 하나는 예맥 지역의 나(那)들이다. 다른 하나는 예맥 밖의 소국으로서의 국(國)들이다. 그러한 나(那)와 국(國)들은 소국으로서 각기 독립된 정치조직을 갖추고 있었다. 각 나(那)와 국(國)에는 왕이 있고 왕위 계승권자로서 왕자가 있었다. 그밖에 소국의 신료들도 있었을 것이다.

2) 고구려에 복속된 나부(那部)

고구려는 기원전 3세기 후반 예맥 지역의 한쪽에서 소국을 형성하였다. 그 후 국력을 키운 소국 고구려는 기원전 2세기 언제인가 비류나를 부용으로 삼았고 나아가 정복하였다고 여겨진다. 기원전 107년 현토군이 설치될 때 그 치소로 고구려현이 설치된 것은 고구려가 이미 정복 사업을 벌여 정치적으로 강력한 왕국으로 성장했기 때문이다. 그 후 고구려 세력은 현토군을 축출하는데 앞장섰고, 기원전 75년 고구려현을 축출하는데 성공했다. 기원전 1세기 고구려는 예맥 지역의 나(那)들을 정복해 나갔다. 그러한 나(那)들 중에 환나 · 관나 · 연나 등이 있었다. 1세기 중반 · 후반 경에 주나와 조나를 정복함으로써 예맥 지역의 나(那)들은 대체로 고구려에 정복되었다. 한편 고구려는 예맥 지역 밖의 소국들도 정복하였다. 따라서 그러한 피정복 소국들에 대한 통치를 어떻게 했는지도 볼 필요가 있다.

먼저 예맥 지역의 피정복 나(那)들에 대한 통치를 보자. 그동안 알려진 것은 나(那)들을 정복한 주체인 계루부를 포함하여 5나부가 주목되어왔다. 그 중 비류나를 정복한 후 상황을 볼 수 있다. 독립 소국이었던 비류나가 주몽에게 항복을 한 후 고구려는 그 지역을 다물도로 삼았다. 그리고 원래 비류국(비류나)의 왕이었던 송양을 다물도주로 삼았다. 이는 고구려가 소국을 정복한 후 처음부터 지방관을 파견하여 통치하는 중앙집권적 통치 체제를 편성한 것이 아님을 보여준다. 고구려는 피정복 소국인 나(那)에 대하여 제후국적인 지위를 주어 원래 그 지역의 지배세력을 다물도주로 삼았던 것이다. 그와 같은 제후국적인 편제는 다른 나(那)들에 대해서도 마찬가지였을 것이다.

여기서 『삼국지』 고구려조의 기록을 주목할 수 있다. 고구려의 모든 대가(大加)들은 스스로 사자 · 조의 · 선인을 두었는데, 그 명단을 왕에게 보고해야 했다. 그들은 마치 중국의 경이나 대부의 가신과 같은 것으로 회합할 때 좌석 차례에서 왕가의 사자 · 조의 · 선인과 같은 열에 있을 수 없다고 한다.[110] 3세기 후반 대체로 280년대 언제인가 편찬된 『삼국지』의 기록을 보면 고구려의 대가들은 왕실에 대하여 일종의 제후적인 존재였던 것을 알 수 있다.

여기 나오는 대가는 피정복 소국인 나(那)를 나부로 편제한 지역의 지배세력들이었다고 보아도 좋다. 그러한 대가들은 각기 사자 · 조의 · 선인과 같은 관리를 거느렸는데 그들은 왕가의 사자 · 조의 · 선인과는 격을 달리하는 차별 대우를 받았던 것을 알 수 있다. 그리고 대가들이 거느렸던 사자 · 조의 · 선인의 명단을 왕에게 보고했다는 사실도 의미가 있다. 고구려는 피정복 소국인 나(那)를 나부로 편제하고 그 지역의 원래 지배세력을 대가로 삼아 일종의 제후적인 지위를 부여한 것을 알 수 있다. 나부 지역

110 『삼국지』 30, 「위서」 30, 동이전, 고구려.

에 대한 통치에 있어 대가들은 자치권을 인정받았다고 여겨진다.

중앙정부의 왕에 대하여 제후적인 지위를 가졌던 지방의 대가들은 모두 동일한 정치적 지위를 가졌던 것은 아니다. 그들 중에는 소노부(연노부)의 적통대인은 전 왕족으로서 고추가의 칭호를 사용하였고 종묘를 세우고 영성과 사직에 제사를 지냈다. 그리고 절노부는 대대로 왕실과 혼인을 하였기에 그 대인은 고추가 칭호를 사용했다고 한다. 여기서 계루부는 왕을 배출하였기에 사실상 최고의 지위를 누린 것은 분명한 사실이다. 그리고 전왕족인 소노부와 왕비를 배출한 절노부 세력들 중 적통 대인이 고추가를 칭한 것으로 보아 그들은 그렇지 못한 나부들보다 높은 지위를 갖고 있었던 것을 알 수 있다.

한편 소국으로서의 나(那)를 정복한 고구려 중앙정부에서는 왕 밑에 좌보·우보라는 최고 관직을 설치하고 패자(대로)·우태 등의 관위를 설치하여 신료 조직을 편제하였다. 후에 국상이나 중외대부라는 관직이 설치되고, 관위도 늘어나게 되었다. 그들 중앙정부의 신료들은 대가들이 거느렸던 관리들보다 격이 높았던 것이다. 그런데 본질적인 면에서 각 나부에 대한 통치 체제는 본질적으로 동일한 것으로 보인다.

계루부에서 배출되던 왕들은 관나부·환나부·비류나부·연나부의 대가들에게 명령을 내려 통치하는 방식을 취했다. 각 나부의 백성들에 대한 국왕의 지배는 나부의 대가들에게 명을 내려 행할 수 있었다.

여기서 나부에 대한 통치를 통하여 기존 견해 두 가지를 되돌아보기로 한다. 하나는 지금까지 이와 같은 나부들을 중심으로 이루어지던 고구려의 정치를 나부연합체적인 것으로 파악해온 것이다.[111] 그런데 앞에서 본 바에 따르면 단순히 연합체적인 성격을 지녔다고 할 수 없다. 나부들은

---

111 三品彰英, 「高句麗の五族について」, 『朝鮮學報』 6, 1954, p. 55.

이미 고구려에 정복된 나(那)를 편제한 것들이다. 따라서 피정복 나부들이 고구려 중앙정부와 연합체를 형성했다는 〈모델 2〉의 주장은 처음부터 성립할 수 없는 것이다.

다른 하나는 나(那) 집단이 부족사회라고 보는 것이다. 앞에서도 언급한 것과 같이 나(那)에는 왕이 있는 등 국가로서의 모습을 갖고 있었다. 그러한 나(那)는 하나의 소국이었다. 국가 단계의 나(那)를 하나의 부족집단으로 보는 것은 문제가 있다. 인류학에서 이야기하는 정치 발전 단계에는 부족사회(tribal society)에 뒤이어 추장사회(chiefdom)가 있고 그 다음 단계가 국가(state) 단계인 것이다. 한국사에서 소국 단계부터 국가 단계로 이야기해야 한다. 그런데 부족사회는 혈연을 중심으로 운용되던 사회이며 추장사회(chiefdom) 단계 이전 정치 발전 단계다. 물론 각 나(那)나 나부(那部)에 몇 개의 씨족들이 지배세력으로 되었던 사정은 알 수 있다. 그렇다고 그러한 사회를 부족사회라고 할 수는 없다.

필자는 독립 소국인 나(那)들이 독립을 상실하고 왕이 속한 나(那, 계루부)에 부용하게 된 것이 기원후 1세기 후반 태조대왕 대였다고 보았다. 그 때 5나가 중심이 되어 전국을 통치하였는데 이를 나연합체적인 통치 체제로 보았다. 나연합체적 통치 체제는 계루부의 왕을 중심으로 다른 나(那)의 지배세력들과는 왕과 제후의 관계에 있었다고 했다. 당시 나(那)의 세력은 중앙 정계에 진출하지 못했다고 보았다.[112] 이것이 관학파가 만들어낸 〈모델 2〉의 내용이다.

고구려 소국이 예맥 지역의 나(那)들을 정복한 처음부터 피정복 나(那)들의 세력을 중앙 정계로 불러들여 신료로 삼지는 않았다고 여겨진다. 고구려가 정복 활동을 전개하며 피정복국에 대한 중앙집권적인 통치를 하

---

112 이종욱, 「고구려 초기의 지방통치 제도」, 『역사학보』 94 · 95합집, 1982, pp. 98~99.

기 어려운 상황에서 나부를 편제하고 원래 있던 나의 지배세력들을 나부의 제후적인 존재로 편제하는 방식을 취했던 것이다.

한 가지 분명히 하고 넘어갈 문제가 있다. 유리명왕 22년(기원후 3년) 고구려는 졸본에서 국내로 천도했다. 그때 왕을 배출하던 계루부는 졸본에서 국내로 중심을 옮긴 셈이 된다. 계루부의 경우 왕을 배출하고 있었기에 천도와 동시에 중심지를 옮길 수 있었던 것이다. 이후 국내 지역은 왕경이 되었던 것이다. 그리고 계루부가 중요한 것이 아니라 왕경이 의미를 지니게 되었다.

다른 나부들은 어떠하였을까? 단정을 하기 쉽지 않다. 다른 나부들의 경우 일정 지역에 머물러 있어야 그들의 세력을 유지하고 제후적인 지위를 차지할 수 있었던 것은 아니었나 생각된다.

3) 나부 세력의 중앙 정계 진출

시간이 지나며 예맥의 소국과 예맥 지역 밖의 여러 국들에 대한 정복 활동을 벌인 고구려는 피정복국 세력들을 중앙 정계로 불러들여 신료로 삼는 일이 전개되었다. 태조대왕 80년(132) 7월 왕의 동생으로 나오는 수성이 왜산에 사냥 갔을 때 관나부의 우태 미유, 환나부의 우태 어지류 그리고 비류나부의 조의 양신 등이 수성에게 왕위를 빼앗을 것을 이야기한 바 있다.[113] 그들은 후일 수성이 왕위에 오른 후 차대왕 밑에서 좌보 · 우보 · 중외대부의 관직을 받았다. 관나부 미유는 패자로서 우보가 되었고 환나부 우태 어지류는 대주부로 좌보가 되었으며 비류나부 조의 양신은 우태로서 중외대부로 임명되었던 것이다.[114] 나부 출신들이 중앙 정계에

---

113 『삼국사기』 15, 「고구려본기」 3, 태조대왕 80년.
114 『삼국사기』 15, 「고구려본기」 3, 차대왕 즉위조.

진출하기 시작한 때가 언제인지는 확실치 않다. 다만 태조대왕 대부터 나부 세력들이 중앙 정계에 진출하였고 차대왕 대에는 최고의 관직까지 차지한 것을 볼 수 있다.

수성(차대왕)은 태조대왕과 그 세력을 물리치고 왕이 되기에는 그 세력 기반이 약했다. 그 결과 일찍부터 나부(那部) 세력들을 끌어들여 왕위를 빼앗기 위한 세력으로 만들었던 것이다. 그때 수성에 대한 반대 세력들이 있었다. 우보 고복장은 태조대왕에게 수성의 음모를 미리 알리고 수성을 제거하도록 했으나 받아들여지지 않았다.[115] 도리어 수성이 왕위에 오른 후 고복장을 죽였다. 그러한 고복장을 선조의 근신(近臣)이라고 했다.[116] 고복장은 구체적으로 어느 나부 출신이었는지 나오지 않는다. 이 경우 고복장은 왕을 배출했다는 계루부 출신이었고 구체적으로 왕경에 살던 고 씨 성을 가진 왕족이었던 것을 생각할 수 있다.

그밖에 태조대왕 80년(132) 좌보의 지위에 있던 목도루는 수성이 딴마음을 가지고 있는 것을 알고 병을 핑계로 벼슬을 그만두기도 했다. 그 후 수성이 왕이 된 후 역시 병을 칭하여 퇴로(退老)한 것을 볼 수 있다. 목도루가 차지했던 좌보의 자리는 수성을 도왔던 환나부 우태 어지류에게 돌아갔다.[117] 목도루의 출신에 대한 기록이 없다. 그 또한 왕경 출신으로 볼 수 있다.

차대왕의 왕위계승과 관련하여 고 씨 왕족이나 왕경인들은 반대하는 측에 섰고 관나부 · 환나부 · 비류나부와 같은 나부 세력들은 지지하는 측에 섰다. 그 결과 태조대왕 말경부터 나부 세력들이 중앙 정계에 등장하여 신료로 되었고 차대왕 대에는 그들이 신료의 중심 세력으로 되었던 것

115 『삼국사기』 15, 「고구려본기」 3, 태조대왕 94년.
116 『삼국사기』 15, 「고구려본기」 3, 차대왕 2년.
117 『삼국사기』 15, 「고구려본기」 3, 차대왕 2년.

으로 생각된다.

차대왕 20년(165) 10월 연나부 조의 명임답부는 백성들이 견디지 못하는 것을 이유로 왕을 죽이고 그의 호를 차대왕이라 했다.[118] 신대왕 2년(166) 정월 연나부 조의 명임답부를 국상으로 임명하고 관위를 더하여 패자로 삼아 내외의 병마사를 관장하게 했고, 겸하여 양맥부락을 다스리게 했다. 이때에 이르러 좌보·우보를 국상으로 고쳤다.[119] 당시 연나부 세력이 중앙 정계에서 크게 활약한 것을 볼 수 있다. 차대왕의 즉위에 소외되어 있던 연나부 세력들이 차대왕을 제거하고 신대왕을 즉위케 한 것으로 생각된다. 시간이 지나며 연나부 세력들은 왕비를 배출하게 되었다. 고국천왕 2년(180) 2월 왕비 우 씨를 왕후로 세웠다. 왕후 우 씨는 제나부 우소의 딸이었다.[120] 여기서 말하는 제나부는 연나부라고 한다.

신대왕 이후 왕족 밑에 연나부 세력들이 왕비를 배출하여 다른 나부 세력들보다 강력해진 것을 알 수 있다. 그렇더라도 다른 나부 세력들이 제거된 것은 아니었다. 그 후에도 비류나부 음우가 국상이 되었던 것이 그 예다.[121]

한 가지 주목할 사실이 있다. 중천왕 7년(254) 비루나부의 음우가 국상이 되었는데, 서천왕 2년(271)에는 음우의 아들 상루가 국상이 되었다. 상루의 출신에 대한 기록이 없다. 그는 그의 아버지 음우와 마찬가지로 비류나부 출신일 것이다. 그런데 아버지 대부터 왕경에 살게 된 상루는 왕경인으로 되었을 가능성이 있다. 나부 출신이 왕경 세력으로 되었다는 사실은 중요한 의미를 지닌 사건이다.

---

118 『삼국사기』 15, 「고구려본기」 3, 차대왕 20년.
119 『삼국사기』 16, 「고구려본기」 4, 신대왕 2년.
120 『삼국사기』 16, 「고구려본기」 4, 고국천왕 2년.
121 『삼국사기』 17, 「고구려본기」 5, 중천왕 7년.

국상 상루는 봉상왕 3년(294) 남부 대사자 창조리가 국상이 될 때까지 그 자리에 있었다. 이 경우 294년까지는 나부 출신이 국상을 차지하였던 셈이 된다. 그리고 271년에서 294년까지는 나부 출신으로 왕경인이 된 인물이 국상 자리를 차지한 셈이 된다.

국상은 왕 다음가는 자리였다. 따라서 국상에 대한 기록은 사실을 그대로 전할 가능성이 크다. [표 11]을 보면 나부 출신으로 중앙 정계에 진출하여 신료가 된 것은 태조대왕 80년부터 서천왕 2년(271) 음우가 죽었을 때 또는 상루가 국상의 지위를 물러난 때까지였다. 그리고 동부 · 서부 · 남부 · 북부의 부명을 출신으로 하는 인물들이 중앙정부의 신료로 된 것은 고국천왕 13년(191) 동부 대사자 안류에 대한 기록부터였다. 그 후 봉상왕 말년 또는 미천왕 대까지 부명을 출신으로 하는 인물들의 왕의 신료로 되었다. 미천왕 이후 『삼국사기』 기록 자체에 문제가 있어 더 이상 어떤지는 알 수 없는 실정이다.

한편 방위명의 부를 가진 신료들은 언제부터 존재했을까? 대무신왕 15년(32) 남부 사자 추발소를 비류부장으로 임명한 것을 볼 수 있다. 남부에 대한 기록은 지나치게 일찍 나오는 감이 있다. 그 이후 191년 동부 안류에 대한 기록이 나올 때까지 방위명의 부 출신 인물들에 대한 기록이 나오지 않는다. 고국천왕 13년(191)부터 봉상왕(292~300)까지의 기간 동안 나부 출신과 왕경 4부 출신들이 왕의 신료로 등용되었던 사실을 생각할 수 있다. 미천왕 이후는 자료의 문제로 인하여 더 이상 밝힐 수 없다.

여기서 『중원고구려비』를 볼 수 있다. 그 안에 나오는 환노(桓奴)를 다시 볼 필요가 있다. 『중원고구려비』는 장수왕이 평양천도를 한 427년보다 50년 정도 후에 세워졌을 것이다. 장수왕이 평양천도를 한 후 평양에 거주한 사람만으로 왕정을 위한 신료를 모두 충당할 수는 없었다. 당시 왕경 지역과 나부 지역에 뿌리 내리고 지배세력들이 평양으로 모두 이주한 것은 아니었다. 따라서 평양천도 이전과 마찬가지로 왕경인들과 나부인들을 신료 집단에 등용하였을 것이다. 환노는 환나부를 뜻하는 것으로 『중원고구려비』를 세울 때 환나부인들을 동원한 것을 알 수 있다.

지금까지 나(那)에서 부(部)로 제도적인 전환이 일어났다고 하는 생각에 집착하여 『삼국사기』에 대한 검토도 하지 않고 일정 시점 또는 일정한 과도기를 거쳐 나(那)에서 부(部)로 되었다고 보아왔다. 이 같은 〈모델 2〉의 견해는 성립하기 어려운 것이다.

앞에서 본 것과 같이 고국천왕에서 봉상왕까지는 나부 출신과 왕경의 부(部) 출신 인물들이 왕정의 신료로 활동하였다. 이는 중앙집권적 통치체제의 성장과 관련하여 중요한 사실이다. 실제로 고국천왕 대 을파소가 국상으로 있을 때 단행된 정치적 개혁으로 나(那)에서 부(部)로 전환되었다면 국상과 같이 중요한 지위에 있던 사람들의 출신이 그 후에도 나부로 나올 수는 없다고 믿어진다. 이에 지방통치 조직이 나(那)에서 부(部)로 전환된 것이 아니라, 나부와 왕경의 부(部)들이 동시에 존재하였던 것을 알 수 있다. 방위명 부는 왕경의 지방 행정구역이고 나부는 지방의 통치 구역이었던 것이다.

여하튼 태조대왕과 차대왕 이후에는 지방의 관나부 · 환나부 · 연나부 · 비류나부와 같은 나부 출신들이 중앙 정계에 진출하였고, 그 중에는 국상들도 나왔다. 이는 정치적으로 어떤 의미를 가진 변화일까? 이는 왕의 정치적 권한이 확대된 것을 의미한다. 그 이전 직접 지배를 할 수 없던 나부 세력들을 중앙으로 불러 왕의 신료로 삼은 것은 왕의 통치력이 그만큼 강화된 것을 의미한다. 이후 나부 출신들이 왕경으로 이주하여 왕경인으로 되기에 이르렀다. 왕권이 성장하며 나부 세력의 중앙 세력화가 전개되었고 국가 지배체제가 한층 중앙집권화되어간 것을 알 수 있다. 그런데 이때 나부의 지배체제는 그 전과 마찬가지로 봉건제적인 방식으로 행해졌다.

여기서 한 가지 분명히 할 사실이 있다. 〈모델 2〉를 따르는 연구자들은 5나부체제를 주장하며 왕을 5나부의 한 부인 계루부의 부장으로 보며, 국상을 의장으로 하는 5나부의 대표에 의한 제가회의가 존재했다고 보고 있다.[122] 그러나 고구려에는 5나부만 있었던 것도 아니고, 왕이 계루부의 부장일 수만도 없었다. 고구려의 왕들은 왕국 전체를 다스리는 지배자였다. 다만 고구려는 예맥 지역의 나부들에 대해 중앙집권적 통치를 하지 않고 봉건제적인 방식으로 지배했기에 나부의 세력들이 중앙 정계에 진출할 수 있었던 것이다. 5나부체제를 설정하고 제가회의를 주장하는 〈모델 2〉는 탄생이 잘못된 것이다. 관학파가 한번 잘못 만들어낸 부체제설을 지금 연구자들은 당연한 것으로 생각하고 그에 맞는 사료만 골라 5부체제설을 강화시켜나가고 있는 것이 문제다. 부체제설을 따르는 연구자들은 부체제설을 부정하는 자료들도 검토하여 그 허구성을 인정하여야 할 것이다.

4) 고구려 나·나부 그리고 왕경 4부의 특성

이제 고구려 초기 지방통치 조직의 특성에 대하여 알아보자. 지금까지 고구려 전기 나(那)와 국(國) 그리고 나부의 관계를 3단계로 나누어보았다. 1단계는 나(那)가 독립 소국으로 있던 시기다. 2단계는 고구려 소국이 예맥 지역의 나(那)들을 병합한 시기다. 고구려 소국이 이웃한 나(那)를 병합하기 시작한 것은 기원전 2세기부터였다. 기원전 107년 현토군이 설치되며 고구려 소국 지역에 군치로 고구려현을 설치한 것은 그 때문이다. 고구려는 태조대왕 대에 예맥 지역의 모든 나(那)를 정복하여 나부로 편제했다. 3단계는 태조대왕 말년인 2세기 전반기에 나부 세력을 중앙정부의 신

122 금경숙, 「고구려 중앙 정치제도의 발전」, 『고구려의 정치와 사회』, 2007, pp. 88~94.

료로 등용한 시기다.

고국천왕 대에 왕경의 지역 구분으로 동부 · 서부 · 남부 · 북부 그리고 왕도로서 내부의 5부를 운용하였다. 왕경의 지역 구분은 대무신왕 대에도 이미 이루어져 있었으나 고국천왕 대에 왕경인을 왕의 신료로 등용할 때 그 출신을 밝힌 것이다.

여기서 고구려의 나 · 나부와 신라 6부와 잠시 비교해보자. 신라의 모체인 사로국은 사로6촌을 통합하여 형성되었다. 왕은 6촌 전체를 지배하는 군주가 되었다. 사로국 형성 후 종래 6촌은 사로국의 지방 행정구역으로 개편되었다. 각 촌에는 과거 사로국 형성 이전부터 있었던 지배세력들이 계속 촌의 지배세력으로 되어 있었다. 후일 사로국이 이웃 소국을 병합하여 들어가며 사로국의 영역은 왕경이 되었다. 과거 사로6촌은 그러한 왕경의 지방 행정구역으로 계속 존속하였다. 신라의 왕경 6촌은 후에 왕경 6부로 되었다. 신라의 6촌 또는 6부는 직경 10km 정도의 영역을 가졌다. 6촌 · 6부를 합친 것이 사로국 또는 신라 왕경의 영역이 되었다.

고구려의 계루부 · 관나부 · 환나부 · 비류나부 · 연나부 등은 원래 나부가 아니라 나(那)로서 독립 소국이었다. 그러한 나(那)들은 차이는 있었겠으나 사로국과 같은 하나의 소국 정도 규모였다. 이 경우 고구려에 정복된 비류나가 비류나부가 된 것과 같이 나부는 원래 소국 정도의 규모를 가졌던 것을 알 수 있다.

나부를 이해하는데 한 가지 문제가 되는 자료가 있다. 고국천왕 12년(190) 왕후 친척들이 국인들의 원망을 받자 왕이 그들을 죽이려 했다. 그때 좌가려 등이 4연나(四椽那)와 더불어 모반을 한 바 있다.[123] 4연나는 그 의미를 파악하기 쉽지 않다. 무엇인가 사료에 문제가 생긴 것으로 생각된

123 『삼국사기』 16, 「고구려본기」 4, 고국천왕 12년.

다. 애써 이를 해석하면 역사를 왜곡시킬 수 있다.

신라의 경우도 피정복국 지역 세력을 왕경으로 불러 6부에 살게 한 일이 있다. 그러나 그들의 수는 한정되어 있었고 왕의 신료로서 높은 지위에 오를 수도 없었다. 그와 달리 고구려는 왕경 밖의 나부에서 지배세력들을 왕경으로 불러 국상의 지위까지 준 것을 볼 수 있다. 이 경우 일정 기간 동안 왕경으로 올라간 세력들은 원래의 나부와 관계를 지속했을 것이다. 그러나 시간이 지나며 세대를 지나 왕경에 살게 된 나부 세력들은 왕경인으로 되었던 것도 볼 수 있다. 이는 고구려와 신라의 지배세력 구성이 달랐던 것을 의미한다. 그리고 지방 통치 체제 자체가 달랐던 것도 보여준다.

다음은 고구려 나부 출신들이 왕경 세력으로 되는 것을 보자. 연나부의 우소(于素)와 서부의 우수(于漱)의 관계를 볼 수 있다. 그들은 모두 같은 부족 출신이라는 견해가 있다.[124] 실제 이들이 동일한 씨족이라면 한 명은 연나부로 나오고 한 명은 서부로 나오는 까닭이 궁금하다. 단정하기는 어려우나 연나부 우소의 후손이 왕경에 이주하여 서부에 정착하여 오래 살게 되어 그 출신을 서부로 표기한 것일 수 있다. 여기서 기존 견해 하나를 주목하게 된다. 지금까지 유지된 혈연적인 5나 집단이 소멸되고 지연적 · 행정적인 5부가 설치되었다는 생각에는 근거가 없다. 이는 『삼국지』 고구려조에 나오는 "본래 5족"이 있었다는 기록에 집착하여 나(노)를 혈연 집단으로 보았기 때문이다. 그러나 『삼국지』 찬자는 나(노)의 성격에 대하여 잘 알지 못한 것이 틀림없다. 이제 『삼국지』 고구려조의 나(노)에 대한 기록보다 『삼국사기』 「고구려본기」의 자료를 가지고 고구려의 지방 통치 체제를 이해할 필요가 있음을 알게 되었다.

---

124 이기백, 「고구려왕비족고」, 『진단학보』 20, 1959, p. 86.

3. 왕경의 구조

고구려는 북부여에서 이주한 주몽 세력이 기원전 3세기 후반 언제인가 졸본 지역에서 소국으로서 고구려를 형성한 데서 시작하였다. 『삼국지』 고구려조에 처음에는 소노부에서 왕이 나왔는데 점차 미약해져 계루부에서 왕을 배출하였다는 것으로 보아 그때 고구려를 계루(桂婁)라고 불렀을 수 있다. 이웃한 소국들을 정복하며 계루는 계루부가 되었을 수도 있다.

그런데 여기서는 계루부를 크게 다루지 않기로 한다. 그 이유는 첫째, 『삼국사기』에 계루부에 대한 기록이 없다는 것이다. 계루부를 주목한 것은 중국인들이다. 둘째, 고구려는 수도를 천도했다. 고구려 초기의 경우 유리명왕 22년(기원후 3년) 졸본(현재의 환인)에서 국내(현재의 집안)로 천도한 바 있다. 고구려 소국 지역을 계루부라고 할 경우 천도 전과 천도 후 어느 때를 계루부로 볼 것인가 문제가 된다.

[표 11]을 보면 고구려 왕정에 참여한 신료의 출신으로 아무런 정보가 없는 경우, 동부 · 서부 · 남부 · 북부와 같은 부를 칭하는 경우 그리고 나부를 칭하는 경우 세 가지가 나온다. 그 중 아무런 표기가 없는 것은 왕경인일 가능성이 크다. 그리고 방위명의 부를 표기한 경우도 왕경인들을 나타내는 것이다.

여기서 방위명 부에 대한 종래의 견해를 보자. 이마니시 류(今西龍)는 3세기 반 경 계루부가 왕도로 되면서 그 안에 있는 기내 4부에 나(那) 세력들이 가서 살았다는 견해를 제시했다. 그때 원래 계루부를 합쳐 5부를 편성했다고 보았다. 5부는 결국 왕도의 행정구획이며 동시에 귀인(貴人)의 부별(部別)이라 하였다.[125]

125 今西龍, 「高句麗五族五部考」, 『史林』 6~3, 1921: 『朝鮮古史の研究』, 1937, p. 441.

이 같은 견해 중 왕도인 계루부를 5개의 행정구역으로 나누었다고 하는 점은 주목된다. 그에 비하여 이케우치 히로시(池內宏)는 왕도를 중부(내부)라 하였고 그 안에는 전부 · 후부 · 상부 · 하부 · 중부 등의 부가 있었고 그와 같은 왕도 밖의 지방은 동부 · 서부 · 남부 · 북부로 나뉘었다고 했다.[126] 이는 부의 성격에 대한 또 다른 견해다. 그러나 이러한 견해는 앞으로 언급하려는 바와 같이 성립되기 어려운 면이 있다.

여기서 『삼국사기』에 나오는 몇 가지 사실을 볼 수 있다. 먼저 기내(畿內)라는 용어가 있다. 고국천왕 12년(190) 중외대부 패자 어비류 등이 왕후의 친척으로서 나라의 세력을 잡고 그 자제들과 함께 남의 자녀와 남의 밭과 집을 빼앗으므로 국인들이 원망하고 분개했다. 왕이 이를 듣고 노하여 그들을 죽이려 하니 좌가려 등이 4연나와 더불어 모반을 했다.[127] 이듬해에 좌가려 등이 무리를 모아 왕도로 쳐들어왔다. 그때 왕은 기내(畿內)의 병마를 징발하여 그들을 평정했다.[128]

여기서 왕도와 왕기를 구분할 수 있다. 왕기는 어떤 존재였을까? 기(畿)는 천자의 영지를 가리킨다. 그리고 기내는 경도 주위의 지방을 나타내는 말이다. 여기서 왕의 영지를 기내라고 한다면 그것은 계루부가 될 수 있다. 앞에서 잠시 말한 것과 같이 고구려는 유리왕 22년(기원후 3년) 졸본에서 국내로 천도한 바 있다. 계루부에 해당하는 지역은 원래 졸본 지역에 있었다. 국내 천도 후에 계루부가 옮겼는지는 알 수 없다. 그러나 한 가지 분명한 사실은 국내 지역의 일정한 영역이 왕경으로 되었고 그 안에 왕이 머무는 왕도가 있었고 왕경 중 왕도를 제외한 지역은 왕기로 된 것을 생각할 수 있다.

126 池內宏, 「高句麗の五部及五族」, 『東洋學報』 16~1, 1926, p. 35.
127 『삼국사기』 16, 「고구려본기」 4, 고국천왕 12년.
128 『삼국사기』 16, 「고구려본기」 4, 고국천왕 13년.

도(都)는 천자가 상거하고 있는 취락을 가리킨다. 왕도는 왕이 상거하는 취락을 가리킨다. 좌가려 등이 쳐들어왔다고 하는 왕도는 왕의 거처가 있는 곳을 가리킨다. 고구려의 왕경은 중앙에 왕도가 있다. 왕도는 내부 또는 중부라 할 수 있다. 그리고 왕도를 둘러싼 왕기 지역은 동부 · 서부 · 남부 · 북부의 4부로 나뉘었을 것이다.

좌가려의 난을 진압한 후 고국천왕은 요즘 관직은 총애하는 사람들에게 주고 직위는 덕망으로 승진시키지 않으므로 그 해독이 백성들에게 미치고 우리 왕실을 동요시켰으니 이는 자신이 밝지 못한 탓이라 하며, 너희 4부(四部)에 명하니 각기 아래에 있는 현량한 사람을 천거하라고 했다. 이에 4부가 모두 동부 안류를 천거한 바 있다.[129] 여기서 말하는 4부는 왕경의 왕기를 나눈 4부를 가리킨다. 고국천왕 13년에는 분명 왕경에 4부가 나뉜 것을 알 수 있다. 그리고 왕도는 중부(내부)를 가리킨다. 이에 왕경 5부가 편성된 것을 알 수 있다.

여기서 왕도에 대하여 좀 더 보겠다. 『삼국사기』 지리 4에는 주몽이 도(都)를 흘승골성에 세우고부터 40년을 지나 유류왕 22년(기원후 3년)에 도(都)를 국내성(혹은 위나암성이라 하고 혹은 불이성이라 한다)으로 옮겼다고 나온다. 그 후 장수왕 15년(427)까지 국내는 425년간 고구려의 왕도로 있었다. 「고구려본기」에는 유리왕 22년에 왕이 국내로 천도하고 위나암성을 축조한 것으로 나온다.[130] 산상왕 2년(198)에는 환도성을 축조하였고,[131] 산상왕 13년(209)에는 환도로 이도하였다.[132] 동천왕 20년(246) 10월 중국 위나라 유주자사 관구검의 침입을 받아 환도성이 함락되어 무너졌다.[133]

129 『삼국사기』 16, 「고구려본기」 4, 고국천왕 13년.
130 『삼국사기』 13, 「고구려본기」 1, 유리명왕 22년.
131 『삼국사기』 16, 「고구려본기」 4, 산상왕 2년.
132 『삼국사기』 16, 「고구려본기」 4, 산상왕 13년.
133 『삼국사기』 17, 「고구려본기」 5, 동천왕 20년.

그 결과 난리를 겪은 환도성은 다시 도읍으로 삼을 수 없게 되어 평양성을 축조하고 백성과 묘사(廟社)를 옮겼다.[134] 고국원왕 12년(342) 2월에 환도성을 수리하고 또 국내성(國內城)을 축조했다. 8월에는 환도성으로 옮겨 살았다.[135] 고국원왕 13년(343) 7월에는 평양 동황성으로 옮겨 살았다.[136] 그리고 장수왕 15년에 현재의 평양성으로 천도를 하였다.

고구려는 그 도읍을 여러 차례 옮긴 것을 알 수 있다. 졸본의 흘승골성－국내(위나암성)－환도성－평양성－환도성－평양 동황성－평양성으로 옮긴 것이 그것이다. 247년에 축조한 평양성과 343년 옮겨 산 평양 동황성 그리고 427년에 천도한 평양성이 있다. 그 중 앞의 평양성과 평양 동황성이 어디에 있는 성일까? 현재의 평양성에는 313년까지 낙랑군이 있었다. 따라서 247년 축조한 평양성은 현재 평양일 수는 없다. 그리고 343년 옮겨가서 산 평양 동황성도 낙랑군이 있던 지역은 아닐 것으로 여겨진다. 그러한 평양성들은 대체로 현재의 집안 지역이었다고 여겨진다. 그 중 현재 국내성으로 알려진 성이 평양성일 수도 있다.

고구려가 도읍을 정하거나 옮긴 이유를 보자. 주몽이 졸본에 자리 잡은 이유는 땅이 기름지고 산하가 험고하였기 때문이라고 한다.[137] 그리고 유리명왕이 국내로 천도한 이유는 민리(民利)가 무궁하고 병혁(兵革)의 난을 면할 수 있기 때문인 것으로 나오고 있다.[138] 이는 고구려에서 도읍을 정할 때 생태학적으로 자원이 풍부한 지역과 방어에 유리한 지역을 택한 것을 보여준다. 그 후 왕위 계승 과정에 정적으로부터 벗어나기 위한 까닭

134 『삼국사기』 17, 「고구려본기」 5, 동천왕 21년.

135 『삼국사기』 18, 「고구려본기」 6, 고국원왕 12년.

136 『삼국사기』 18, 「고구려본기」 6, 고국원왕 13년.

137 『삼국사기』 13, 「고구려본기」 1, 시조 동명성왕 즉위조.

138 『삼국사기』 13, 「고구려본기」 1, 유리명왕 22년.

이거나, 외적의 침입으로 왕성이 폐허로 되었을 때 왕성을 바꾼 것으로 나오고 있다.

여기서 고구려인들이 말한 천도는 왕성을 옮긴 것도 포함되는 것을 볼 수 있다. 그것도 유리명왕 22년 국내로 천도한 후 위나암성－환도성－평양성－환도성－평양 동황성으로 옮긴 것은 모두 국내 지역에서 왕성을 옮긴 것을 의미한다. 『삼국지』 고구려조에 이이모(伊夷模)가 갱작신국(更作新國)했다는 기록이 나온다. 이이모는 고국천왕의 이름이나 갱작신국한 왕은 실제는 산상왕이다. 산상왕은 그의 형 발기가 왕이 되지 못한 것을 이유로 소노가와 더불어 공손강에게 항복했다가 비류수에 돌아와 살았던 사건이 있다. 발기를 제거한 후 산상왕은 왕성을 환도성으로 옮긴 것이다. 국내 지역에서 왕성을 옮긴 것을 다시 신국(新國)을 세웠다고 한 것이다.

한 가지 정리하고 넘어갈 문제가 있다. 국내와 국내성의 관계다. 유리왕 22년 국내로 천도한 것은 사실이다.[139] 그런데 『삼국사기』 「고구려본기」에는 국내성이 아닌 국내로 나오고 왕이 살았던 성은 위나암성으로 되어 있다. 그런데 『삼국사기』 지리 4에는 주몽이 흘승골성에 도읍을 세운 지 40년 만인 유류왕 22년 도읍을 국내성(혹은 위나암성 또는 불이성)으로 옮겼다고 한다. 국내성은 유리왕 22년에 축조된 것은 아닐 수 있다. 국내성은 고국원왕 12년(342)에 축조된 것으로 나온다. 위나암성 · 환도성 · 평양성 등의 성들이 있던 국내 지역에 국내성이 후에 축조된 것이다.

이제 왕도와 왕기로 이루어진 왕경의 주민 구성에 대하여 알아보자. 고

139 고구려의 천도에 대하여 미지나 아키히데(三品彰英)는 고국천왕은 비류천 방면의 구도에서 왕위에 올랐고 그 다음 왕인 산상왕은 국내 천도에 의한 국내 지구의 환도산 아래의 신도인 국내성에서 왕 노릇을 했다고 보았다(三品彰英, 「高句麗王都考」, 『朝鮮學報』 1, 1951, pp. 38～39). 그러나 이 같은 일본인의 견해는 고구려 역사에 대한 이해가 전적으로 잘못된 것이다.

구려의 도읍이 졸본에 있을 때는 원래 고구려 소국의 세력들이 주로 왕경에 살았을 것이다. 국내 천도 후에는 상황이 달라졌다. 태조대왕 20년 관나부 패자 달고가 조나를 정벌하고, 22년에는 환나부 패자 설유가 주나를 정벌하였다. 그때까지는 이미 고구려가 예맥 지역의 나(那)들을 거의 모두 정복하였다. 그 중 피정복국으로서 나(那)는 나부로 편제하였다. 당시 그러한 나부의 세력들이 왕경으로 이주한 것은 아닐 수 있다.

그와 달리 태조대왕 80년, 왕의 동생 수성과 정치적으로 결탁한 관나부 우태 미유, 환나부 우태 어지류, 비류나부 조의 양신 등은 왕경으로 이주하여 살았던 것으로 보아진다. 다만 그들이 나부와 관계를 단절한 것은 아니었다. 그렇기에 나부 세력들이 왕정에 참여하여 신료가 된 후에도 그 출신을 나부로 표기한 것이다. 그렇더라도 나부 세력이 중앙 정계에 진출하여 왕의 신료가 된 것은 의미가 있다. 차대왕 대에는 그들 나부 세력들이 좌보 · 우보 · 중외대부 등의 관직을 차지하게 되었다.

나부 세력들이 몇 세대에 걸쳐 왕경에 거주하게 되며 그 출신마저 나부가 아니라 왕경의 부(部)로 표기한 것을 볼 수 있다. 미천왕부터는 『삼국사기』 기록이 문제가 있어 그 이후 어떻게 되었는지 단정하기 어렵다. 그러나 그 후에도 나부 세력들이 왕정에 참여하여 중앙의 신료가 된 일들은 계속되었다고 여겨진다.

여기서 국상을 주목해 보자. 신대왕이 국상을 설치한 후 봉상왕까지 7명의 국상이 나오고 있다. 그 중 나부 출신이 2명, 나부 출신으로 생각되는 1명, 나부 출신의 아들이 1명, 촌 출신이 1명, 남부 출신이 1명, 미상이 1명으로 나온다.

그 중 명임답부는 연나부 출신이고, 음우는 비류나부 출신이었다. 명임어수는 명임 씨가 연나부 출신이었던 것으로 미루어보아 그 또한 연나부 출신이었을 것으로 보인다. 한편 비류나부 출신 음우의 아들 상루는 그 출신이 안 나온다. 명임어수와 상루를 나부 출신으로 밝히지 않은 것은 앞에서 언급한 것과 같이 그들이 몇 세대에 걸쳐 왕경에 산 나부 출신의 후손으로 왕경인으로 된 것을 의미할 수 있다. 또 다른 예가 연나부(제나부) 출신 우소(于素)와 같은 출신이었을 것으로 여겨지는 우수(于漱)가 서부 출신으로 나오는 것이다.

을파소는 주몽 대신 을소의 후손으로 서압록곡 좌물촌에 살았던 것으로 나온다. 좌물촌은 졸본에 있지는 않았다. 대체로 왕경 안에 있었다고 여겨진다. 을파소의 조상들이 원래 졸본에 살다가 국내로 천도한 후 언제인가 국내 지역으로 이주한 것으로 생각된다. 남부 출신 국상 창조리는 왕경인이었다. 국상 고우루는 그 출신에 대한 기록이 없다. 그는 고 씨 성을 가진 것으로 보아 왕경인이었던 것을 알 수 있다.

4. 고구려 초기 지방통치 조직의 특성

앞에서 고구려 초기 지방통치 조직에 대하여 살펴보았다. 고구려의 도읍이 졸본에 있을 때와 국내로 옮긴 후를 나누어볼 수 있다. 현재 환인 지역에 있던 고구려의 도읍에 대해서는 그 구조가 어떤 것인지 기록이 별로 없어 밝힐 내용이 거의 없다. 그와 달리 국내 천도 후에는 나름대로 기록들이 있어 그 구조를 어느 정도 생각할 수 있다.

국내 천도 후 지방통치 조직은 크게 세 부분으로 나누어볼 수 있다. 첫째, 왕경의 구조를 보자. 국내 지역의 일정 영역이 왕경으로 되었다. 왕경은 5부로 나뉘었다. 그런가 하면 왕경은 왕도와 왕기로 나누어볼 수도 있다. 왕도는 왕이 늘 머물던 취락 또는 도시를 말한다. 왕경 중 왕도 밖의 영역을 왕기라 하였다. 왕도는 내부 또는 중부가 되었고, 왕기는 동부 ·

서부 · 남부 · 북부로 나뉘었다. 왕도에는 왕과 그 일족들이 살았다. 왕도의 거주 세력은 더 복잡할 수 있으나 자료가 없어 더 이상 다루기 어렵다. 그리고 왕기의 4부에는 왕정에 참여하던 신료 집단들이 살았다. 왕기의 4부에는 나부 출신으로 왕정에 참여하여 신료가 된 세력들도 살았던 것이 분명하다.

둘째, 고구려가 정복한 나(那)들에 대한 지방통치 조직 편제가 있다. 나는 백두산에서 발원하는 압록강 중류와 상류 그리고 그 지류 지역에 위치했던 소국들이다. 고구려가 처음으로 복속시킨 나(那)는 비류나였다. 고구려는 비류나(비규국)를 다물도로 삼고 그 지배자였던 송양왕을 다물도주로 삼았다. 이는 일종의 봉건제적인 지배 방식을 취한 것을 보여준다. 종래 나(那)의 왕들은 제거된 것이 아니라 일종의 제후적인 존재로 되어 원래 다스리던 지역을 통할했다. 다물도주로 표현된 송양은 독립왕국의 왕일 수는 없었으나, 그가 관할하도록 된 지역에서는 정도의 문제는 있으나 일종의 자치권을 가지고 지배를 하였다. 그러한 제후적인 존재는 왕이 파견한 지방관과는 달리 지방 분권적인 방식으로 통치를 수행했다.

고구려가 정복한 나(那)는 여럿이 있었다. 고구려 왕국은 피정복 나(那)들은 나부로 편제하여 지배했다. 『삼국지』 고구려조를 보면 그 중 왕을 배출한 계루부, 전왕족인 소노부(연노부), 왕비족이라고 하는 절노부 그리고 순노부와 관노부가 있다. 『삼국사기』에는 비류나부 · 관나부 · 환나부 · 연나부 출신들이 중앙의 신료로 등용된 것을 볼 수 있다. 그런데 『삼국사기』에는 계루부 출신 인물들에 대한 기록이 안 나온다. 특히 국내 천도 후에는 왕들이 계루부 출신으로서가 아니라 왕국 전체의 지배세력으로 있었기에 구태여 부(部)를 표기할 필요가 없었다고 여겨진다.

한편 『삼국사기』 「고구려본기」에는 고국천왕 12년(190) 왕후의 친척이었던 좌가려 등이 4연나(四椽那)와 함께 모반한 것으로 나온다. 이에 대한 견해들이 있다. 이병도는 이를 연나부 내의 4가(家)라 했다. 그리고 노태돈은 이를 부내부(部內部)라 했다. 왕경이 5부로 나뉘었듯 연나부도 4개 정도의 지역 구분이 있었을 가능성이 있다. 그런데 연나부의 4개 지역 구분을 구태여 밝혀야 할 이유를 알 수 없다. 여기서 4연나의 4자가 잘못 들어간 것일 가능성도 생각할 필요가 있다.

고구려 왕국은 나부 세력들을 중앙으로 불러들여 신료로 삼은 것은 왕의 지위가 그만큼 강화된 것을 의미한다. 소위 5부가 연맹을 형성한 것일 수 없다. 실제로 비류나부에 비류(나)부장을 파견한 것으로 보아 나부의 원래 지배세력을 제후적인 존재로 인정하는 동시에 비류부장이라고 하는 지방관을 파견한 것을 볼 수 있다. 고구려에서 봉건제적인 지방통치 조직을 편제했다고 하지만 지방관을 파견한 것을 보면 단순히 봉건제적인 지방통치 체제라고 할 수도 없다.

셋째, 왕경과 나부 지역 외에 고구려가 정복한 지역에 대한 통치 조직을 볼 수 있다. 예맥 지역 밖에 있던 개마국 · 구다국 · 양맥국 그리고 동옥저 등지에 대한 지방통치 체제를 보겠다. 고구려는 피정복 소국을 성읍 또는 군현으로 편제하여 지배했다. 그러한 곳에는 재(宰), 태수(太守), 곡수(谷守) 등의 지방관을 파견하였다. 이 같은 지역에는 대성 · 성 · 소성과 같은 3단계 지방통치 조직을 편제하였다. 3단계의 성에는 격을 달리하는 지방관이 파견되었던 것이다.

그밖에 고구려에서는 식읍을 주어 지방통치를 하는 방식도 있었다. 그리고 안국군 · 양국군과 같은 국군(國君)을 임명하여 지방통치를 하기도 했다.

5. 〈모델 2〉가 만든 부체제설의 허구성

〈모델 2〉는 부체제설을 주장한다. 고구려의 경우는 1세기에서 3세기말까지 나부 체제가 편제되었다고 한다. 왕을 정점으로 계루부의 가신들과 나부의 대가들로 중앙정치 세력을 구성했다고 한다. 개별 나부나 집단 예민 지역의 내부 업무는 자체적으로 운영했으나 경우에 따라 중앙에서 간여하기도 했다고 한다. 5나부의 정치 운영 방식은 전쟁 · 외교 · 무역 같은 대외적인 일은 중앙 정부가 담당했고, 개별 나부의 일은 나부의 수장이 독자적으로 운영했다고 한다. 고구려왕은 계루부 외의 다른 나부의 민에게 직접적으로 지배권을 행사할 수 없었으며, 나부의 장을 통해 나부민들을 집단적 · 간접적으로 통치했을 뿐이라 한다.[140]

〈모델 3〉은 5부체제설을 인정하지 않는다. 고구려는 피정복 소국인 나(那)를 나부로 편제한 것은 사실이다. 비류나를 비류나부로 만든 것은 그 예라 하겠다. 그런데 비류나의 왕이었던 송양왕을 다물도주(다물후)로 삼은 것은 피정복 소국의 지배자를 제후로 만든 것을 말한다. 이 경우 고구려는 봉건제적인 통치 체제를 편제했다고 하겠다.

그런데 고구려의 지방통치 방식은 그와 같이 단순한 것만은 아니었다. 실제로 나부에 대한 통치는 일종의 봉건제적인 방식과 중앙집권적인 방식을 아울러 편 것을 볼 수 있다. 비류국(비류나)의 왕을 다물후(다물도주)로 삼아 제후적인 존재로 만들었던 것이 사실이지만, 동시에 중앙정부에서는 비류부장([표 11]의 3~6)을 파견하여 제후적인 존재를 견제하며 중앙정부의 명을 받아 지방통치를 수행한 것을 알 수 있다. 예맥 지역에 있던 나

140 이 같은 부체제설을 만든 것은 노태돈이었다. 그의 견해를 따라 김현숙이 「초기의 영역 지배와 대민 지배」(『고구려의 정치와 사회』, 2007, pp. 100~104)를 발표하였다.

(那)를 정복한 후 편제한 나부에 대한 통치가 단순히 〈모델 2〉가 말하는 5나부체제만으로 이루어진 것일 수 없다는 사실을 알 수 있다.

나부의 세력들이 중앙 정계에 진출하여 신료가 된 것은 중국의 봉건제하에서도 벌어진 일이다. 고구려의 나부 세력들이 중앙 정계에 진출한 것을 가지고 5부체제설을 주장할 것이 아니라 봉건제적인 통치가 이루어진 것을 이야기할 수 있다. 다만 이 경우 고구려 중앙정부에서 지방관을 파견한 것을 보면 전형적인 봉건제가 시행되었다고 할 수도 없는 것이 사실이다.

예맥 지역 밖의 동옥저 등 피정복국에 대한 지배 방식도 〈모델 2〉가 말하는 집단 예민(隸民)에 대한 통치 방식으로는 설명할 수 없다. 동옥저 등을 정복한 고구려는 군현을 편성하고 중앙정부에서 지방관을 파견하여 전형적인 중앙집권적인 통치를 한 것은 아니다. 피정복 지역의 지배세력들을 제후적인 존재로 인정한 것은 사실이지만 고구려 중앙정부에서는 사자 등의 지방관을 파견하여 피정복국을 통치하였다. 고구려는 예맥 지역에 대한 통치 방식과 예맥 밖의 피정복국에 대한 지배 방식이 달랐던 것이 사실이다. 예맥 지역 밖에서는 중앙 정계에 신료를 배출할 수 없었다고 여겨지는 것이 그 차이라고 하겠다.

한 가지 분명한 사실은 고구려가 예맥 지역의 소국인 나(那)를 정복하는 순간부터 국왕은 이미 나부들 중 한 개 나부의 장이 아니라 정복 활동으로 확대된 고구려 왕국 전체의 지배자가 된 것이다. 이 같은 왕은 나부의 제후적인 존재들을 지배하는 정치적 지위를 갖고 있었다. 그런가 하면 주몽이 소국 고구려를 세웠던 졸본이 계루부라고 한다면 유리왕 22년 졸본을 떠나 국내로 천도한 후 고구려 왕경(또는 왕도)을 『삼국지』에 나오는 계루부와 같은 것으로 볼 수 없다는 사실이다. 천도 후 고구려 왕경은 나부로 파악할 것이 아니라 왕국 전체의 중심인 왕경 정도로 보아야 한다고 생각된다. 여기서 고구려를 5부 체제로 보는 주장의 허구성을 알 수 있다.

제4장

고구려 초기 대외관계

고구려는 일찍부터 중국과 관계를 맺었다. 『사기』「화식열전」에는 중국과 국경을 접한 세력으로 예맥 · 조선 · 진번 등이 있었다고 나온다.[1] 그 중 예맥은 후일 고구려가 국가를 형성하고 성장한 곳이었다. 따라서 고구려가 성장했던 지역 또는 그 지역의 주민들은 일찍이 중국인들과 관계를 맺었던 것임을 짐작하기 어렵지 않다.

이 책에서는 기원전 3세기 후반 고구려의 소국 형성기부터 태조대왕(53~146)까지의 기간 동안 고구려와 중국 사이에 어떠한 관계가 이루어졌는지 알아볼 것이다. 이를 위하여 크게 네 개의 시기로 나누어 정리한다. 첫째, 예맥이 중국인들에게 알려진 후 예군 남여가 요동군에 내속하기를 청하여 창해군을 설치하고 그것을 폐지할 때까지를 하나의 시기로 다루기로 한다. 둘째, 한 무제가 설치한 현토군을 고구려가 몰아낸 사실을 보겠다. 셋째, 현토군을 몰아낸 고구려가 소국 정복을 활발하게 전개할 때 중국과의 관계는 어떠하였나 보겠다. 넷째, 태조대왕 대의 고구려와 중국

1 『사기』 129, 화식열전 69.

간의 관계에 대하여 알아볼 것이다.

이 책에서는 중국 측의 관점에서 보는 것이 아니라, 고구려 측의 관점에서 대중국 관계를 어떻게 맺었으며 그 성격은 어떠한 것인가 알아보겠다. 그러한 관계 중 내속(內屬)의 문제, 전쟁 관계, 교역 관계 등에 초점을 맞추어 그 표면적 기능뿐 아니라 숨은 기능에 대해서도 가능한 한 밝혀볼 것이다. 기원전 3세기에 주몽 집단이 소국 고구려를 세웠다고 보는 〈모델 3〉과 기원전 1세기 후반에 주몽이 고구려를 세웠다고 보는 〈모델 2〉는 고구려 초기의 대외관계에 대해서도 달리 볼 수밖에 없다.

1. 예군 남여와 창해군

앞에서 언급한 것과 같이 중국 측 사서 중 고구려 세력에 대한 최초의 기록은 『사기』에 나오고 있다.[2] 그에 따르면 시기는 분명치 않으나 한(漢)대 또는 그 이전 언제인가 중국의 연(燕)과 경계를 접한 세력을 열거하는 중, 북에는 오환·부여, 동에는 예맥·조선·진번 등이 있었던 것으로 나오고 있다. 이로써 보면 일찍부터 중국의 동북 지역에는 정치세력들이 성장하고 있었던 것을 알 수 있다. 그 중 예맥은 하나의 소국연맹체를 형성하고 있었으며 그러한 예맥은 중국과 원거리 교역을 하였던 것을 『사기』의 기록을 통하여 생각할 수 있다. 기원전 3세기 후반 고구려가 소국을 형성한 이후에는 고구려도 예맥의 한 소국으로 중국과 교역 관계를 가졌던 것으로 여겨진다.

그런데 기원전 3세기 후반 고구려 소국이 형성된 후 창해군이 설치될

2 『사기』 129, 화식열전 69.

때까지 고구려와 중국과의 직접적인 관계에 대한 기록을 찾기 어렵다. 고구려가 속한 예맥이라는 소국연맹체가 중국과 관계를 갖게 된 것은 창해군의 설치와 관련된 사건이라 하겠다.

여기서 예맥과 창해군의 관계를 알아볼 필요가 있다. 기원전 128년 예군 남여의 내속에 의해 창해군이 설치되기 이전에는 예맥과 중국 사이의 관계에 대한 이해를 얻을 수 있는 자료를 찾기 어렵다. 따라서 기원전 128년 창해군이 설치될 때 예군 남여가 이끌던 예(예맥)의 정치세력은 어떠한 것인가 보고, 그러한 예맥의 세력과 중국은 어떠한 관계에 있었는지 차례로 살펴보기로 한다.

이러한 문제를 정리하기 위하여 예군 남여에 대한 기록을 보자.

(1) 연인 위만이 준왕을 격파하고 스스로 조선에서 왕이 되었다. 손자인 우거에게 나라가 전해졌는데 원삭 원년(무제의 연호다, 기원전 128년) 예군 남녀 등이 우거를 배반하여 28만 명을 거느리고 요동에 나아가 내속(內屬)했다. 무제는 그 땅을 창해군으로 삼았는데 수년 만에 폐지했다. (『후한서』 85, 「동이전」 75 예전)

(2) 동이 예군 남녀 등이 28만 명을 거느리고 항복해서 창해군을 삼았다. (『후한서』 6, 무제기 6, 원삭 원년)

위의 기록을 검토하기에 앞서 예군 남여가 거느렸던 정치세력의 성격에 대한 이병도의 견해를 보자. 그는 예군 남여가 대수맥과 소수맥으로 이루어진 예라고 하는 대조직체(연맹사회)의 최고 맹주로 대수맥의 수장이었다고 했다. 또 예군 남여는 그 본거지를 오늘의 통구 지방에 두고 있었다고 했다. 당시 예군 남여는 자위상 위씨조선에 예속적 관계(부용 관계)를 가지고 있다가 예군 남여가 조선왕 우거와의 관계를 끊고 한의 보호를 받으려 하여 그 지배하에 전 예맥 사회의 인구를 들어 요동군에 가서 내속을 청한 것이라 했다. 그리고 그는 예맥이 고구려의 전신이라고도 했다.[3]

그런데 필자는 예군 남여가 거느렸던 정치세력의 성격을 좀 더 분명히 해둘 필요가 있다고 본다. 이와 관련시켜 위만조선과 그 주변의 토착세력들과 관련된 다음 기록을 볼 수 있다.

> 이때는 곧 효혜 · 고후의 시기로 천하가 비로소 안정되었다. 요동태수는 위만을 외신으로 삼아 국경 밖의 만이를 지켜 변경을 도둑질하지 못하게 하고, 모든 만이의 군장이 천자를 입견하고자 할 때는 막지 않을 것을 조약했다. 천자는 이 보고를 듣고 [조약을] 승인했다. 그런 까닭에 위만은 병위재물을 얻어 그 주변의 소읍들을 침략하여 항복시켰고 진번과 임둔도 모두 와서 복속하였기에 사방이 수천리가 되었다. 아들을 거쳐 손자에 이르러 유인한 한인이 매우 많았고, 또 아직 천자를 입견하지 않았다. 진번 주변의 여러 국들이 글을 올려 천자를 보고자 했는데 또 가로막고 통하지 못하게 했다. (『사기』 115, 조선열전 55)

위의 기록에 의하면 위만은 요동태수에 의해 외신으로 되었고, 그 결과 병위재물을 얻을 수 있었음을 알 수 있다. 위만은 이를 가지고 주변의 소읍에 쳐들어갔고, 진번 · 임둔을 복속하여 영토를 확대시켰다.

중국의 외신으로 있던 위만조선은 하나의 독립국으로 중국으로부터 정치적 간섭을 받지 않았던 것을 알 수 있다. 그와 같은 외신 체제는 정치적으로는 명분과 형식적인 것에 불과하였으며, 경제적으로는 위만조선이 외신이 됨으로 인하여 중국과 토착사회의 교역 창구 역할을 하였던 실질

3 이병도, 『한국고대사연구』, 1976, pp. 84~86.

적인 면이 있었던 것을 생각할 수 있다.

여하튼 위만과 그 손자인 우거에 이르기까지 예맥 지역을 복속하였다는 내용은 없다. 당시 예군 남여는 28만여 명을 거느린 정치세력이었던 것을 알 수 있다. 예군 남여가 많은 인구를 거느리고 요동군에 나아가 내속할 때까지 위만조선의 정치적 · 군사적 간섭을 받았을 가능성은 있으나, 당시 예군 남여의 세력은 기본적으로는 독립을 유지하였으며 우거에게 복속되지 않았던 것이 사실이다.

우거에 반(叛)할 때 예군 남여가 거느리던 정치세력은 어떠한 성격을 지닌 것일까 궁금하다. 우선 28만 구를 거느리고 요동군에 나아갔다는 기록을 검토할 필요가 있다. 실제로 28만 명이나 되는 주민을 거느리고 예군 남여가 요동군에 가지는 않았다고 생각된다. 오히려 예군 남여의 지배하에 들어 있던 주민 수가 그 정도였다고 보아도 좋을 것이다. 그렇다고 하여 그만한 주민이 모두 한 나라의 국민이었다고는 생각되지 않는다. 그보다는 현재 그 수는 알 수 없으나 여러 개의 독립 소국들로 이루어진 소국연맹체의 인구가 모두 28만 명 정도였다고 짐작된다. 당시 28만 명이나 되는 소국은 없었다고 여겨진다. 당시 예군 남여는 여러 소국으로 이루어진 연맹체의 맹주였다고 여겨진다.[4] 예군 남녀가 거느린 예맥은 마한 소국의 맹주국인 목지국(월지국), 변한소국들의 맹주국인 김해 지역의 본가야, 진한 소국들의 맹주국인 사로국과 같은 존재였을 것이다.

그러면 어떠한 이유로 예맥이라는 소국연맹체의 맹주국의 지배자였던 예군 남여가 우거에게 반하였다고 나오고 있을까? 먼저 예군 남여의 세

4 이병도는 "현토군 개치 이전의 고구려 예맥 사회의 중심지는 압록강의 중류역인 지금의 통구 평야인데, 당시 그곳에는 남여란 강력한 최고 맹주가 있어 제 부족사회의 다수한 인민을 통솔하고 있으면서 자위상 위씨조선과의 부용 관계를 맺고 있었다"고 하였다. (이병도, 『한국고대사연구』, 1976, p. 175.)

력과 우거와의 관계를 생각할 필요가 있다. 앞에서 언급한 것과 같이 남여가 다스리던 예맥은 위만조선에 복속되지는 않았다. 그러면서도 예맥은 위만조선과 밀접한 관계를 맺고 있었기에 예군 남여가 우거에 반하여 요동으로 갔던 것을 알 수 있다.

여기서 위만조선의 대외관계 일반을 생각할 수 있다. 위만조선은 중국의 외신으로 되어 있으며 무기를 비롯한 중국의 발달된 문물을 받아들이고 그 중 무기를 제외한 재물들은 주변의 여러 나라들에 내려주었다고 짐작이 간다. 위만조선뿐 아니라 중국인들이 필요로 하는 원자재에 해당하는 물건들을 주변의 여러 나라들로부터 받아들여 중간 무역의 이익을 독점하게 되었다고 생각된다.

그런데 위만조선은 그들이 복속한 진번·임둔 등으로부터 조세를 거두었을 가능성이 있다. 그 결과 위만조선은 그 주변의 토착세력들이 중국과 직접 관계를 맺는 것을 막게 되었다고 헤아려진다. 그러한 관계는 진번 주변의 여러 나라(衆國)들이 중국의 천자를 직접 보고자 하는 의도를 막는 것을 보아도 알 수 있다. 중국의 외신으로 인정을 받았던 위만조선은 예군 남여에 대해서도 진번 주변의 중국(衆國)과 같은 태도를 취한 것은 아니었을까? 거기에 더하여 우거의 조선은 예맥을 침강하려 했을지도 모른다. 그 결과 예군 남여는 위만조선을 경유하여 간접적으로 중국과 관계를 가지는데 불만을 갖게 되었다고 여겨진다. 이에 중국과의 직접적인 접촉을 위하여 위만조선과의 관계를 끊고 예군 남여가 요동군에 가서 내속하게 된 것이라 헤아려진다.

이러한 예군 남여의 움직임은 결국 위만조선을 외신으로 삼아 조선 주변의 정치세력들의 중국 침입을 막고 한편 그들과 직접 접촉을 마다하지 않던 중국의 대동이 정책에 변화를 가져오게 하였다. 그것은 처음으로 동이의 한 정치 집단인 예맥의 내속을 받아들인 것을 통하여 알 수 있다. 요동군의 처지에서 보면 우거왕 대에 이르러 조선은 많은 한인(漢人)을 꼬여 받아들이고, 입견하지도 않았고, 주변 여러 나라들이 직접 천자에 글을 올려 천자를 보고자 하는 것도 막게 되자 토착세력과 직접 관계를 맺고자 했던 것이다.

앞의 사료에 나오는 것과 같이 예군 남여가 요동에 나아가 내속하자 무제는 그 땅을 창해군으로 삼았으나 수년 내에 파하였다. 여기서 예의 내속과 창해군의 설치를 둘로 나누어 정리할 수 있다.

우선 내속의 성격이 어떤 것이었을까 궁금하다. 이병도는 내속에는 정치적인 보호보다는 문화 · 경제 상에 있어 직접적인 교류 · 교역을 행하려는 의도가 내포되었을 것으로 보았다.[5] 실제 앞에서 언급한 것과 같이 예군 남여는 위만조선의 침략을 막고 위만조선을 통한 대중국 간접 교역을 끊기 위하여 요동군에 나아가 내속을 하게 되었다고 여겨진다. 따라서 예군 남여의 내속을 통하여 중국과 예맥은 직접 관계를 맺게 된 것만은 분명하다.

그렇다고 하여 정치적으로 중국의 직접적인 통치를 받지는 않았다. 그런데 이와 같은 내속은 주로 요동군과 예군 남여 사이에 맺어진 관계였다고 여겨진다. 물론 요동군을 통하여 중국 중앙정부에 내속한 형식을 취했겠으나 당시 예의 세력들이 직접 중국의 무제를 만날 수 있는 상황은 아니었다고 여겨진다. 자연 요동군은 대동이 관계의 중심적인 존재가 되었을 것이다. 그것은 한 무제 자신이 예맥의 독립을 인정하는 내속만으로는 만족할 수 없었기 때문이다. 이에 무제는 예맥의 땅에 창해군을 설치하게 되었다. 그러나 창해군은 수년 내에 폐지되었다.

그러면 무제는 왜 창해군을 설치하였을까? 무제의 창해군 설치 목적은

5 이병도, 『한국고대사연구』 1976, p. 85.

예군 남여 스스로 내속하여 온 기회에 요동군을 벗어난 지역에 중국의 군을 설치하여 통치 영역을 확대하려는 것이라 여겨진다. 군을 설치하고 중국인 관리를 보내어 통치를 하게 되면, 단순히 내속 관계와는 달리 이민족인 예맥의 백성들을 통치할 기회가 커졌다고 보인다. 그렇다고 중국 본토의 한인(漢人)에 대한 군현제를 통한 통치와 같은 통치 방식을 취한 것은 아닐 것이다. 여하튼 창해군이 설치는 되었으나 실제로 경영되지는 못했다. 당시 창해군이 폐지된 이유는 다음 기록을 보아 알 수 있다.

⑴ 원삭 3년(기원전 126년) 장구가 면직되고 공손홍이 어사대부가 되었다. 이때 서남이와 통했고, 동쪽으로 창해(군)를 설치했고, 북으로 삭방의 군을 설치했다. 공손홍이 여러 차례 간했다. 소용없는 땅을 봉하는 것은 중국을 피곤하고 쇠약하게 하는 것으로 중지하기를 바란다고 했다. 이에 천자는 주매신 등을 시켜 공손홍을 공박하게 하고 삭방군을 설치하는 10가지 대책을 제시하게 했는데 공손홍은 한 가지도 반박하지 못했다. 이에 공손홍은 사죄하며 말하기를 “산동의 시골사람으로 이 점이 이 같음을 몰랐습니다. 원컨대 서남이와 창해군을 파하고 삭방군을 설치하기 바랍니다”라고 했다. 이에 천자가 허락했다. (『사기』 102, 평진후 주부열전 52, 공손홍)

⑵ 원삭 3년 봄 창해군을 파했다. (『한서』 6, 무제기 6)

위의 기록을 보면 창해군은 중국을 피곤하고 쇠약하게 만든 조치였던 것을 알 수 있다. 그러면 무엇이 중국을 그와 같이 만드는 일이었을까? 여기서 창해군까지의 교통로 개척과 관련된 다음 기록들을 주목하게 된다. 『사기』에는 팽오가 예(예맥)와 조선으로 통하는 길을 만들고 창해군을 설치하였는데 그때 동원된 인력과 비용은 남이와 비슷했다고 한다. 그런

데 연 · 제 지방의 사람들이 고통을 받게 되었다고 한다.[6]

여기서 창해군 설치의 숨은 의미를 생각할 수 있다. 즉 한 무제는 창해군을 설치하고 교통로를 개척하여 직접 교역을 꾀한 것을 알 수 있다. 결국 창해군의 설치는 위만조선의 정치적 · 경제적 성장에 따른 한(漢)의 견제력 확보와 예맥의 위만조선에 대한 반발이 그 표면적 이유였다. 그러면서도 창해군의 설치로 인하여 내면적으로는 한과 예맥이 중개 무역의 방법을 배제하고 직접 교역하는 길이 열리는 면이 있었던 것이다.[7] 물론 그때 예맥 지역의 여러 정치세력은 창해군에 와서 조공 · 조알의 형식을 취하고 실질적으로는 대한(對漢) 교역을 꾀하는 형태의 관계를 가졌을 것이다. 그러나 창해군이 파하게 되어 그와 같은 관계를 유지할 수는 없었다.

한편 예군 남여는 요동에 나아가 내속하는 정도를 원하였지 자기가 관할하는 예맥 지역에 창해군의 설치를 원하지 않았다고 여겨진다. 그 결과 창해군까지의 교통로 개척은 전적으로 중국 측에서 부담토록 되었는데 그 비용이 과중하기 때문에 창해군 자체가 운영되지 못하였다. 여기서 예맥이 중국에 내속하였고 중국은 그 지역에 창해군을 설치하였으나 중국인들이 예맥의 주민을 직접 다스릴 수는 없었던 사실도 알 수 있다. 결국 창해군이 파할 때까지 예맥 지역의 여러 소국으로 이루어진 소국연맹체는 정치적 독립을 유지하고 있었음을 알 수 있다.

---

6 이성규 편역, 『사기』, pp. 369~370.

7 이병도, 『한국고대사연구』, 1976, pp. 174~175.

2. 고구려와 현토군의 관계

창해군을 파한지 몇 년 지나지 않아 한 무제는 한층 적극적인 동아시아 정책을 추진하였다. 그 중 가장 중요한 것은 위만조선을 멸한 것과 한사군을 설치한 것이라 할 수 있다. 앞의 사료에 나오는 것과 같이 위만의 손자인 우거는 많은 한(漢)의 망인(亡人)을 꾀어 들였고 입견(入見)을 하지 않고 오히려 진번 방(旁)의 여러 나라들이 상서하여 천자를 만나려 하는 것을 막았다.

그러던 중 기원전 109년 한의 사신 섭하가 와서 권하여 설득하였으나 우거가 끝내 조(詔), 즉 한 무제의 명령을 받들기를 거부하여 문제가 발생하였다. 섭하는 귀로에 조선 비왕 장을 살해했고, 그 공으로 요동 동부도위에 임명되었다. 그러나 조선에서는 그를 원망하여 군대를 보내 섭하를 살해했다. 이에 한 무제는 군대를 파견하여 어렵게 위만조선을 멸하였다. 그리고 기원전 108년, 그 자리에 낙랑군을 설치하고 그밖에 임둔군 · 진번군을 두었다. 그 이듬해에는 현토군을 예맥의 땅에 두었다. 이 같은 현토군의 군치가 어디였는가는 의견이 일치하지 않는다. 현토군의 군치로서 (제1차) 고구려현이 오늘의 통구평야를 중심으로 설치되었다는 견해가 있다.[8] 그리고 그와 같은 고구려현은 후일 고구려국의 중심지였다고 한다.[9] 그런데 한사군 중 현토군은 기원전 75년에 이르러 그 군치를 혼하 상류인 흥경 · 노성 부근으로 옮겨갔다는 견해가 있다.[10]

『삼국지』에 그때 현토군이 옮겨간 이유가 나온다. 그에 따르면 옥저성을 현토군으로 삼았는데 후에 이 · 맥(夷 · 貊)의 침략을 받아 고구려의 서

8 이병도, 『한국고대사연구』, 1976, p. 176.
9 이병도, 『한국고대사연구』, 1976, p. 355.
10 이병도, 『한국고대사연구』, 1976, p. 159.

북쪽으로 옮겼다고 한다.[11] 현토군의 치소가 옥저성이었는지는 잘 알 수 없다. 필자는 고구려의 도읍이었던 환인 지역이었을 가능성을 생각한다. 그것은 현토군의 군치가 고구려현이었던 것으로 알 수 있다. 이 경우 현토군을 몰아낸 이맥(夷貊)은 고구려를 중심으로 한 예맥 세력이었던 것으로 짐작된다. 이로써 보면 현토군이 고구려 소국이 위치했던 통구지역에 군치를 둔 기간은 기원전 107년에서 기원전 75년까지 대체로 32년 정도가 된다.

현토군을 몰아낸 고구려의 존재를 확인할 필요가 있다. 앞에서 고구려가 소국을 형성한 것은 기원전 3세기 후반이었다고 보았다. 그 후 소국 고구려는 이웃한 예맥의 소국들을 부용·정복해나갔다. 그렇더라도 현토군이 설치될 때 고구려의 국력으로 한 나라의 대군을 막아내기는 어려웠던 것이 분명하다. 그러나 고구려는 현토군 설치 후 국력을 키워 현토군을 몰아낸 것이다.

그런데 고구려가 통구지역에 자리 잡았던 현토군을 흥경 지역으로 몰아내는 데에는 고구려 세력 자체의 정치적·군사적 성장뿐 아니라, 현토군과의 관계에서 그 실력을 키운 데에도 이유가 있다고 본다.

이에 현토군은 어떤 존재였나 보자. 현재 당시 현토군 자체의 실체를 이해할 만한 자료가 거의 없다. 여기서 『한서』 「지리지」의 기록을 볼 수 있다.[12] 이 기록은 비록 낙랑군에 대한 것이나 현토군 설치시의 사정을 이해할 수 있는 중요한 내용이 있다. 첫째, 낙랑군의 이(吏)를 뽑아온 사실을 주목할 수 있다. 현토군은 낙랑군보다 1년 뒤에 설치되었으나 그 설치 목적이나 과정이 같았다고 여겨진다. 자연 현토군이 설치될 때에도 그 운용

11 『삼국지』 30, 「동이전」 30, 동옥저 조.

12 『한서』 28, 「지리지」 8하2.

을 위해 요동 지역에서 관리를 뽑아왔다고 보아도 좋을 것이다. 이들 요동 지역으로부터 온 관리들은 중국을 대표하여 고구려인들과 접촉을 하였고 그들로부터 토착사회 주민들이 정치적인 자극을 받았다고 여겨진다.

다음으로 주목되는 사실은 내군(內郡)으로부터 온 고인(賈人)들의 존재다. 중국 본토로부터 낙랑군에 고인, 즉 상인들이 온 것으로 보아 현토군에도 그러한 상인들이 왔음이 틀림없다. 이들 내군 고인들은 경제적인 면에서 토착사회 주민들을 자극했다고 믿어진다.

셋째, 낙랑에 온 관리나 상인들이 조선인들로부터 물건을 훔쳐가게 되면서부터 그 풍속이 점차 나빠지게 되어 범금(犯禁)이 크게 늘어나게 된 것을 주목할 수 있다. 중국인의 도둑질은 토착사회 주민들의 사회에 좋지 않는 영향을 미쳐 사회 통제의 필요성을 강화시켰다. 이러한 현상은 현토 지역에도 나타났을 것이다.

여하튼 현토군의 설치는 고구려인들을 여러 방면에서 자극하기에 충분하였다. 당시 요동에서 온 중국인 관리와 중국 본국인 내군에서 온 상인들은 토착세력들의 거주지와는 따로 떨어진 현토군 군치와 일정 장소에서 살았다고 여겨진다. 그러면서도 고구려인들에게는 비교적 관대한 정치적 자유를 허락하였다고 생각된다. 실제로는 정치적 지배보다 교역에 비중을 두었던 것은 아닐까 생각된다.

현토군치가 고구려 지역에 있을 때 이미 예맥의 소국들을 정복해나가던 고구려인들은 중국인들로부터 많은 영향을 받았고 그러한 것을 토대로 힘을 키워나갈 수 있었다. 『삼국지』 고구려조의 기록을 보면 고구려는 한나라 때 고취(鼓吹)와 기인(技人)을 받은 것을 알 수 있다. 그리고 늘 현토군에 나아가 조복의책(朝服衣幘)을 받은 것도 있다.[13] 그때 고구려인들

13 『삼국지』 30, 「위서」 30, 고구려.

은 각종 원자재에 해당하는 물건을 현토군에 제공했을 것이다. 이것을 보면 현토군과 고구려 세력 사이에는 실질적인 면에서 교역관계가 유지된 것을 알 수 있다. 그런데 그 같은 중국 측의 조복의책과 예맥 지역 여러 나라의 원자재 교역을 주관한 것은 현토군의 치소인 고구려현의 령이었다. 이때 고구려인들이 고구려 령과 관계를 가지며 교역을 했던 것을 생각하기 어렵지 않다. 결국 고구려인들은 현토군이 설치된 후 예맥과 중국 간의 교역을 주관하며 그 세력을 키워나갔던 것을 짐작할 수 있다.

중국으로부터 수입한 조복의책은 중국의 발달된 정치제도 운영의 산물임에 틀림없다. 고구려인들은 조복의책을 현토군에서 받아 착용함으로써 중국의 정치제도에 대한 이해도 어느 정도 하게 되었을 것이다. 이때 조복의책만 중국으로부터 받은 것은 아니었다. 위만조선이 중국의 병위재물을 받은 예로 미루어보아 무기와 기타 재물들도 받았다고 하겠다. 당시 발달된 무기는 고구려에서 차지하고 다른 물건들은 예맥 지역 내의 다른 나라에 분배하였다고 여겨진다. 이로써 고구려 자체의 군사력이 성장하였다고 헤아려진다.

한편 당시 고구려인들의 정치적 수준이 중국 제도를 그대로 받아들일 만한 단계는 아니었을지 모른다. 그렇더라도 현토군과의 교역을 통해 통치체제의 운영에 대한 정보는 얻을 수 있었을 것이다. 이런데 자극을 받은 고구려인들은 국가 통치체제를 그들 나름대로 정비하고 국력을 키워나가게 되었다. 그 결과 고구려 세력은 기원전 75년에 현토군의 군치를 통구지역에서 몰아낼 수 있었다고 헤아려진다. 당시 중국에서 현토군의 군치까지 이르는 교통로도 앞에서 본 창해군의 예와 같이 제대로 개척되지 않았을 가능성이 크다. 그 결과 요동을 중심으로 한 중국 측의 지원을 제대로 받지 못한 현토군은 그 군치를 흥경 방면으로 옮길 수밖에 없었다고 생각된다.

여하튼 현토군의 군치가 통구지역에 있을 때 고구려인들은 현토군과 관계를 맺으며 정치 · 군사 · 사회 · 경제 · 문화적 자극을 받게 되었고, 고구려는 강한 국가로 성장하게 되었던 것이다. 이 같은 고구려는 점차 현토군의 존재가 불필요하게 여겨졌을 것이다. 그 결과 현토군을 축출한 고구려는 이후 국내적으로 정치적 성장을 하였고 동시에 현토군을 비롯한 중국과 새로운 관계를 맺어나가게 되었다.

3. 고구려의 소국 정복과 대중국 관계

고구려는 기원전 75년 현토군을 축출하는 과정에 또는 그 이후에 압록강 중 · 상류 지역에 위치했던 예맥의 다른 소국들과 일정한 관계를 맺게 되었다. 원래 동 지역에는 예군 남여에 의하여 움직이던 규모가 그다지 적잖은 예맥이라는 소국연맹체가 있었다. 이와 같은 소국연맹체의 전통은 그 후에도 유지되었는데 주몽이 현토군을 축출하게 되며 고구려가 그 연맹체의 맹주국으로 등장한 것이 아니었을까 짐작해본다. 어쩌면 현토군을 축출하는데 있어서도 고구려만의 힘에 의한 것이 아니라 그와 같은 연맹 세력의 도움이 있었을 가능성도 있다.

현토군을 축출하는데 주도적 역할을 하였던 고구려는 그 후 얼마 안 있어 주변의 소국들을 복속해나가기 시작하였다. 고구려의 소국 복속과 관련하여 다음 기록이 있다. 그 중 시조 동명성왕 2년에 송양이 비류국을 들어 항복한 사건[14]은 현토군 설치 이전에 있었던 일이다. 시조 동명성왕 6년에는 오이와 부분노를 시켜 태백산 동남의 행인국의 땅을 빼앗아 성

---

14 『삼국사기』 13, 「고구려본기」 1, 시조동명성왕 2년.

읍으로 삼았다는 기록이 있다.[15] 시조 동명성왕 대의 사건들은 실제는 여러 명의 왕들의 기록을 한 왕의 기록으로 만든 것이라 생각되기에 행인국을 성읍으로 만든 것이 현토군의 설치 이전인지 아니면 축출한 후인지 생각할 문제다.

그렇더라도 유리왕 33년(기원후 14년) 8월 왕이 오이와 마리에게 2만 명의 병력을 거느리고 서쪽으로 양맥을 치게 하여 나라를 멸망시키고 진격하여 한의 고구려현(현토군 소속)을 습격하여 빼앗은 일[16]은 주목할 만한 사실이다. 이때는 이미 고구려가 국내 지역으로 천도한 후로 예맥의 여러 소국들을 정복한 후였고, 국력이 크게 신장되어 흥경 지역으로 쫓겨났던 현토군의 치소 고구려현을 다시 습취했던 것을 보여준다.

이 같은 소국 정복사업을 진행한 결과 고구려 중앙정부의 통치력은 한층 강화되었고 고구려의 정치적 성장은 대중국 관계에도 커다란 영향을 미쳤다고 헤아려진다. 그 결과 시간이 지남에 따라 대중국 관계의 내용이 달라지고 있는 것을 알 수 있다.

먼저 『삼국지』에 나오는 기록을 보자.

> (1) 한나라 때 북 치고 피리 부는 기인들을 하사했고, 늘 현토군에 나아가 조복과 의책을 받아갔다. [현토군의] 고구려 령이 그 문서를 관장했다. (2) 후에 점차 교만 · 방자해져 다시 현토군에 오지 않고 동쪽에 소성을 쌓아 조복과 의책을 그 안에 두면 해마다 [고구려인이] 와서 가져갔다. 지금도 오랑캐들은 이 성을 책구루(幘溝漊)라 부른다. 구루(溝漊)란 고구려에서 성을 이르는 것이다. (『삼국지』 30, 「위서」 30, 고구려조)

15 『삼국사기』 13, 「고구려본기」 1, 시조동명성왕 6년.
16 『삼국사기』 13, 「고구려본기」 1, 유리명왕 33년.

위의 기록 중 앞의 부분은 이미 검토한 바 있다. 그보다 우리의 흥미를 끄는 것은 두 번째 부분(2)의 책구루다. 책구루의 책은 조복의책의 책을 의미하며 구루는 성을 의미한다. 결국 책구루는 책을 두던 성 정도의 의미가 있다고 하겠다.

여기서 책구루를 통하여 이루어진 현토군과 고구려의 관계를 "책구루 체제"라 일단 이름 하여 두고 그 의미를 파악하고자 한다. 앞에서 현토군이 통구 지역에 그 군치를 두고 있을 때는 고구려를 비롯한 동 지역 토착인들의 소국들은 고구려를 대표로 하여 현토군으로부터 조복의책을 받았다고 보았다.

그런데 고구려가 현토군을 축출한 후에는 그러한 관계를 어떻게 유지하였을까. 여기서 추측이기는 하지만 대체로 책구루 체제가 운영된 것은 아닐까 생각된다. 그것은 고구려를 비롯하여 동 지역의 여러 나라들이 아직 중국의 발달된 문물을 필요로 하였고 중국 측에서는 고구려 지역의 토산물이나 원자재를 필요로 하였기 때문이다. 단지 고구려를 비롯한 여러 나라들은 구태여 현토군에 사람을 보낼 필요가 없이 책구루에서 물건을 교환하는 방식을 취하게 되었다. 이때 책구루에서의 물건 교환을 주관한 것은 압록강 중류 지역 여러 나라의 중심 세력으로 성장해 있던 고구려였을 것이다.

여하튼 책구루 체제는 낙랑군과 사로국을 맹주국으로 하던 진한 사이에 있었던 원거리 교역 체제인 위세품 교역 체제(prestige-good system)와는 성격이 다른 체제임을 생각할 수 있다. 위세품 교역 체제와 달리 책구루 체제에 있어 중국의 영향이 그만큼 줄고 상대적으로 고구려 세력의 힘이 강해진 것을 볼 수 있다. 그리고 이때 이후 고구려는 종래 중국으로부터 받아오던 의책 등을 점차 자체 생산해갔다고 여겨진다.

그러면서도 고구려의 중국 선진 문물에 대한 관심이 없어진 것은 아니다. 그러한 예는 『삼국사기』에 나오는 기록[17]으로 어느 정도 추측할 수 있다. 유리왕은 계실(繼室)로서 고구려인 화희와 한인(漢人) 치희를 받아들였다. 이때 한인을 부인으로 맞음으로 인하여 유리왕이 중국 문명을 수용하기에 용이하였다고 보아진다.

여기서 고구려와 현토군 사이의 책구루 체제가 유지된 시기를 생각할 필요가 있다. 이병도는 후에 점차 교만하고 방자해졌다는 기록은 적어도 고구려의 사회 체제와 자주 정신이 강화되어 현토군과의 관계가 희박해진 것을 의미하며 그 시기는 대무신왕 이후 건국기에 속한다고 하였다.[18] 고구려 건국기에 대한 이병도의 주장은 문제가 있다. 또한 필자는 책구루 체제의 중요성이 사라지는 시기를 대체로 대무신왕보다 앞선 유리왕 대로 보아 이병도와 견해를 달리한다.

그러면 책구루 체제의 시작과 끝은 언제였을까? 먼저 그 끝을 생각해 보자. 이를 위하여 유리왕과 중국 왕망의 관계를 볼 수 있다. 왕망은 호(胡)를 치는데 고구려병을 동원하여 했으나 고구려에서는 그에 응하지 않았다. 오히려 고구려인들을 추격하던 요서대윤을 고구려인들이 살해했다.[19] 유리왕 31년(기원후 12년)에 고구려와 왕망의 신나라 사이에 벌어진 사건과 유리왕 33년(기원후 14년) 고구려의 현토군 공격을 통하여 그것을 짐작할 수 있다. 이것으로 보면 고구려와 현토군의 관계가 기원후 1세기 초에 나빠진 것을 알 수 있다. 이때 구태여 책구루 체제를 유지할 수 있었는지 의심이 간다. 오히려 이때 책구루 체제는 그 의미를 상실했다고 여겨진다.

그러면 책구루 체제의 시작은 언제부터였을까? 필자는 통구 지역으로

---

17 『삼국사기』 13, 「고구려본기」 1, 유리명왕 3년.

18 이병도, 『한국고대사연구』, 1976, p. 236.

19 『삼국지』 30, 동이전 30, 고구려.

부터 현토군치를 몰아낸 후 얼마 지나지 않은 때부터 그것이 시작된 것이라 본다. 비록 고구려가 현토군의 군치를 흥경 지역으로 몰아내기는 하였으나 아직 중국의 문물을 필요로 하였다고 여겨지기 때문이다. 그러한 책구루 체제를 유지함으로써 고구려는 중국으로부터 선진 문물을 받아들일 수 있었고 그것을 주변 소국들에 나누어주며 중간 이익을 차지할 수 있었다고 여겨진다. 고구려는 그 결과 국가 체제를 다른 어느 나라보다 먼저 정비하고 주변 소국들을 복속해나가는 힘을 얻었다고 짐작된다.

책구루 체제가 그 의미를 잃을 무렵 고구려와 중국 사이의 관계는 크게 변했다. 다음으로 앞에서도 언급하며 자세한 것은 뒤에 다루기로 한 것과 같이 유리왕 대에 이르게 되면 고구려와 중국 사이에는 새로운 양상의 관계가 나타난 것을 알 수 있다. 앞에서 본 것과 같이 왕망이 호를 치기 위해 고구려인을 동원하려 했는데 고구려는 그 명령을 따르지 않았다. 왕망이 고구려인들을 강박하여 보내려 하자 고구려인들은 도망하였다고 한다. 이를 추격하던 요서대윤 전담은 고구려인들에게 살해되었다. 왕망은 이에 고구려를 하구려로 이름을 바꾸고 후국으로 삼았던 것으로 나오고 있다. 그러나 이 사건을 계기로 고구려는 한나라의 변지(邊地)를 더욱 심하게 공격하게 되었다고 한다.[20]

실제로 유리왕 33년 8월에는 왕이 오이와 마리에게 명하여 2만의 군대를 거느리고 양맥을 정벌하여 그 나라를 멸하고 군대를 진격하여 한나라의 고구려현(현토군에 속함)을 습취했다.[21] 여기서 말한 고구려현은 통구 지역에서 쫓겨 새로이 자리 잡은 흥경 부근의 제2고구려현이었다. 이와 같이 고구려는 왕망의 요구를 거절할 뿐 아니라 오히려 현토군 지역을 공격

---

20 『삼국사기』 13, 「고구려본기」 1, 유리명왕 31년.
21 『삼국사기』 13, 「고구려본기」 1, 유리명왕 33년.

한 것을 볼 수 있다.

대무신왕 대(18~44)에 이르게 되면 고구려와 중국 사이의 관계는 한층 달라지고 있다. 대무신왕은 소국 정복을 추진하고 그 영토를 확장해나갔다. 그 결과 중국 측에서는 고구려를 견제할 필요가 생긴 것 같다. 대무신왕 11년(28) 7월 요동태수가 고구려를 침범한 것이 그 예가 된다. 그때 왕은 신하들에게 전쟁과 수비의 대책을 물었다. 이때 중국의 군대는 위나암성을 포위했다. 후에 을두지의 말대로 잉어를 잡아 한나라 군대에게 보내니 한나라의 장수는 성 안에 물이 있는 것을 알고 군대를 이끌고 물러났다.[22] 당시 중국 황제는 고구려 지역까지 관심을 기울일 단계는 아니었다고 여겨진다. 여하튼 주변 소국을 정복하면서 국력을 키운 고구려가 현토군을 공격하게 되자 현토군의 후방에 있던 요동태수가 고구려를 견제하기 위해 쳐들어온 것을 생각할 수 있다. 이로써 고구려는 기원후 1세기 전반에 요동군에서는 결코 무시할 수 없는 나라로 성장한 것을 알 수 있다.

실제로 대무신왕은 요동에서 온 중국 군대의 침입을 잘 막아낼 뿐 아니라 낙랑군까지도 공격하여 승리를 거둔 바 있다. 『삼국사기』 대무신왕 15년(32) 조에 나오는 왕자 호동에 대한 기록을 통하여 그러한 사정을 알 수 있다.[23] 대무신왕 15년 4월조에 나오는 낙랑왕 최리는 어떤 존재인지 궁금하다. 최리는 낙랑의 동부도위가 폐지된 후 옥저 지역에 있던 정치세력일 수 있다. 여하튼 그는 낙랑군을 등에 업고 있던 실력자의 한 사람으로 옥저 지역에서 세력을 행사한 인물일 수 있다. 최리는 옥저 지역에서 대무신왕의 아들인 호동을 만난 것으로 여겨진다. 그런데 최리는 호동이 보

---

22 『삼국사기』 14, 「고구려본기」 2, 대무신왕 11년.

23 『삼국사기』 14, 「고구려본기」 2, 대무신왕 15년.

통 사람이 아닌 것을 알고 그의 딸과 혼인을 시킨 것으로 나오기도 하고 고구려에서 낙랑을 멸하기 위해 청혼한 것으로도 나오고 있다.

여기서 두 가지 기록 중 어느 것이 맞는지 단정하기 어려우나 낙랑과 고구려가 목적하는 바가 서로 달랐다고 여겨진다. 즉 낙랑은 새로이 국력을 신장시킨 고구려의 왕실과 혼인을 맺음으로써 침략을 방지하고 일종의 위세품 교역 체제(prestige-good system)에 의한 국제 관계를 유지하고자 했을 수 있다. 낙랑과 고구려는 그 전부터 깊은 관계에 있지는 않았다. 그러나 소국에 대한 복속 사업을 펴던 고구려는 대무신왕 대에 이르러 낙랑에도 관심을 가지게 되었다고 여겨진다. 그 결과 대무신왕은 낙랑을 제압하기 위해 자기의 아들과 최리의 딸 사이의 혼인을 이용한 것으로 생각된다. 결국 고구려와 낙랑은 서로의 이해 때문에 혼인 관계를 맺을 수 있었다.

고구려는 대무신왕 15년 낙랑왕의 항복을 받은 것으로 되어 있다.[24] 그런데 다시 대무신왕 20년에 낙랑을 멸했다고 한다.[25] 위의 사료에는 당시 고구려가 낙랑을 공격하고 또 멸했다고는 되어 있으나 그 후에도 낙랑이 없어진 것은 아니었다. 그것은 대무신왕 27년 9월에 한 광무제가 군대를 보내 바다를 건너 낙랑을 쳐서 그 땅을 빼앗아 군현으로 삼으니, 살수 이남이 한나라에 속했다는 기록으로 알 수 있다.[26]

여기서 고구려가 낙랑의 항복을 받고 멸했다는 것은 단지 낙랑과 중국과의 사이를 끊고 고구려가 낙랑에 대한 영향력을 행사한 것이 아니었나 생각된다. 그러면서도 실제로 낙랑 지역까지 고구려의 영토가 확대된 것은 아니다. 단지 고구려인들은 중국의 선진 문명에 대하여 동경을 하고

24 『삼국사기』 14, 「고구려본기」 2, 대무신왕 15년.
25 『삼국사기』 14, 「고구려본기」 2, 대무신왕 20년.
26 『삼국사기』 14, 「고구려본기」 2, 대무신왕 27년.

있었다고 여겨진다. 그러한 예는 적병이 오면 스스로 우는 고각(鼓角)이 낙랑에 있었다는 설화적인 기록으로 알 수 있다. 이러한 선진 문물을 얻기 위하여 낙랑을 공격한 것이 아니었을까. 여하튼 한나라 광무제는 낙랑에 대한 중국의 지배권을 되돌리기 위해 군대를 파견하였던 것으로 생각된다.

그런데 중국 사료를 보면 광무제가 낙랑을 공격한 것은 기원후 30년이었다.[27] 이때 낙랑에서는 왕조(王調)가 난을 일으키자 이를 제압하기 위해 왕준(王遵)을 낙랑태수로 임명하여 보내니 그는 군리들의 도움으로 왕조의 난을 평정했다. 그렇다면 위에 나오는 대무신왕 27년 조의 기사도 실은 기원후 30년의 기록인데, 「고구려본기」에서 14년 뒤의 사건으로 기록한 것이 아닐까 싶다. 이러한 추측이 가능하다면 호동 왕자와 관련된 설화적인 기록도 사실은 그 연대가 다소 올라갈 수 있을 것이다.

한편 대무신왕은 낙랑에 대한 공격을 하면서도 중국의 광무제에게 사신을 파견하여 조공한 바 있다. 건무 6년 광무제가 군대를 보내 낙랑의 왕조의 난을 평정한 지 2년 후에 고구려에서는 사신을 광무제에게 보냈다.[28] 이는 고구려의 사신이 최초로 중국에 간 것을 뜻하며 나아가 고구려와 중국 중앙정부 사이에 관계가 맺어진 것을 말해준다. 이때 광무제도 왕망이 고구려후로 삼았던 칭호를 고구려왕으로 바꾸어주었다. 이로써 광무제과 고구려 사이에는 새로운 관계가 시작되었다.

그 후 민중왕 대에는 고구려의 잠지락(잠우락)의 대가인 대승(戴升) 등 만여 가구가 낙랑에 나아가 내속(內屬)한 바 있다.[29] 잠지락이 어느 지역인지 알 수 없고 또 어떤 이유로 낙랑에 내속했는지 알 수 없다. 그러나 기원후

27 『후한서』 1하, 광무제기 1하, 건무 6년.

28 『삼국사기』 14, 「고구려본기」 2, 대무신왕 15년.

29 『삼국사기』 14, 「고구려본기」 2, 민중왕 4년.

1세기 전반경의 낙랑에는 토착사회에 사는 많은 주민들이 흘러들어간 것을 알 수 있다. 『삼국지』 한 조에 나오는 염사착[30]이나 『후한서』 한 조에 나오는 소마식[31] 등의 예를 통하여 그러한 사정을 알 수 있다. 염사착이나 소마식 등은 낙랑의 토지가 기름지고 인민이 배불리 먹고 즐겁다는 소문을 듣고 내속을 하게 되었던 것이다. 이때 1만여 명의 주민을 모두 데리고 낙랑에 갔다기보다 대승 등 일부가 낙랑에 내속하는 형식을 취하지 않았을까 한다. 이에 고구려의 주민들 중 일부 세력 집단은 개별적으로 낙랑과 관계를 맺었던 예를 볼 수 있다. 이는 고구려의 중앙집권화가 아직 다져지지 않은 상황에서 벌어진 일이다.

한편 모본왕 대(48~53)에 이르면 고구려는 연(燕) 지방까지 공격한 것을 볼 수 있다. 『삼국사기』 모본왕 2년 조에는 고구려가 연지역의 우북평 · 어양 · 상곡 · 태원군 등을 쳐들어간 사실이 나온다. 이때 요동태수 제동은 은혜와 신의로 고구려 장수를 대해주니 다시 화친을 하였다고 한다. 당시 고구려의 공격은 중국에 대한 영토 확장을 위한 것은 아니었을 것이다. 그러나 고구려가 요동 등 중국 군현과 국경을 맞댈 정도는 되었다고 여겨진다. 이러한 공격을 통하여 하나의 왕국으로 성장한 고구려의 존재를 과시할 수 있었다고 생각된다.

현토군을 축출하고 성장하기 시작한 고구려는 주변 소국을 복속하여 들어갔다. 그 결과 국력을 신장시킨 고구려는 현토군 · 낙랑군과의 관계를 넘어 후한 조정에 사신을 파견하게 되었다. 동시에 고구려는 현토군 · 낙랑군에 대한 군사적 공격을 시작했고, 마침내는 우북평 · 어양 · 상곡 · 태원 등 지역까지 공격하기에 이르렀다. 이로써 보면 고구려의 정치적 성

---

30 『삼국지』 30, 「동이전」 30, 위서 한 조.

31 『후한서』 85, 「동이열전」 75, 한 조.

장에 맞추어 대중국 관계의 대상도 차원이 높아지고 공격의 범위도 넓어진 것을 알 수 있다.

4. 태조대왕 대의 대중국 관계

고구려의 태조대왕(53~146)은 국조왕(國祖王)이라고도 하는데,[32] 그 재위 기간이 94년이나 되었다고 한다. 현재 태조대왕이 그와 같이 오랜 기간 재위하였는지 의심이 간다. 그렇더라도 여기서는 거의 1세기나 되는 태조대왕의 재위 기간 동안 고구려와 중국 간의 관계가 어떻게 변했나 보기로 한다.

이에 앞서 당시 고구려의 실체가 어떠하였는지 보자. 이를 위하여 중국과 상대하였던 고구려의 경계에 대하여 알아보자. 태조대왕 대의 고구려는 그 영역이 확장되었다. 그것은 다음 기록으로 알 수 있다. 태조대왕 3년(55) 2월 요서에 10개의 성을 쌓아 한병(漢兵)을 방비했다는 기록[33]이나, 태조대왕 4년 7월 동옥저를 쳐서 그 땅을 빼앗고 성읍으로 삼아 토지의 경계를 개척하니 동쪽으로는 동해에 이르고 남쪽으로는 살수에 이르렀다는 기록[34]을 통하여 그 영역이 확장되었음을 알 수 있다. 이 시기 고구려의 영토는 크게 확장된 것이 분명하다. 이와 같이 확대된 영토와 늘어난 백성을 통치함으로써 고구려의 국력을 신장시켰을 뿐 아니라 한족(漢族)과 투쟁의 후방 기지도 마련하게 되었다.

태조대왕 대 고구려의 대중국 관계는 그 상대에 따라 크게 둘로 나누어

32 『삼국사기』 15, 「고구려본기」 3, 태조대왕 즉위조.

33 『삼국사기』 15, 「고구려본기」 3, 태조대왕 3년.

34 『삼국사기』 15, 「고구려본기」 3, 태조대왕 4년.

볼 수 있다. 그 하나는 중국 본국이고 다른 하나는 유주 · 요동 · 현토의 주군 지역이다.

먼저 중국 조정과 고구려의 관계를 보자. 고구려는 태조대왕 대에 이르러 중국 중앙정부에 사신을 파견하고 있다. 그와 같은 사신 파견은 태조대왕 57년(109), 59년(111), 72년(124)의 세 차례 있었는데,[35] 모두 2세기 초에 해당한다. 당시 고구려는 그 영역이 크게 늘어나 있었고 국력이 크게 신장되어 있었다. 그 결과 고구려는 중국 군현과 상대할 뿐 아니라 중국 조정의 황제에게도 사자를 파견하게 된 것이다. 당시 고구려와 중국 중앙정부 사이에 군사적인 충돌은 없었다. 그것은 중국의 지배자가 직접 군대를 보내거나 이끌고 고구려와 전쟁을 한 예가 없기 때문이다. 그런데 중국 조정과 고구려의 관계는 안제(安帝)의 대착식에 사신을 파견하는 것 외에 공헌(貢獻) · 조공을 하고 있다. 조공은 전통적인 대중국 관계를 뜻한다. 비록 빈번한 것은 아니었으나 2세기 초부터 본격적으로 고구려와 중국 사이에 조공 관계가 맺어지고 있는 것이 주목된다. 여기서 그와 같은 조공 관계에 의한 고구려의 대중국 관계의 실상을 자세히 다루지는 않기로 한다. 다만 전해종은 이를 종속 관계가 아닌 평화적인 대등 관계로 보고 있는 것이 주목된다.[36]

다음은 중국의 주군과의 관계를 보자. 태조대왕 59년 사신을 한나라에 보내어 방물을 공헌하고 현토에 속하기를 구하였다는 기록의 의미를 분석할 필요가 있다. 이러한 구속(求屬) 관계는 고구려의 대중국 관계에서 중요한 의미를 지닌 것이다. 실제로 당시 중국과 우리나라의 여러 정치세력 사이에 그와 같은 속(屬) 관계가 일반적으로 유지되고 있었다. 이와 관

35 『삼국사기』 15, 「고구려본기」 3, 태조대왕 57년, 59년, 72년.

36 전해종, 『한중관계사연구』, 1970, p. 37.

련시켜 다음 기록을 보자.

> 상제와 안제 연간에 구려왕 궁이 자주 요동을 침범했는데 다시 현토에 속했다. [중략] 영제 건령 2년에 현토태수 경임이 그들을 토벌하여 수백 명을 죽이고 사로잡으니, 백고가 항복하여 요동에 속했는데 가평 중에 현토군에 속하기를 청했다. (『삼국지』 30, 「동이전」 30 고구려조)

위의 기록에 따르면 고구려는 갱속현토(更屬玄菟)하였다가 속요동(屬遼東)하고 다시 걸속현토(乞屬玄菟)한 것을 알 수 있다. 그런데 위의 기록만으로는 알 수 없으나 고구려는 원래 현토군과 관계를 맺었었다.

그에 비하여 부여는 본래 현토에 속하였는데 후일 후한 헌제 때에 요동군에 구속(求屬)한 것을 볼 수 있다.[37] 그와 달리 한(韓)은 낙랑에 속하였던 것을 알 수 있다.[38] 한편 예(濊)는 한 말에 중국 군현이 아닌 고구려에 다시 속하였다.[39] 그리고 읍루는 한나라 이래 부여에 신속(臣屬)하였는데 부여에서 조부를 무겁게 징수한 것으로 나오고 있다.[40] 동옥저는 원래 조선에 속하였으나 위만조선이 망하고 옥저성에는 현토군이 설치되었다고 하며, 다시 낙랑에 환속(還屬)하였고 마침내 고구려에 신속하게 되었다고 한다. 그런데 고구려에 신속하게 된 동옥저는 조부(租賦)를 바쳐야만 했던 것으로 나오고 있다.[41]

이러한 자료를 근거로 보면 당시 여러 정치세력 사이의 관계는 속(屬)과

---

37 『삼국지』 30, 위서 30, 동이전 30, 부여.
38 『삼국지』 30, 위서 30, 동이전 30, 한.
39 『삼국지』 30, 위서 30, 동이전 30, 예.
40 『삼국지』 30, 위서 30, 동이전 30, 읍루.
41 『삼국지』 30, 위서 30, 동이전 30, 동옥저.

신속(臣屬) 관계로 나뉘고 있음을 알 수 있다. 그 중 속 관계는 중국군현과 주변의 고구려 · 부여 · 한 등 여러 세력이 맺었던 것이 된다. 그리고 부여에 대하여 읍루가, 고구려에 대하여 동옥저가 신속한 것을 볼 수 있다. 그 중 신속 관계야말로 조부를 징수할 수 있던 속국 체제임을 알 수 있다. 여하튼 고구려 · 부여는 명실상부하게 조세를 부과하고 병력을 동원할 수 있던 속국을 거느린 나라였음이 분명하다.

그러면서도 고구려 · 부여는 다시 중국의 내군 또는 변군에 속하고 있어 주목된다. 그와 같은 관계의 성격은 어떠한 것일까? 우선 지역적으로 가까운 세력과 속(屬) 관계를 맺고 있음을 알 수 있다. 고구려 · 부여는 현토군과 가까운 거리에 있었다. 그렇기에 원래 고구려 · 부여는 현토군에 속하였다. 그리고 한(韓)은 낙랑과 가까운 거리에 있어 낙랑에 속하였다.

그런데 고구려 · 부여가 속하였던 중국의 군(郡)은 그 후 사정에 따라 바뀌고 있다. 고구려는 요동군에 속하기도 하였으나 다시 현토군에 속하게 되었다. 이때 요동에 항속(降屬)하거나 현토에 걸속(乞屬)한 것을 볼 수 있다. 이러한 현상은 부여에도 나타나 원래 현토에 속했다가 요동에 구속(求屬)하였다. 이로써 보면 고구려 · 부여의 구속 관계는 중국 측의 요구에 의한 것이 아니라 고구려 · 부여 측의 필요에서 이루어진 것이 분명하다.

그것은 대방군 설치 후 진한(辰韓) 8국을 낙랑에서 분할하는 문제로 백제와 낙랑 · 대방이 전쟁을 벌인 사실을 통하여 어느 정도 짐작할 수 있다. 그와 같은 전쟁은 한(韓)의 의견을 무시하는 중국 군현에서 임의로 진한 소국의 대중국 관계 창구를 바꾸었기 때문에 일어났다고 보아진다. 물론 고구려 · 부여가 걸속 · 구속한 것을 보면 중국 측의 동의를 얻어야 했지만, 기본적으로 그것을 요청한 것은 고구려 · 부여의 필요에 의한 것이라 믿어진다.

그러면 당시 고구려 · 부여 · 한 등이 중국의 현토 · 요동 · 낙랑 등의 군에 속하였다는 것은 무엇을 의미할까? 우선 고구려 · 부여 등이 비록 중국의 군에 속하였으나 조부를 바치거나 병력을 동원 당하지는 않았다. 부여가 군대를 동원하여 고구려를 공격하는 중국을 도운 일이 있으나 이는 부여의 필요에서 한 일이지 중국에 대한 조부나 병력 동원의 의무에 의한 것은 아니었다. 이는 중국 측이 이들 정치세력에 대한 실질적인 통치를 하지 못하였음을 뜻한다. 그리고 고구려 · 부여 · 한 등은 각기 중국의 속국이 아닌 독립국으로서 중국 및 그 군현과 대외관계를 맺었음을 말해준다.[42]

반면 한(韓)이 낙랑군에 속하고 때맞추어 조알하였던 것과 같이 이들 고구려 · 부여에서는 그들이 속하게 된 군에 역시 조알을 하였다고 생각된다. 이 경우 한 가지 다른 것은 한 지역의 세력은 2세기까지 중국 본국에 직접 조공(조알)한 예가 없는데 비하여 고구려 · 부여는 기원 1세기 전반경부터 중국 조정에 직접 사신을 보내어 공헌 · 조공하였다. 결국 고구려 · 부여는 중국과 접촉의 통로가 다양하였던 데 비하여 한(韓)은 낙랑(후에 대방군이 추가됨)에 국한하고 있었음을 알 수 있다. 여기서 고구려 · 부여 · 한과 중국의 군(郡) 사이의 관계는 기본적으로는 독립 정치 집단 사이에서 이루어졌던 대외관계로 보아야 한다. 그리고 중국 군현의 정치적 중요성이 변함에 따라 토착 세력은 주도권을 잡고 그들의 이해관계에 맞게 상대하는 군을 바꾸게 되었음을 생각할 수 있다.

여하튼 고구려가 현토군 · 낙랑군에 속하였다거나 걸속 · 구속하였다는 것은 고구려와 국경을 접한 중국 변경 지역의 군과 조공(조알)을 매개

---

42 전해종, 『한중관계사연구』, 1970, p. 30.

로 하는 외교 관계가 유지된 것을 뜻한다. 그러면 구체적으로 그러한 조공 관계는 무엇을 의미할까? 필자는 이미 신라의 대낙랑 관계에 대한 언급을 하며 이와 관련된 문제를 잠시 다룬 바 있다.[43] 그와 같은 관계는 고구려에도 일단 적용되기는 한다고 여겨진다.

이 경우 조공 관계는 선진 문물을 가졌던 중국 측에서 위세를 나타내는 물건들을 고구려에 보내주고 고구려에서는 여러 가지 토산물 또는 원자재에 해당하는 물건을 보내는 형식을 취한 일종의 원거리 교역으로 이해된다. 그런데 문제는 고구려 측이나 중국 측에서 이러한 조공을 통한 교역의 의미를 시대적으로 어떻게 달리 파악하였는가에 있다. 앞에서 언급한 바에 의하면 고구려는 이미 일찍부터 정치적인 발전을 하였다. 그 결과 현토군의 치소를 통구 지역에서 몰아낸 이후부터는 대체로 "책구루 체제"에 의해 교역 관계를 유지하였다. 그런데 새삼스럽게 고구려가 현토 또는 요동에 속하기를 원한 것은 무엇을 뜻할까? 그것은 고구려가 일찍이 중국 문물을 받아들일 필요가 줄어들었다고 믿어지기 때문이다. 특히 종래 중국의 군에서 가져오던 조복과 의책을 고구려인들이 만들어 사용하게 되었기에 문제가 된다. 이와 관련하여 다음 기록을 보자.

> 그 공적 모임의 의복은 모두 비단에 수를 놓았고 금은으로 장식을 했다. 대가와 주부는 머리에 책을 쓰는데 [중국의] 책과 같지만 뒤가 없다. 그 소가는 절풍을 썼는데 모양이 고깔 같다. (『삼국지』 30, 「동이전」 30 고구려조)

위의 기록에 나오는 고구려인의 의책 사용 시기는 잘 알 수 없으나 대체로 2~3세기의 상황을 말해주는 것이 아닐까. 이때 고구려인들의 의책

43 이종욱, 『신라국가형성사연구』, 1982, pp. 95~115.

은 중국인들의 그것과 같지 않았음이 분명하다. 이는 대체로 2세기 이후 고구려인들 사이에 종래 중국의 의책에 대한 관심이 사라진 것을 뜻하기도 한다. 그것은 늦어도 태조대왕 대 이후 2세기에 고구려의 독자적인 정치조직이 정비되는 것과 깊은 관계를 갖는다고 헤아려진다. 여기서 태조대왕 대의 고구려와 중국 간의 관계는 권위를 나타내는 물건과 원자재를 주고받는 단계는 벗어났음을 생각할 수 있다.

그러면 태조대왕 이후 고구려와 중국의 관계는 어떤 것이었을까? 여기서 상징적인 면에서 조공을 바치는 관계 외에 실질적인 면에서 고구려와 중국 사이의 전쟁에 대하여 정리할 필요를 느낀다. 태조대왕 대에 있었던 고구려와 중국의 전쟁 관계 기록을 토대로 그 성격에 대하여 정리하기로 한다. 『삼국사기』나 『삼국지』, 『후한서』에 나오는 기록들을 보면, 고구려 측이 공격한 예와 중국 측에서 고구려를 쳐들어온 것으로 나누어 볼 수 있다. 그와 같은 전쟁 시 고구려가 공격하였던 대상은 요동군과 현토군과 그 속현 그리고 낙랑의 화려성 등이었다.

그런데 고구려의 중국 군현 침공을 도왔던 세력으로는 예맥(穢貊, 태조대왕 66년, 69년, 70년의 공격 시)과 선비(鮮卑, 태조대왕 69년) 및 마한(태조대왕 69년, 70년) 등이었다. 이로써 보면 고구려는 중국을 공격하는데 당시 중국에 맞서는 다른 정치세력들 중 연결이 가능하였던 예맥 · 선비 · 마한 등을 동원한 것을 알 수 있다. 그 중 예맥은 예군 남여에 의해 관할되던 지역과 어떤 관련이 있었는지는 확실치 않다. 단지 예(濊, 穢)는 고구려에 속하여 있었다고는 여겨진다. 그러면서도 고구려는 예에 대하여 중앙집권적인 통치를 할 수 있었던 것은 아니었다. 그것은 동옥저에 대한 통치와 같은 것이었다. 그 결과 고구려는 예의 병력을 동원하여 중국 군현을 공격할 수 있었다. 한편 고구려는 선비를 예속시킨 것은 아니었으나 중국과 국경을 접한 두 세력 사이에 공통된 이해 때문에 공동 작전을 폈던 것으로 여겨진다.

한편 고구려의 중국 군현 공격을 도왔던 마한은 어떤 세력이었는지 궁금하다. 이와 관련하여 『삼국사기』 15, 태조대왕 70년 조에 나오는 협주에 '마한은 백제 온조왕 27년에 멸망했는데 지금 고구려왕과 함께 군사를 보냈다 하니 아마 멸망되었다가 다시 일어난 것인가?' 라고 씌어 있다. 마한은 삼한의 하나로 백제가 성장해 감에 따라 백제의 남쪽 지역에 그 명맥을 유지할 수 있었다고 믿어지는 세력이다. 따라서 여기에 나오는 마한은 어쩌면 백제일 수도 있지 않나 생각되나 단정할 수 없다. 여하튼 고구려는 중국 군현을 공격하는데 예맥 · 선비 · 마한 등의 세력과 공동 작전을 펴고 있어 주목된다.

그런데 고구려를 침입하였던 중국 세력은 유주 · 요동군 · 현토군 등의 세 세력이었다. 물론 이들 세력은 태조대왕 69년에 침입한 것과 같이 공동 작전을 펼 수도 있었다. 그러나 고구려가 공격한 대상은 주로 요동군 · 현토군이었기에 이들 군과 그 속현이 개별적으로 고구려의 군대를 맞아 싸웠다. 그런데 태조대왕 69년 고구려가 현토성을 공격할 때 부여왕은 그의 아들인 위구태(尉仇台)를 보내어 현토를 돕고 있다.[44] 그리고 이듬해 고구려가 요동을 공격하니 다시 부여가 요동군을 도와준 바 있다.[45] 이를 보면 중국 측은 유주를 중심으로 요동군 · 현토군이 주로 고구려에 맞서 싸우고 부여가 중국의 요동군 · 현토군을 도와준 것이 된다. 여기서 태조대왕 당시 유주 · 요동군 · 현토군 그리고 부여의 동맹 세력과 고구려 · 예맥 · 선비 · 마한의 동맹 세력이 만들어진 것을 알 수 있다. 후자의 경우 고구려가 주동이 되었다고 믿어도 좋을 것이다.

---

44 『삼국사기』 15, 고구려본기 3, 태조대왕 69년.

45 『삼국사기』 15, 고구려본기 3, 태조대왕 7년.

한편 당시의 전쟁은 고구려 측이 패하는 경우도 있었으나 승리를 하기도 했다. 그러한 예로 요동태수 채풍을 전사시키거나,[46] 대방령을 살해하고 낙랑태수의 처자를 포로로 한 일도 있었다.[47] 그런데 당시의 전쟁은 어느 경우도 영토 확장을 위한 것이 아니었다고 생각된다. 그것은 양 세력의 뿌리가 깊어 일시적으로 군대가 진격할 수는 있었으나 그 지역에 머물러 영토를 확장시킬 수는 없었기 때문일 것이다.

여기서 주목되는 것은 고구려의 태조대왕이 여러 차례 요동군·현토군을 공격하면서도 현토에 구속(求屬)하였던 사실이다.[48] 고구려는 상제와 안제 시기(106~125)에 요동을 쳐들어갈 때는 현토에 속하기를 원하고 169년 현토태수의 공격을 받았을 때는 요동에 항속하였으며, 그 후 가평 연간(172~189)에 다시 현토에 걸속한 사실이 주목된다.[49]

여기서 속(屬)의 의미를 정리할 필요가 있다. 『후한서』 고구려조에는 고구려가 현토에 항(降)하였고, 한(漢)의 생구를 돌려주었을 때 안제가 수성에게 내렸던 조(詔)가 있다. 그 안에는 당시 중국의 대고구려 관계에 대한 몇 가지 사항을 이해할 자료가 있다. 첫째, 대고구려 관계의 최일선에는 현토군·요동군이 나타나지만, 그 배후에는 유주, 나아가 중국 황제가 관계하고 있는 것을 들 수 있다. 둘째, 중국 측이 고구려에 바라는 것은 향화지심(向化之心)과 중국 군현과의 전투 중지였다. 이는 바꾸어 말하여 중국을 받드는 마음을 가지고 중국 군현을 침범하지 말라는 것이 된다. 이것은 대체로 조공 관계를 통하여 얻고자 하는 명목적인 목표가 아니었나 생각된다.

46 『삼국사기』 15, 고구려본기 3, 태조대왕 69년 여름 4월.
47 『삼국사기』 15, 고구려본기 3, 태조대왕 94년.
48 『후한서』 85, 동이전 75, 고구려.
49 『삼국지』 30, 위서 30, 동이전 30, 고구려.

그러면서도 실질적으로 중국은 그들의 군현을 통하여 고구려 지역으로부터 자기들이 필요로 하던 물건을 구했을 가능성이 있다. 이는 낙랑과 삼한 사이의 예로 알 수 있다. 그런데 고구려는 일찍부터 그와 같은 교역 관계에 관심을 갖지 않게 되었다. 오히려 『삼국지』 고구려조에 한나라 때 고취 기인을 주었고 늘 현토군에 가서 조복의책을 받았다고 나오는 기록이 있다. 이 기록은 현토군 설치 직후에 벌어졌던 일로 태조대왕 대의 사실은 아니었다고 헤아려진다. 물론 태조대왕 때도 고구려인들이 중국 문물에 대한 관심이 없지는 않았겠으나, 중국과의 교역을 통하여 고구려의 정치제도를 발전시키는 일은 할 필요가 없게 되었다고 여겨진다. 그 결과 고구려와 중국 사이의 관계는 비록 고구려가 중국에 조공을 하는 것으로 나오기는 하지만, 고구려는 중국에 당당히 맞서게 된 것을 알 수 있다.

5. 고구려 초기 대외관계의 특성

앞에서 고구려의 대중국 관계에 대하여 살펴보았다. 그 결과 고구려가 정치적 성장을 하게 됨에 따라 대중국 관계의 양상이 달라졌음을 보았다. 이제 지금까지 정리한 바를 요약 · 제시하겠다.

전국시대 중국의 동북 지역에는 예맥이 존재하고 있었다. 이 예맥은 고구려의 전신이 되는 세력으로 알려지고 있다. 그런데 기원전 128년 예의 군장이었던 남여가 요동군에 나아가 내속을 청한 바 있다. 당시 예군 남여가 거느렸다고 하는 28만 명은 여러 소국으로 이루어진 예(예맥)라는 소국연맹체의 전체 인구였을 것이다. 한 무제는 예군 남여가 관할하던 지역에 창해군을 설치하였다. 그러나 창해군은 경영되지 못하고 설치 몇 년

만에 폐지되었다. 그리고 한나라는 창해군을 통하여 예맥을 정치적으로 지배할 수도 없었다. 그런데도 창해군을 설치한 것은 위만조선을 통하지 않고 직접 예맥과 관계를 맺으려한 것과 그러한 관계를 통하여 교역상의 이익을 얻으려 했기 때문이다. 그리고 예맥은 한나라의 외신으로서의 지위를 이용하여 세력을 키웠던 위만조선의 정치적 간섭과 군사적 위협을 벗어나기 위하여 한나라 세력과 직접 교역을 하는 내속을 청하였다고 여겨진다. 여하튼 창해군의 경영이 불가능했던 요동군은 예맥 지역에 대한 직접 통제도 할 수 없었던 것이 분명하다.

그 후 한 무제는 보다 적극적으로 조선·예맥 등의 지역에 대한 진출을 꾀하였다. 이에 예맥 지역에는 현토군을 설치하였다(기원전 107년). 현토군의 치소였던 고구려현은 후일 고구려의 중심지였던 통구 지역에 일단 자리 잡았다. 그러나 기원전 75년에 이르러 예맥 세력의 침략을 받아 현토군의 치소는 신빈지역으로 옮기게 되었다. 현토군이 통구 지역에 고구려현을 두었을 때 고구려 세력이 성장하여 현토군을 축출하게 되었던 것이다. 여기서 고구려의 건국 시기는 그 이전으로 올라가는 것을 알 수 있다. 앞으로 검토할 문제이지만 하나의 소국으로서 고구려의 성장은 그보다 이전인 예맥으로 알려진 시기에 이루어졌을 가능성이 있다. 필자는 그 시기를 기원전 3세기 후반으로 보아왔다. 사실 고구려는 현토군이 설치되기 이전에 이미 비류국을 정복한 나라로 성장했을 가능성이 있다.

여하튼 현토군 설치 이후 고구려인들은 중국의 군현을 통하여 중국과 교역을 하였다. 당시의 교역은 권위를 나타내 주는 물건을 중국으로부터 수입하고 원자재에 해당하는 물건을 수출하는 것이었다. 이와 같은 교역을 통하여 고구려는 정치적·군사적 성장을 촉진할 수 있었고 그 결과 현토군을 축출하고 점차 국력을 강화시켜나가게 되었다.

초기 국가로서 한 소국이었던 고구려는 현토군을 축출하는 과정에 주변 여러 나라들과 연맹 관계를 맺고 그 맹주국으로 자리 잡아가게 되었다. 그 결과 고구려의 통치 조직이 새로이 편제되었고 대중국 관계도 달라졌다. 현토군 축출 후 고구려의 대중국 관계는 책구루를 통한 교역을 중심으로 이루어졌다. 그것은 정치적 · 군사적 관계가 단절된 상태에서의 교역을 뜻하고 고구려는 점차 중국 문물에 대한 관심이 줄어들게 되었다고 생각된다. 그리고 기원후 1세기 초에는 "책구루 체제"마저 유지할 수 없게 되었다. 이때에 이르러 고구려가 현토군을 공격하게 되었다. 이에 요동군에서도 고구려를 공격하였으나 고구려는 이를 잘 막아내고 낙랑까지도 공격하였다. 그런데 대무신왕은 낙랑에 대한 공격을 하면서도 중국의 광무제에게 사신을 파견하여 조공을 하기도 하였다. 한편 모본왕 대에 이르러 고구려는 연(燕) 지방까지 공격한 바 있다. 이 무렵 고구려의 영역은 크게 확장되어 중국 군현과 경계를 접하게 되었다. 이에 이르러 고구려의 대중국 관계의 상대는 중국 본국이 된 것을 알 수 있다.

한편 태조대왕의 대중국 관계에 대하여 살펴볼 수 있다. 태조대왕 초에 이미 고구려는 요서에 10성을 쌓아 한병(漢兵)의 침입에 대비하였고 동옥저를 복속하여 동해안에 이르렀으며 북으로는 부여와 경계를 맞대고 있었다. 2세기 초에는 중국 본국에 사신을 파견하였고 현토에 속하기를 청한 바 있다. 당시 고구려 · 부여는 중국의 내군 또는 변군에 속한 것을 알 수 있다. 이러한 관계는 대체로 고구려의 필요에 의하여 그 대상 군을 바꾼 것이다. 그런데 이 같은 속 관계에 의하여 고구려 등은 중국 군현에 조부를 바치거나 병력을 징발당하지는 않았다. 이는 중국이 실질적으로 고구려 등 세력을 통치하지 못한 것을 뜻한다. 그런데 고구려 · 부여는 군에 조알하였고 중국 본국에도 조헌을 하였다.

한편 고구려와 중국 군현 간에는 전쟁이 계속되었다. 이 같은 전쟁에 고구려는 예맥 · 선비 · 마한 등의 세력을 동원하거나 연합 작전을 폈다.

그리고 중국 군현은 부여와 동맹 세력을 만들었다. 당시 중국은 고구려가 조공을 하여 향화지심을 보여주고 중국 변경을 괴롭히지 않기를 바랐다. 그러나 고구려는 중국에 대하여 때로 조공하고 군현에 속하기를 원하기도 했으나 어디까지나 하나의 독립국으로서 중국에 맞서게 된 것을 볼 수 있다.

맺음말

〈모델 2〉인가, 〈모델 3〉인가?

고구려 역사에 대한 세 가지 모델이 있음을 앞에서 이야기했다. 앞에서 정리한 바를 토대로 〈모델 2〉와 〈모델 3〉에 대하여 할 이야기가 있다.

1. 〈모델 1〉에 대한 감사

어떤 면에서 〈모델 1〉은 고구려시대 또는 고구려가 망한 후 신라 · 고려 · 조선시대까지 편찬된 사서들이나 금석문 또는 고고학적 유적과 유물 등 고구려와 관련된 모든 자료를 의미할 수 있다. 〈모델 1〉로는 『삼국사기』나 『삼국사절요』와 같은 고려 · 조선 시대에 편찬된 역사서나 『삼국지』, 『후한서』, 『위서』, 『일본서기』와 같은 외국의 사서들도 들 수 있다.

〈모델 1〉은 스스로 역사 해석을 하지는 않는다. 〈모델 1〉을 가지고 역사를 재구성하는 일은 후대 역사가의 몫이다. 실제로 이 책에서 이야기해 온 것과 같이 〈모델 1〉을 가지고 〈모델 2〉와 〈모델 3〉의 서로 다른 역사 만들기가 행해졌다. 이제 앞에서 정리한 내용을 가지고 〈모델 2〉와 〈모델

3〉의 정체를 드러내보겠다.

고려 · 조선의 역사서에는 주몽을 시조로 하는 고구려 건국신화를 수록하고 있다. 지금 우리들이 고려 · 조선 시대 역사가들에게 건국신화의 사실과 사건 그리고 시간을 역사적인 이야기로 전환하지 않았다고 비판할 수는 없는 일이다. 〈모델 1〉을 전하는 『삼국사기』 등의 사서들이 없다면 우리는 고구려 · 백제 · 신라의 역사에 대한 해명을 포기해야 할 상황이다. 고려와 조선의 역사가들이 그들이 편찬한 사서에 고구려의 건국신화를 비롯한 역사를 수록해준 것만도 고마워해야 할 일이다.

2. 〈모델 2〉의 문제 있는 출발

문제는 20세기 들어와 관학파들이 만들어낸 〈모델 2〉에 있다. 그 구체적인 문제는 머리말에서 제기한 바 있다. 〈모델 2〉는 고구려의 건국신화에 나오는 국가 형성 시기를 역사화하지 못했다. 나아가 국내 천도 이후 5부 연맹을 토대로 발전하였다거나,[1] 1세기 후반 태조대왕 때에는 정복 활동이 활발히 전개되었고, 그 결과 왕권이 안정되어 왕위가 독점적으로 세습되었고 통합된 여러 집단은 5부 체제로 발전했다고 보았다. 2세기 후반 고국천왕 때에는 부족적 전통을 지녀온 5부가 행정적 성격의 5부로 개편되었고, 왕위도 형제 상속에서 부자 상속으로 되었고, 족장들이 중앙 귀족으로 편입되는 등 왕권 강화와 중앙 집권화가 진전되었다고 했다.[2]

1 고등학교 『국사』, 2007, p. 37.
2 고등학교 『국사』, 2008, p. 47.

고등학교 『국사』는 학계의 통설을 따라 만들어진 것이다. 그런데 그와 같은 통설 자체가 문제가 있을 때 국민의 역사 지식으로 왜곡된 역사가 제공되고 강요되는 것이 사실이다. 〈모델 2〉에서 이야기하는 5부 연맹이나 5부체제설이 바로 왜곡된 역사를 국민에게 강요하는 대표적인 예라 하겠다. 이 같은 5부 연맹이나 5부 체제에 대한 내용은 점차 『국사』에 끼어든 것을 볼 수 있다. 1974년 처음으로 편찬된 국정교과서 고등학교 『국사』와 1982년에 편찬된 『국사』에는 5부족 연맹이나 5부 체제에 대한 내용은 없었다. 그러던 것이 1990년 편찬된 『국사』와 1996년 편찬된 『국사』에 5부족 연맹에 대해 들어갔다. 이 두 교과서에는 5부 체제는 아직 들어가지 않았다. 그러던 것이 2002년 편찬되어 지금 사용되고 있는 『국사』에 5부족 연맹과 5부 체제에 대한 내용이 들어간 것을 볼 수 있다.

앞에서 필자가 본 것과 같이 5부족 연맹이나 5부 체제는 존재하지 않았다. 5부족연맹설이나 5부체제설은 『삼국사기』의 기록을 불신하고, 중국인들이 목적을 달리하여 편찬한 『삼국지』 고구려조에 나오는 코드가 다른 기록을 중시하여 만들어진 허구의 역사일 뿐이다. 『삼국사기』에 따르면 고구려인들은 그들이 정복한 나(那)를 나부(那部)로 편제하여 봉건제적인 국가 체제를 운용했다. 고구려에는 5나부만 있었던 것도 아니다. 그리고 피정복 소국인 나부들은 고구려의 왕을 배출한 원 고구려 소국(계루부로 생각되어옴)과 동등한 지위에 있었던 적도 없다. 나부의 제후적인 존재들은 고구려왕의 지배를 받았을 뿐이다. 소국 고구려의 왕은 이웃한 소국을 정복하기 시작한 순간 이미 예맥 지역이나 그 밖의 국가들과는 격을 달리한 정치 지배자가 된 것이다. 이와 같은 생각을 할 수 있다면 5부족 연맹이나 5부 체제는 처음부터 존재할 수 없는 주장이 된다.

이 같은 5부족 연맹이나 5부체제설이 교과서 『국사』에 실린 것은 문제가 아닐 수 없다. 비록 그대로 지나친다고 하여 한국의 역사가 크게 달라질 것이 없다고 하더라도 허구의 이야기가 국민의 역사 지식을 공급하는 원천인 국정교과서에 들어 있다는 것은 국가가 주도하여 국민의 역사 지식을 왜곡시키고 있음을 뜻할 수밖에 없는 일이다.

현재 한국사학이 고수하고 있는 〈모델 2〉는 기본적으로 고구려 초기의 역사를 말살한 일제 식민사학의 역사하기를 이어받은 것이다. 다만 역사 은폐의 범위를 태조대왕 이전으로 다소 축소한 것을 볼 수 있다. 그렇더라도 한국사학은 식민사학의 손바닥 위에서 역사를 재구성하고 있는 것이 사실이다. 이 같은 한국사학을 식민사학이라 할 수는 없다. 이를 식민사학의 틀을 이어받고 있다는 의미에서 후식민사학(post-식민사학)이라 부를 수 있다.

지금 한국학계에서는 인문학의 위기를 이야기하고 있다. 인문학의 위기는 남의 이야기도 아니고 거창한 문제도 아니다. 바로 이 같이 후식민사학을 이어온 관학파들이 중심이 되어 만든 허구의 5부족연맹설이나 5부체제설이 『국사』에 들어 있기에, 그와 관련된 내용이 대학입학 수학능력시험의 문제로 출제될 수 있다는 사실이 인문학의 위기 중 하나라고 하겠다. 그러나 동시에 〈모델 2〉의 이 같은 허구성을 모르는 교사들은 계속하여 학생들에게 5부족연맹설이나 5부체제설을 가르치지 않을 수 없게 되어 있다. 이는 문제가 아닐 수 없다.

필자는 이 책에서 〈모델 2〉를 넘어 〈모델 3〉을 제시했다. 주몽에서 태조대왕까지의 역사를 중심으로 다룬 이 책의 〈모델 3〉은 특성이 있다. 첫째, 건국신화를 역사로 보는 것이 있다. 다만 신화의 사실과 사건 그리고 시간을 역사적인 것으로 전환하는 작업이 필요하다. 이 책에서 그러한 작업을 했다. 그 결과 고구려의 건국 시기를 건국신화에 나오는 연대에 얽매이지 않고 기원전 3세기 후반으로 보았다.

둘째, 〈모델 2〉가 『삼국지』 고구려조를 중시한 것과 달리 『삼국사기』의 기록들을 통하여 역사를 재구성하는 방법을 택했다는 것을 들 수 있다. 『삼국지』 고구려조는 고구려의 역사 자체를 위해 저술된 것일 수 없다. 따라서 『삼국지』에 나오는 고구려의 5부에 대한 이야기에 얽매일 까닭이 없다.

셋째, 주몽에서 태조대왕에 이르는 기간의 고구려 역사를 다양한 각도에서 본 것을 들 수 있다. 고구려의 국가 형성과 성장, 고구려의 지배 체제, 고구려의 대외관계 등에 대하여 다룬 결과 고구려는 5부족 연맹이나 5부 체제를 편성한 일이 없음을 알 수 있었다. 이는 관학파들이 만들어 낸 역사와 전혀 다른 역사를 재구성했음을 뜻한다. 이것이 바로 〈모델 3〉이다.

필자가 이야기하는 모델은 역사를 상대화하려는 것이다. 필자가 만든 〈모델 3〉만이 옳고 다른 모델은 틀렸다는 이야기만 하자는 것이 아니다. 〈모델 2〉인지, 〈모델 3〉인지는 독자들이 판단할 것이다. 현재 〈모델 2〉를 만든 역사가들이 한국사학의 학문 권력을 장악하고 있기에 필자가 아무리 〈모델 3〉을 이야기해도 즉시 받아들이지 않을 줄 잘 안다. 다만 〈모델 2〉에 문제들이 나타나고 있어 필자가 만든 〈모델 3〉의 이야기를 슬금슬금 훔쳐가는 것을 본다. 그 결과 시간이 지나면 〈모델 2〉와 〈모델 3〉의 차이조차 없어질지 모른다. 이는 〈모델 3〉이 잘못된 것이 아니라는 사실을 의미한다. 그때 이 책은 필자가 일찍이 고구려의 역사 중 한 부분을 새롭게 재구성한 연구자라는 사학사적인 평을 듣게 되기를 바랄 뿐이다.

찾아보기

ㄴ

ㄷ

ㅅ

ㅈ

ㅊ